Falsche Bilder
Echtes Geld

Stefan Koldehoff
Tobias Timm

Falsche Bilder Echtes Geld

Der Fälschungscoup des Jahrhunderts – und wer alles daran verdiente

Galiani
Berlin

MIX
Papier aus verantwortungsvollen Quellen
FSC® C014496
FSC
www.fsc.org

Verlag Kiepenheuer & Witsch, FSC® N001512

1. Auflage 2012

Verlag Galiani Berlin

Umschlaggestaltung: Manja Hellpap und Lisa Neuhalfen, Berlin
Umschlagmotiv: © Staatliche Museen zu Berlin/Rathgen-Forschungslabor
Autorenfotos: Stefan Koldehoff © Josy Swafing, Köln;
Tobias Timm © privat
Lektorat: Wolfgang Hörner
Gesetzt aus der Rotation
Satz: Buch-Werkstatt GmbH, Bad Aibling
Druck und Bindung: GGP Media GmbH, Pößneck
ISBN 978-3-86971-057-0

Weitere Informationen zu unserem Programm
finden Sie unter *www.galiani.de*

Inhalt

Einleitung

It’s all about money

Eine erhebende Aussicht. Man schwebt im Wasser und schaut dabei über ganz Freiburg. Nichts versperrt dem Schwimmer die Sicht, und die riesigen Panoramafenster können selbst im Winter nicht beschlagen, sie werden beheizt. Die gewöhnlichen Menschen wohnen viel weiter unten; man kann sie kaum noch erkennen von hier oben, aus dem großen Pool mit Gegenstromanlage und Unterwasserstrahlern.

Allein für den Bau ihres Poolhauses haben die Eigentümer, meist von einem Konto in Andorra aus, rund 700 000 Euro überwiesen. Die luxuriöse Schwimmhalle ist Teil eines Anwesens mit 450 Quadratmetern Wohnfläche auf fünf Ebenen, das 2005 samt riesigem Grundstück gekauft und dann für insgesamt rund 4 Millionen Euro komplett umgebaut wurde. Die Handwerker und die Architekten wurden über das Konto in Andorra bezahlt, die Bauherren wohnten, wenn sie aus Südfrankreich zu Besuch kamen, am Rand der Freiburger Altstadt im Hotel Colombi, dem wahrscheinlich besten Haus am Platz.

Im Herbst 2010 erfuhr die Öffentlichkeit, wer das Anwesen gekauft hatte: der Künstler Wolfgang Fischer, ein Maler. Mit der eigenen Kunst war er allerdings mäßig erfolgreich. Sein Geld kam aus anderer Quelle: Mindestens über drei Jahrzehnte hatte er Bilder gefälscht und sie mit einigen Komplizen in Umlauf gebracht – der größte Kunstfälschungsfall Europas nach dem Krieg. Geholfen hatte ihm bei der Betrugsserie sein alter Krefelder Bekannter Otto Schulte-Kellinghaus, und später kam auch Helene Beltracchi hinzu, die er heiratete und deren Namen er nach der Heirat übernahm. Ihre Schwester Jeanette S. war ebenfalls an dem Betrug beteiligt, juristisch aber kein Mitglied der später so genannten »Beltracchi-Bande«.

Im Herbst 2011 wurden die vier angeklagt. Der Prozess, der damals vor dem Kölner Landgericht begann, entwickelte sich in weiten Teilen zu einer Farce. Journalisten, die aus ganz Deutschland zur Verhandlung anreisten, waren sich nach deren überraschend schnellem Ende einig, dass so etwas nur in Köln mit seiner speziellen Mentalität hatte geschehen können. Dabei waren die Vorbereitungen professionell gewesen: Die Ermittler im auf Kunstdelikte spezialisierten Dezernat 454 des Landeskriminalamtes Berlin hatten hervorragende Arbeit geleistet. Wollte man alle Akten zu diesem Fall ausdrucken, bräuchte man Tausende Seiten von Papier: Eineinhalb Jahre wurde von Kunsthistorikern, Anwälten, Privatdetektiven, Staatsanwälten und Polizisten in einem halben Dutzend Länder ermittelt, Hunderte Zeugenvernehmungen wurden gemacht, die Auszüge von mehreren Konten, Dutzende Gutachten von Provenienzforschern und Kunsttechnikern, DNA-Analysen und Abhörprotokolle wurden gesichtet. Jahrzehntelang war es den Fälschern gelungen, eigene Gemälde als Werke von Künstlern wie André Derain und Raoul Dufy, Max Pechstein und Heinrich Campendonk, Fernand Léger und Kees van Dongen, Carlo Mense und Heinrich Nauen, Georges Braque, Émile-Othon Friesz und Max Ernst auszugeben und zu verkaufen.

Wolfgang Beltracchi gelang es auch, sich im Gerichtssaal hervorragend selbst darzustellen. Die Medien nannten ihn nach seinem Auftritt einen »Filou« oder »Eulenspiegel«. Der 60-Jährige wirkte mit seinen langen grauen Locken wie der Narr, der der Kunstwelt den Spiegel vorgehalten und die kriminellen Geschäfte und absurden Preise einer ganzen Branche der Lächerlichkeit preisgegeben hatte.

Tatsächlich steckte hinter seinen und den Taten seiner Helfer etwas ganz anderes: hohe kriminelle Energie, die der dreiköpfigen Bande über Jahre hinweg zu einem Millionenvermögen verhalf – und dem Ehepaar Beltracchi zu Luxusreisen und Luxusautos, zum Luxusanwesen in Freiburg, zu einer zweiten großzügigen Residenz in Südfrankreich (samt eigener Kunstsammlung) und zu Dutzenden von Bankkonten, von denen aus immer wieder hohe Geldbeträge in Investmentfonds auf der ganzen Welt verschoben wurden. Im Kölner Prozess war davon ebenso wenig die Rede wie vom Schaden, den die Beltracchi-Bande bei Händlern und Sammlern, bei Freunden und Verwandten, vor allem aber bei den betroffenen Künstlern selbst angerichtet hatte. Das Werk des gleich mehrfach gefälschten deutschen Expressionisten Heinrich Campendonk etwa dürfte zurzeit kaum noch neue Enthusiasten und Sammler finden. Ein großer Künstler ist fortan mit dem Makel behaftet, dass sein Œuvre durch zahlreiche Fälschungen geschmälert wird. Auch er ist, wie viele andere Maler, ein Opfer der Beltracchi-Bande geworden.

Darum aber sollte es vor Gericht von Anfang an nicht gehen. Aufgabe eines Strafverfahrens ist einzig und allein, konkrete Straftaten zu beweisen und für die konkret Schuldigen eine angemessene Strafe zu finden. Anklage und Gericht glaubten, dieses Ziel nicht ohne einen »Deal« mit den Tätern erreichen zu können. Man war sich nicht sicher, allen drei Hauptangeklagten ihre Taten nachweisen zu können – obwohl das mit den akribischen LKA-Recherchen durchaus einen Versuch wert gewesen wäre –, und sagte für umfassende Geständnisse Strafmilderung zu. Deshalb ging der Prozess gegen die Bande, kaum dass er begonnen hatte, nach nur neun Verhandlungstagen auch schon wieder zu Ende. Dabei hätte hier eigentlich auch eine ganze Branche auf der Anklagebank sitzen sollen: Quer durch den Kontinent waren der Fälscherbande Kunsthändler, Museen, Sammler und Experten auf den Leim gegangen. Einige von ihnen durchaus bereitwillig, denn sie verdienten mit Beltracchis Bildern viel, viel Geld. Andere aus Nachlässigkeit, Unfähigkeit oder Naivität. Der Kölner Prozess hat bestenfalls die Spitze des Eisbergs aus Leichtgläubigkeit, Schludrigkeit und Geldgier des internationalen Kunstmarktes gezeigt: Mehr konnte und wollte er nicht leisten. 170 Zeugen – darunter prominente Kunsthändler wie der berühmte Marc Blondeau, blamierte Experten wie Werner Spies und auch bekannte Sammler wie etwa der Hollywood-Schauspieler Steve Martin – wurden gar nicht erst gehört, viele Tausende Seiten akribischer Ermittlungsarbeit blieben unbeachtet.

Es hätte gute Gründe dafür gegeben, das Verhalten der Branche ebenfalls als Teil des Beltracchi-Skandals zu thematisieren. Nur wer begreift, dass die Strukturen und Usancen des internationalen Kunsthandels diesen Fall, in den die Elite der Auktionshäuser und Galeristen in Köln, Berlin, New York, London, Paris und Genf verwickelt war, erst möglich gemacht haben, kann aus ihm die dringend notwendigen Konsequenzen ziehen. Dafür haben die Ermittlungen des LKA Berlin die Grundlagen gelegt. In Köln allerdings blieb viel davon, ordentlich verstaut in Aktenordnern und Paketen hinter der Richterbank, weitgehend ungenutzt.

In fast zweijähriger Recherche, die schon lange vor dem Kölner Prozess begann, haben wir unveröffentlichte Unterlagen gesichtet, mit Dutzenden Beteiligten gesprochen und mithilfe von Experten wie Ralph Jentsch und Peter van Beveren eine ganze Reihe weiterer mutmaßlicher Fälschungen gefunden, von denen die Öffentlichkeit bisher noch nicht weiß und die hier zum ersten Mal aufgedeckt werden. Wir erzählen auf dieser Grundlage die Geschichte eines Skandals, an dem sich exemplarisch aufzeigen lässt, dass der internationale Kunstmarkt zuweilen einem dunklen Morast gleicht. Schon immer hatte es den Verdacht auf schmutzige Geschäfte mit der schönen Kunst gegeben, doch erst der Fälschungsfall der Bande um Beltracchi machte die Praktiken der Branche in vollem Umfang sichtbar und erlaubt so Innenansichten, die die eiserne Diskretion des Kunsthandels vorher verhindert hat.

Die Geschichte, die wir erzählen, handelt von dubiosen Zwischenfinanzierern in Steuerparadiesen wie Hongkong, den British Virgin Islands und Monaco. Von Bildübergaben im Genfer Zollfreihafen und in den Lobbys von Hotels, von sagenhaften Preissteigerungen, von durch Gier geblendeten Kunstkennern, von korrupten Experten und von Käufen und Verkäufen gegen Schwarzgeld auf anonymisierten Konten. Deshalb berichtet dieses Buch nicht nur von einem der spannendsten Kriminalfälle der vergangenen Jahrzehnte. Es ist zugleich eine unzensierte Einführung in die Praktiken des Kunstmarkts – eines Marktes, in dem jährlich Milliarden von Euro umgesetzt werden und in dem die Gewinnmargen so hoch sind wie sonst nur im Drogen- oder Waffenhandel und im Geschäft mit der Prostitution.

Wolfgang Beltracchi steht – auch wenn er nicht alle ihm zugeordneten Bilder selbst gemalt haben sollte – schon heute in einer Reihe mit großen Kunstfälschern wie Otto Wacker, Han van Meegeren, Elmyr de Hory, Konrad Kujau oder Edgar Mrugalla. Die meisten von ihnen haben die Chance nicht ausgelassen, in Memoiren die Nachwelt von ihrer eigenen Sicht der Dinge überzeugen zu wollen. Auch Wolfgang Beltracchi wird diese Gelegenheit sicher nutzen. Seine Geschichte hat Roman-, vielleicht sogar Hollywood-Qualitäten und wurde verschiedenen Verlagen schon kurz nach Prozessende angeboten. Schon im Gerichtssaal stellte sich eine Frau den Journalisten als angebliche Agentin vor und verteilte Visitenkarten mit Beltracchi-Selbstporträt. Wem aber nützen diese Erinnerungsbücher, die sich alle ganz merkwürdig gleichen, wirklich? Immer stilisieren sich ihre Hauptdarsteller als

Helden, denen es eigentlich nur darum gegangen sei, die Kaiser des Kunsthandels als in Wirklichkeit nackt vorzuführen. Er habe am liebsten im Garten in Südfrankreich gesessen und sich gefreut, sagte Wolfgang Beltracchi vor Gericht. Und im ersten Interview nach seinem Prozess ergänzte er fünf Monate später im Magazin »Der Spiegel«: »Ruhm hat mich nie interessiert. Ich hätte schon in den siebziger Jahren mehr von meinen eigenen Sachen ausstellen können, aber das wollte ich nicht. Das ist wie bei einem Kind. Wenn es aus der Schule kommt, will es nur eins: wieder raus, was erleben. Ewig lang an einem Bild rummalen? Nein, ich wollte Spaß haben, reisen, Frauen kennenlernen, das Leben leben.« Wer sich die Bilder seiner Villa in Freiburg ansieht und um die Geschichte seiner Fälschungen weiß, kann sich des Verdachts nicht erwehren, dass sich die wahre Motivation des Fälschers von der des Kunsthandels nicht wirklich unterscheidet: Es ging ums Geld. Uns gegenüber wollte er sich dazu trotz mehrerer Anfragen nicht äußern.

In einem allerdings stimmen unsere Recherchen mit den Geständnissen von Helene und Wolfgang Beltracchi überein: Alles sei so absurd einfach gewesen, sagten beide vor Gericht aus. Darüber hätten sie sich am meisten gewundert. Viele Galeristen und Auktionatoren hätten entweder tatsächlich nichts bemerkt – oder einfach nichts bemerken wollen. Deshalb stellt dieses Buch auch die Frage nach einem neuen Kodex für den Kunstmarkt, auf dem nach Schätzungen mehr als zehn Prozent der Objekte gefälscht sind. Dass der Fall Beltracchi allein langfristige läuternde Folgen hätte, wie nach dem noch frischen Schock des Skandals von vielen Betroffenen vollmundig verkündet wurde, bezweifeln wir: Keine Branche hat ein so schlechtes Gedächtnis wie der Kunstmarkt. Denn die Gier nach frischer Ware kennt keine Grenzen.

Stefan Koldehoff/Tobias Timm
Köln/Berlin, April 2012

1
Das falsche Weiß

Das Bild explodiert – eine Explosion aus Farben. Auf der Leinwand ein paar Pferde und Fohlen, ihre Leiber sind rot und blau gemustert, sie haben gelbe Mähnen und weiden zwischen roten Häusern und roten Bäumen. Die Weidewiese ist ein wildes, psychedelisches Durcheinander aus verschieden geformten Flächen in grellem Rot, Blau, Gelb und Grün. Rote Bögen durchziehen die Szene, in der unteren rechten Ecke züngelt etwas. Das Gemälde trägt den Titel »Rotes Bild mit Pferden« (siehe Bildteil), stammt aus dem Jahr 1914 und wurde von Heinrich Campendonk gemalt – so steht es im Katalog des Kölner Auktionshauses Lempertz. Als es dort am Abend des 29. November 2006 versteigert wird, ist die Freude groß.

Das Auktionshaus hat das Cover des Katalogs für die Herbstauktion Moderner Kunst mit diesem Werk geschmückt, der Wert wurde auf 800 000 bis 1,2 Millionen Euro geschätzt. Doch als der Auktionator das Los mit der Nummer 51 endlich aufruft, explodiert auch der Preis.

Ein Museum, der Londoner Kunsthändler Richard Nagy und ein französischer Galerist bieten in der Auktion mit, es geht um immer höhere Summen, erst bei 2,4 Millionen Euro ist Schluss. Zum Ersten. Zum Zweiten. Und: zum Dritten. Los Nummer 51 wird dem in Paris lebenden Vermittler Vladimir Kanevsky zugeschlagen. Das »Rote Bild mit Pferden« ist das teuerste Kunstwerk, das in diesem Boomjahr des Kunstmarkts in Deutschland versteigert wird. Es erzielt den höchsten Preis, der jemals weltweit für ein Campendonk-Gemälde gezahlt wurde. Der Käufer muss noch den Aufpreis an das Auktionshaus entrichten, das Gemälde wird ihn also insgesamt 2 880 000 Euro kosten. »So etwas Gutes haben wir noch nie erlebt«, wird Henrik Hanstein, der Inhaber von Lempertz, später zitiert. Er hat in diesem Jahr nicht nur einen Rekordumsatz von über 50 Millionen Euro gemacht, sein Haus kann an diesem Abend allein für den Campendonk über 800 000 Euro Kommission in Rechnung stellen.

Ein »Schlüsselwerk der Moderne«

Der Preisrekord kam nicht ganz unerwartet, die Frankfurter Allgemeine Zeitung hatte das »Rote Bild mit Pferden« in ihrem Vorbericht als Höhepunkt der Auktion beschrieben, es sei zwar früher »mehrmals ausgestellt« worden, dann aber in Vergessenheit geraten, nachdem der Kunsthändler Alfred Flechtheim es 1930 verkauft habe. Eine französische Familie habe das Gemälde nun zur Moderne-Auktion bei Lempertz in Köln eingeliefert – nicht einmal die Verfasserin des Werkverzeichnisses habe das Bild gekannt. Eine Sensation also. Der Kunstmarkt giert schließlich nach Werken, die interessante Vorbesitzer haben und trotzdem »marktfrisch« sind, also lange nicht gehandelt wurden. Auch die Süddeutsche Zeitung hat in ihrem Vorbericht die berühmte Galerie Flechtheim als Vorbesitzer genannt und das Bild als »traumhaft-vitale naturmystische Szenerie« beschrieben. Das Gemälde sei, so beschied die Zeitung, zu den Hauptwerken des Künstlers zu zählen. In einem Bericht, der nach der Bekanntgabe des Rekordpreises erscheint, wird sie das bunte Bild dann sogar als »Schlüsselwerk der Moderne« bezeichnen.

Wenige Tage nach der Kölner Auktion klingelt in der Galerie Artvera's in der Genfer Altstadt das Telefon. Ein Kunde der Galerie ist am Telefon, ein Sammler, der seinen Namen nicht in Büchern oder Zeitungen lesen will, dem aber unter anderem auch die Investmentfirma Trasteco Ltd. mit Sitz in Malta gehört. Stolz berichtet der Mann, dass er über einen Mittelsmann ein Gemälde von Campendonk im Auktionshaus Lempertz ersteigert hat. Der Mittelsmann stöbert normalerweise hauptsächlich in Frankreich in Galerien und Auktionshäusern nach lohnenswerten Investitionen für seine Auftraggeber. Diesmal hat er in Köln für den Sammler mit der Investmentfirma zugeschlagen. Nun bittet dieser die Galerie um Hilfe bei der Abwicklung des Geschäfts.

Die Galerie Artvera's in der Genfer Rue Etienne Dumont ist in einem mehrere Hundert Jahre alten Gebäude mit niedrigen Decken und alten Steinwänden untergebracht. Das Licht ist vornehm schummrig, dafür leuchten die expressionistischen Gemälde an den Wänden umso heller im Licht der Punktstrahler. Der Besucher darf auf mit schwarzem Samt bezogenen Bänken Platz nehmen; auch alles andere, die Tische, Sessel und die Kleidung der Mitarbeiter, sind in Schwarz gehalten. Auf den gut 500 Quadratmetern Ausstellungsfläche organisiert die Galerie lang dauernde Ausstellungen, zu denen jeweils auch ein Katalog erscheint. Artvera's hat nur einen kleinen Kreis von Kunden, doch für sie wird ein umfassender Service geboten. Galeriedirektorin Sofia Komarova und ihre Mitarbeiter organisieren An- und Verkäufe, betreuen Sammlungen, recherchieren Provenienzen, vermitteln Restauratoren und kümmern sich auch um den Transport und die Lagerung der Kunst. »Wir sind ein Rundum-Sorglos-Dienstleister für unsere Kunden«, sagt Komarova im Gespräch. Kunden, denen Diskretion so wichtig ist wie dem Inhaber der Trasteco Ltd. in Malta. Genf ist – wie die gesamte Schweiz – ein attraktiver Ort auch für nicht Schweizer Kunstsammler, hier haben viele von ihnen Geld angelegt, hier können sie aber auch die erworbene Kunst – steuerlich äußerst günstig – in Zollfreilagern und Freihäfen deponieren.

Zollfreilager und Nummernkonten

Der Kunstmarkt ist ein schwer zu durchschauendes Geschäft. Wer einen Manet, Modigliani oder Marc kaufen will, vollzieht dieses Geschäft in der Regel unter größter Diskretion. Meist soll niemand wissen, wer welches Kunstwerk von welchem Künstler für welchen Preis gekauft hat. Viele Sammler sind einfach bescheiden. Die meisten wollen sich zudem nicht von anderen Kunstliebhabern in die Karten schauen lassen, mit denen sie um die besten Werke konkurrieren. Andere haben Angst vor Kunstdieben, wieder andere Angst vor der Steuerfahndung. Und so tauchen die Sammler aus vielerlei Gründen meist nicht selbst bei den Auktionen auf, sondern bieten über das Telefon oder schalten Vermittler wie Vladimir Kanevsky oder die Galerie Artvera's ein. Die Bezahlung der Millionensummen wird gern über Zwischenfinanzierer auf der ganzen Welt organisiert, über Firmen in Hongkong und den USA, auf karibischen Inseln oder in Irland.

Die Kunst landet dann oft für kurz oder lang in Zollfreilagern und Freihäfen, in Tresoren in Singapur zum Beispiel oder eben in der Schweiz. Wenn bei ihm ein Sammler aus Chicago ein Rothko-Gemälde kaufe, erklärt etwa ein Galerist von der Upper East Side in New York, dann müsse sich das Bild gar nicht in den USA befunden haben: »Die meisten von uns haben riesige klimatisierte Depots mit eigenen eleganten Showrooms in einem der großen Zollfreilager der Schweiz, in Basel-Dreispitz, Zürich-Embraport, Genf-Cointrin und Chiasso. Für Messen wie jene in Maastricht oder die immer im Juni stattfindende Art Basel werden die teuersten Meisterwerke dann für wenige Tage aus den Depots geholt und angeboten. Finden sie einen Käufer, lässt dieser die Bilder häufig aber sofort wieder einlagern – als Wertanlage, von der der Fiskus lange Zeit nichts erfahren muss.«

Wer befürchte, seine Schweizer Bank könne in Zeiten strengerer Kontrollen demnächst den Inhalt seines Schweizer Nummernkontos an die US-Finanzbehörden melden – so bestätigt auch eine Galeristin aus Los Angeles –, tue gut daran, das Geld möglichst schnell abzuheben: »Man bezahlt damit dann einen Bacon oder einen de Kooning oder einen Degas, weiß, dass das Geld gut und sicher angelegt ist, und lässt das Bild weiterhin in der Schweiz oder importiert es in die USA. Ich habe schon mehr als eine Rechnung gesehen, aus der hervorgeht, dass ein Kunstwerk angeblich schon vor vielen Jahren und für eine deutlich niedrigere Summe erworben worden sei als für den Kaufpreis, der dem heutigen Wert entspricht.«

Vielen Auktionshäusern und Kunsthändlern ist die Geheimnistuerei um die Zollfreilager und die Zwischenfinanzierer in den Steueroasen nur recht, denn auch sie profitieren von der Diskretion. Wer dem einen Großeinkäufer Prozente gewährt, will nicht, dass der andere Sammler davon weiß. Wer ein Objekt mit einer gewaltigen Gewinnmarge weitervermittelt, will dieses Wissen mit niemandem teilen. Und wer mit einem besonders kauflustigen Sammler Geschäfte macht und daran viel Geld verdient, will diesen Goldesel nicht mit anderen Händlern teilen. Nicht selten binden sich Sammler an einzelne Galerien ihres Vertrauens, die für sie auch bei anderen Kunsthändlern oder in Auktionshäusern einkaufen.

Die Galerie Artvera's lässt nach der Versteigerung des »Roten Bildes mit Pferden« jedenfalls 2856000 Euro auf ein belgisches Konto des Auktionshauses Lempertz überweisen. Nach Aufforderung des Lempertz-Inhabers Henrik Hanstein fließen auch die restlichen 24000 Euro – der Betrag für die Folgerechtsumlage (eine gesetzlich begründete Urheberabgabe) – auf ein anderes Konto in Belgien. Hanstein überweist seinerseits am 19. Dezember 2038080 Euro auf das Konto, das die Einlieferin des Gemäldes ihm angegeben hat. Es ist ein Konto in dem Zwergstaat Andorra, einem Land, das als Paradies für Menschen gilt, die ihr Geld sicher anlegen wollen. Gesichert vor Polizei und Steuerfahndern zumindest. Noch nie haben bis dahin, so wird es später heißen, deutsche Ermittler die Erlaubnis bekommen, in Andorra Durchsuchungen durchzuführen.

Bild ohne Expertise

Das Geschäft scheint damit abgeschlossen zu sein, doch gibt es ein Problem. Als die Mitarbeiter der Genfer Galerie den Auktionskatalog von Lempertz lesen und für den Käufer eine Dokumentation zu dem Weltrekord-Campendonk zusammentragen wollen, wundern sie sich, dass es keinerlei schriftliche Expertise gibt. Ohne ein solches Echtheitszertifikat lässt sich ein teures Kunstwerk normalerweise gar nicht verkaufen. Das Bild eines berühmten Malers ist ohne das Gutachten eines ausgewiesenen Experten wertloser als ein Auto ohne TÜV.

Die Expertin für das Werk von Heinrich Campendonk, das weiß auch Sofia Komarova, heißt Andrea Firmenich. Als Thema ihrer Dissertation hatte sich die Kunsthistorikerin mit dem 1889 in Krefeld geborenen Künstler beschäftigt. Campendonk, Sohn eines Kaufmanns, hatte die Kunstgewerbeschule in Krefeld besucht und bei dem Glasmaler Jan Thorn Prikker gelernt. Um das Jahr 1910 traf er Franz Marc und Wassily Kandinsky, siedelte nach Bayern über und wurde 1911 Mitglied der Künstlergruppe »Der Blaue Reiter«. Später unterrichtete Campendonk als Professor in Essen und schließlich an der Düsseldorfer Kunstakademie – als führender Vertreter des sogenannten »Rheinischen Expressionismus«. 1934 emigrierte Campendonk nach Belgien und ging dann ins Exil nach Amsterdam. In Deutschland wurden 1937 einige seiner Bilder in die Ausstellung »Entartete Kunst« gehängt.

Für ihr 1989 im Rahmen ihrer Promotion erschienenes Werkverzeichnis recherchierte die junge Kunsthistorikerin Firmenich seit 1985 alle Gemälde, die Campendonk bis zu seinem Tod 1957 in Amsterdam gemalt hatte. Jedes Bild, das sie nach Absprache mit dem Künstlersohn Herbert Campendonk in den Catalogue raisonné aufnahm, wurde von ihr im Original oder – war das nicht möglich – anhand von Dokumenten überprüft.

In Firmenichs Werkkatalog zu Campendonk findet Komarova zwar einen Verweis auf ein Gemälde mit dem Titel des gekauften Bildes, doch fehlen jegliche weiteren Angaben, und es gibt auch keine Abbildung des »Roten Bildes mit Pferden«. Diesen – wie etliche andere – Titel hatte die Autorin einer handschriftlichen Bilderliste des Künstlers aus dem Nachlass und aus Angaben alter Kataloge entnommen; jedoch hatte sie das entsprechende Bild bei den Forschungen für das Werkverzeichnis nicht im Original auffinden können. Rückblickend, wird Andrea Firmenich später sagen, habe sie mit der wissenschaftlich begründeten Veröffentlichung der Bilderliste in ihrem Werkverzeichnis den Fälschern unwissentlich in die Hände gespielt, indem sie ihnen damit mögliche Bildtitel für angeblich wiederentdeckte Werke nannte.

Der Galerie Artvera's wird kurz vor Weihnachten 2006 vom Auktionshaus Lempertz mitgeteilt, Andrea Firmenich habe das Bild bereits gesehen. Nach den Weihnachtsferien werde die gewünschte Expertise erstellt, den Kaufpreis in Millionenhöhe konnte man also beruhigt überweisen.

Andrea Firmenich erinnert sich an andere Abläufe: Im November 2006 habe Herbert Campendonk, der Sohn des Künstlers, sie angerufen und erzählt, dass ein bislang unbekanntes Campendonk-Werk bei Lempertz eingeliefert worden sei. Erst vier Wochen nach der Auktion sei sie dann von Lempertz-Chef Henrik Hanstein aufgefordert worden, das Bild in seinem Büro intensiv in Augenschein zu nehmen. Dieser Bitte sei sie am 22. Dezember 2006 bei einem gemeinsamen Termin mit Hanstein gefolgt. Für das Erstellen einer stilkritischen Analyse habe sie aber nach intensiver Betrachtung des Bildes zunächst die Erfüllung zweier Voraussetzungen gefordert:

1. die Angaben einer lückenlosen Provenienz,
2. eine naturwissenschaftliche Untersuchung des Bildes im Doerner-Institut in München.

Weil Hanstein angegeben habe, er könne aus verschiedenen Gründen beide Bedingungen nicht erfüllen, so Firmenich, habe sie das Verfassen einer stilkritischen Analyse zu diesem Gemälde abgelehnt. Hanstein habe ihr gesagt, beim Einlieferer handle es sich um die Erben einer gut nachgewiesenen Sammlung aus dem Rheinland, die aber keine Kontaktaufnahme wünschten. Deshalb sei er zur Diskretion verpflichtet. Er sei aber bereit, schriftliche Fragen an die Vorbesitzer weiterzuleiten. Am 13. Februar 2007 verfasste Andrea Firmenich ein entsprechendes Schreiben. Ob es weitergeleitet wurde, weiß die Kunsthistorikerin nicht: Sie erhielt jedenfalls keine Antwort.

Das teure Bild mit den bunten Pferden bleibt also erst einmal bei Lempertz in Köln, reist zunächst nicht in die Schweiz zum neuen Besitzer. Sofia Komarova und die Inhaberin der Galerie Artvera's sind zufrieden, alles scheint seinen gewohnten Gang zu gehen. Sie ahnen nicht, wie viel Zeit, Geld und Nerven ihnen dieses Bild in den kommenden Jahren noch rauben wird. Sie ahnen nicht, wie explosiv das bunte Bild wirklich ist: eine Bombe, die schließlich den größten Kunstbetrug der Nachkriegsgeschichte hochgehen lassen wird.

Die erste Überraschung kommt im März 2007 mit der Post nach Genf. Andrea Firmenich wünscht sich, so steht es in einem von Lempertz an die Galerie Artvera's weitergeleiteten

Brief der Expertin, dass der Rekord-Campendonk in einem Labor materialtechnisch auf seine Echtheit untersucht werde, bevor sie ihr stilkritisches Gutachten schreibt. Das Doerner-Institut in München solle die auf dem Bild verwendeten Pigmente daraufhin analysieren, ob es sie 1914 überhaupt schon gegeben habe. Außerdem verlangt Firmenich genauere Angaben zu der Herkunft des Bildes.

Suche in Malschichten

Die Galerie in Genf ist verwundert, ja sogar ein wenig schockiert: Man hatte die Zusendung der Expertise nur noch für eine Formalie gehalten, jetzt aber gibt es offenbar plötzlich Zweifel aufseiten der entscheidenden Expertin. Aber man ist einverstanden: Auf Kosten des neuen Besitzers soll das Bild für eine umfangreiche Analyse ins Doerner-Institut nach München geschickt werden.

Das Institut ist Teil der Bayerischen Staatsgemäldesammlungen und wurde 1937 von dem Maler und Professor Max Doerner gegründet. Schon damals betrieb dieser Grundlagenforschung zu Malmaterialien und Maltechniken, heute beschäftigt das Institut eine halbe Hundertschaft an Mitarbeitern. Wöchentlich werden hier Fälschungen entdeckt oder bislang urheberlose Bilder zu Meisterwerken geadelt. Die Arbeit des Instituts ist unter Museumsdirektoren, Händlern und Sammlern derart gefragt, dass es lange Wartezeiten für diejenigen gibt, die ihre Kunstwerke hier materialtechnisch untersuchen lassen wollen.

Und so dauert es über ein Jahr, bis im März 2008 endlich ein Untersuchungsergebnis zu dem »Roten Bild« vorliegt und das Gemälde in das Zollfreilager nach Genf geschickt werden kann. Ein Jahr, in dem der Kunstmarkt weiter boomt, Lempertz viele Hundert Kunstwerke verkauft und der Sammler des Campendonks neue, teure Gemälde erwirbt. Aber das »Rote Bild« mit dem stolzen Rekordpreis ist nicht vergessen.

Der Untersuchungsbericht des Doerner-Instituts wird direkt an Sofia Komarova nach Genf geschickt, auf der ersten Seite stehen der Titel des Gemäldes und der Name des Künstlers – dahinter allerdings das Wort »angeblich«. Das Bild, so heißt es, sei unter ultraviolettem Licht und unter dem Stereomikroskop betrachtet worden. Zusätzlich habe man das gesamte Instrumentarium für maltechnische Untersuchungen aufgefahren: Es seien eine vollständige Röntgenaufnahme und eine Infrarotreflektographie angefertigt worden, man habe fünfzehn Proben der Vorder- und Rückseite des Gemäldes entnommen und so die Pigmente der originalen Malschichten und Grundierungen mithilfe von Lichtmikroskopie und energiedispersiver Röntgenmikroanalyse, Röntgendiffraktometrie/Vertikalgoniometer sowie – um noch einen für Laien die Komplexität dieses Verfahrens illustrierenden Bandwurmbegriff zu nennen – Hochdruckflüssigkeitschromatographie zu bestimmen versucht. Und noch mehr.

Das Ergebnis klingt zunächst beruhigend. Rahmen und Aufkleber seien unter dem UV-Licht unauffällig gewesen, heißt es, auch die Signatur des Künstlers auf der Vorderseite. Der Erhaltungszustand der Malerei sei gut, die Craquelés der Malschichten ließen keine Fälschung vermuten.

Doch dann kommt der Bericht auf die Pigmentanalyse zu sprechen: Mehrere Malschichtproben enthielten Zinkweiß und Titanweiß, Letzteres liege in der Modifikation des Rutils vor. Und dann heißt es recht lapidar, dass dieser Befund im Widerspruch zur angeblichen Entstehungszeit des Gemäldes stehe. Denn Titanweiß/Rutil ist erst seit den Jahren 1937/1938 industriell hergestellt worden. Auf der Rückseite des Gemäldes habe man zudem ein Grünpigment gefunden, das auch erst 1938 in kommerziellem Maßstab produziert wurde. 1914 kann Campendonk mit diesem Weiß und diesem Grün die Pferde also nicht gemalt haben.

Als Schlussfolgerung schreibt die Mitarbeiterin des Doerner-Instituts in ihrem Bericht, dass diese gefundenen Pigmente gegen eine Eigenhändigkeit von Campendonk im Jahr 1914 sprechen würden. Doch blieben Unsicherheiten, da das Gemälde ansonsten einen echt alten Eindruck mache und die Kunstharzschicht des Firnisses eine genaue Untersuchung der Malschichten nicht zulasse. Allerdings sei ein Recycling von Leinwand und Rahmen nach Entfernung einer älteren Darstellung nicht auszuschließen. Ob es sich tatsächlich um eine Fälschung handle, müsse letztlich aber nach einer kunsthistorisch-stilistischen Begutachtung und Erforschung der Provenienz entschieden werden.

In der Galerie Artvera's ist man nach der Lektüre dieses Berichts ratlos. Man ist offensichtlich einer Fälschung aufgesessen. Doch scheinen sich die Wissenschaftler nicht ganz sicher zu sein, sonst hätten sie nicht auf die Notwendigkeit einer kunsthistorischen Begutachtung verwiesen. Die Galerie schickt den Bericht mit dem Fälschungsverdacht an Andrea Firmenich. Doch die reagiert nicht, weil, so Andrea Firmenich, ihre zweite an das Kunsthaus gestellte Bedingung, die Angabe der Provenienz, nach wie vor von Lempertz nicht erfüllt wird, sodass sie ihre stilkritische Analyse nicht verfassen kann. Jetzt reicht es der Galerie Artvera's. Fast eineinhalb Jahre sind seit der Auktion vergangen, die Echtheit des Gemäldes ist immer noch nicht bestätigt, sie wird immer fraglicher. Und die entscheidenden Figuren melden sich nicht. Im Mai 2008 schaltet die Galerie den auf Kunst spezialisierten Anwalt Marc-André Renold aus Genf ein.

Man will Klarheit schaffen, und so reist die Inhaberin von Artvera's zusammen mit Anwalt Renold am 26. Mai 2008 nach Köln zu Lempertz, um mit dem Inhaber des Auktionshauses Lempertz das weitere Vorgehen zu besprechen. Die in Köln wohnende Andrea Firmenich wird nicht, wie nahe gelegen hätte, hinzugezogen. Die Käufer sehen nur zwei Möglichkeiten: Entweder das Auktionshaus besorgt ein positives Gutachten von Andrea Firmenich, die auf die direkte Anfrage aus Genf nicht reagiert hat. Oder Lempertz muss den Kauf stornieren, das Geld für den Rekord-Campendonk zurückgeben. Denn ohne Expertise und mit der zweifelnden Doerner-Analyse kann niemand mehr das Bild im guten Glauben weiterverkaufen. Und mehr noch: Der neue Besitzer würde zum mutmaßlichen Betrüger, wenn er das mit dem falschen Weiß gemalte Bild in eine Auktion gäbe.

Henrik Hanstein habe kühl reagiert, so erinnert man sich später in Genf an das Treffen in Köln. Der – inzwischen verstorbene – Sohn Herbert Campendonk habe mündlich vor der Auktion die Echtheit des Gemäldes bestätigt. Hanstein habe auch auf ein Schreiben des Campendonk-Enkels Reiner Bornefeld verwiesen, in dem das Bild für echt erklärt worden sei – unter anderem deshalb, weil die Dynamik des Bildes die Lebensfreude seines damals frisch verheirateten Großvaters ausdrücke. Doch Bornefeld ist kein anerkannter Campendonk-Experte – er ist gelernter Maschinenbau-Ingenieur und war zuvor auch noch nie mit Expertisen an die Öffentlichkeit getreten. Außerdem liegt zu diesem Zeitpunkt bereits der Laborbericht des renommierten Doerner-Instituts in München vor, der an der Echtheit zweifelt, die falschen Weißpigmente benennt, das Bild aber nicht abschreibt.

Doch der nach wie vor anonyme Käufer, der hinter der Firma Trasteco steckt, will nun Klarheit und engagiert die auf Kunstrecht spezialisierte deutsche Anwältin Friederike Gräfin von Brühl. Gemeinsam beschließt man, das »Rote Bild« noch einmal bei einem weltweit anerkannten Experten für Maltechniken untersuchen zu lassen, bei Nicholas Eastaugh in London. Eastaugh braucht nicht so lange wie das Münchner Labor für sein Testergebnis, sein Bericht ist datiert auf den 25. August 2008 und kommt zu einem klaren Ergebnis.

Das Bild könne nicht von 1914 stammen, lautet sein Urteil. Das verwendete Titaniumweiß spreche dagegen. Als Entstehungszeitpunkt schlägt Eastaugh zwei Möglichkeiten vor: Entweder sei das Bild in den 1940ern oder frühen 1950ern gemalt worden. Oder aber noch viel später, und der Maler habe absichtlich mit alten Farben gemalt – ohne jedoch zu ahnen, dass das von ihm verwendete Zinkweiß auch Spuren von Titanweiß aufwies.

Der Fall ist für Sofia Komarova und die Anwältin jetzt klar: An dem Bild muss mindestens das Entstehungsjahr neben der Signatur gefälscht sein.

Doch just in diesem Moment kommt auch eine Neuigkeit aus Köln. Lempertz schickt endlich jenes Gutachten von Andrea Firmenich, auf das die Galerie seit gut eineinhalb Jahren wartet. Inzwischen hat Helene Beltracchi der Expertin schriftliche wie mündliche Informationen zur angeblichen Herkunft des Bildes gegeben, sodass sie – da endlich ihre seit eineinhalb Jahren gestellte Bedingung der Kenntnis der Proveneinz erfüllt ist – ihr Gutachten schreiben konnte. Es ist gleichzeitig mit dem Gutachten in London entstanden und birgt eine weitere Überraschung: Sie hielte das Gemälde, so schreibt Firmenich, noch in Unkenntnis des entlarvenden Laborberichts aus London, stilistisch und ikonographisch für ein Bild von der Hand Heinrich Campendonks. Es ähnele den anderen Werken Campendonks um 1914 – Firmenich beschreibt die Atmosphäre des explosiven Bildes als in hermetische Stille und Ruhe getaucht –, und es habe eine schlüssige, durch schriftliche Dokumente belegte Provenienzgeschichte. Ein Krefelder, später Kölner Sammler – gemeint ist Werner Jägers – habe das Bild in den 1930er-Jahren von Alfred Flechtheim gekauft, die Enkelin habe dies als Vorbesitzerin schriftlich bestätigt und ein Zeitzeuge habe die Existenz des Gemäldes in dieser Sammlung bezeugt. Und das falsche Weiß, das von Doerner festgestellt wurde? Könne dadurch erklärbar sein, so Firmenich, dass Campendonk später bei dem Krefelder Sammler verkehrt haben könnte und dort das Bild womöglich nachgebessert habe. Der Krefelder Sammler, so Firmenich, habe auch noch zwei weitere ihr bekannte Gemälde von Campendonk besessen, dazu eine umfangreiche Sammlung von Expressionisten.

Sofia Komarova traut in Genf ihren Augen nicht, als sie diese Expertise erhält. Sie lässt Rechtsanwältin Brühl das zweite negative Gutachten aus London mit der Frage an Andrea Firmenich schicken, wie diese die Widersprüche erkläre. Doch diese – selbst verunsichert – antwortet ausweichend: Es bedürfe noch eines weiteren Farbgutachtens.

Am 19. September 2008 erstellt Eastaugh auch dieses Gutachten, in dem er die Argumentation Firmenichs, dass der Künstler das Bild später nachgebessert haben könnte, mit Titanweiß-Spuren in der Grundierung der Leinwand widerlegt. Das Bild sei mit 99,8-prozentiger Wahrscheinlichkeit, so Eastaugh, nicht im Jahr 1914 gemalt worden.

Nebelbomben

Noch am selben Tag reicht die Anwältin Brühl eine Zivilklage auf Rückzahlung der knapp drei Millionen Euro Kaufpreis ein. Damit beginnt ein bizarrer, bis zur Drucklegung dieses Buches noch nicht beendeter Rechtsstreit. Das Auktionshaus und die Einlieferer bestreiten zunächst lange, dass es sich bei dem »Roten Bild mit Pferden« um eine Fälschung handelt, und versuchen aufwendig nachzuweisen, dass das falsche Weißpigment mit dem Titanium schon früher von Malern verwendet wurde. Als Beweis legt das Auktionshaus unter anderem ausgerechnet ein Schreiben des privaten »Modigliani-Instituts« vor – einer Einrichtung, deren Gründer Christian Parisot wegen des Ausstellens von Kunstfälschungen in Frankreich bereits verurteilt wurde und dessen Modigliani-Werkverzeichnis in der Fachwelt einen zweifelhaften Ruf hat. Außerdem, so die Lempertz-Argumentation, beweise der Aufkleber auf der Rückseite des Gemäldes die Herkunft aus der Sammlung des Galeristen Alfred Flechtheim. Der das Portrait Flechtheims zeigende Aufkleber, so der Anwalt des Auktionshauses in einem Schriftsatz an das Landgericht Köln, sei ein Holzschnitt von Max Pechstein.

Im Dezember 2008 wird schließlich die Einlieferin des »Roten Bildes« in den Streit als sogenannte Streithelferin mit einbezogen. Ihr Name lautet, wie Lempertz dadurch preisgeben muss, Jeanette S., die Prozessunterlagen sollen an eine Adresse in Südfrankreich geschickt werden, den Wohnort der Schwester von Jeanette S.. Lempertz will sich für den Fall, dass man den Zivilprozess verliert und den Kaufpreis des Bildes zurückzahlen muss, an der Einlieferin schadlos halten. Im selben Monat wird ein weiteres Gutachten zum »Roten Bild mit Pferden« vorgelegt. In ihm bescheinigt auch Sabine Roeder, Kustodin am Kunstmuseum Krefeld: »Aus kunsthistorischer Sicht konnte ich keine Hinweise finden, die gegen eine Urheberschaft von Campendonk sprechen könnten.«

Der Rechtsanwalt von Jeanette S. versucht, die Zivilklage mit allen möglichen Mitteln zu torpedieren. Er bestreitet die Existenz der Firma Trasteco in Malta, er bestreitet die Existenz von deren Geschäftsführer und die Echtheit seiner Unterschrift unter der Prozessvollmacht. Irgendwann wird die Einlieferin die Galerie Artvera's sogar des Betrugs verdächtigen: Man will überprüfen lassen, ob sie überhaupt das richtige Bild vorlegen lässt oder ob sie das Original aus dem Besitz von S. manipuliert habe. Es gehe der Galerie womöglich um Geldwäsche, heißt es hinter vorgehaltener Hand. Obwohl sich aufgrund von Transport- und Zollpapieren nachweisen lässt, dass das »Rote Bild« das Genfer Zollfreilager nur für die Untersuchungen in London und München verlassen hat, wird von S. und Lempertz ein absurder Besichtigungstermin verlangt, bei dem geklärt werden soll, ob es sich bei dem untersuchten Bild mit dem falschen

Weißpigment tatsächlich um das von Jeanette S. bei Lempertz eingelieferte Campendonk-Gemälde handelt.

In einer Kölner Spedition treffen am 16. Dezember 2009 die Prozessbeteiligten Jeanette S., ihre Schwester Helene Beltracchi, der Auktionator Hanstein und sein Anwalt, die von der Galerie Artvera's im Namen der Trasteco bestellten Rechtsanwälte Friederike von Brühl und Tobias Bosch, eine Sachverständige und drei Richter des Landgerichts Köln in den Räumen einer Spedition aufeinander. Das Bild in der Transportkiste sei identisch mit dem versteigerten Bild, einigen sich die Anwesenden schließlich. Hanstein bemerkt während der Begutachtung laut Gerichtsprotokoll auch, dass er die Handschrift Alfred Flechtheims auf dem Sammlungsaufkleber der Rückseite wiedererkenne.

Viel später, Ende 2010, werden die Kriminaltechniker des Berliner LKA diesen Aufkleber auf der Rückseite des Bildes untersuchen. Sie werden einen Klebstoff finden, der beim Tod Flechtheims noch lange nicht erfunden war. Und sie werden Spuren in dem Papier des Aufklebers nachweisen, die auf eine künstliche Alterung hindeuten, Koffein nämlich. So als habe der Aufkleber mit dem Portrait des Alfred Flechtheim irgendwann einmal einen Kaffee getrunken. Es ist dieses Sammlungsetikett, das zur Enthüllung eines Kunstfälschungsskandals beitragen wird, wie es ihn in Deutschland noch nicht gegeben hat. Und es ist Andrea Firmenich, die dazu trotz ihrer Fehleinschätzung mehrerer angeblicher Gemälde von Heinrich Campendonk den Anstoß gibt – als sie sich bei einem anderen Experten nach dem merkwürdigen Label mit dem Gesicht Alfred Flechtheims erkundigt.

2
Spurensuche

Andrea Firmenich lassen die sich gegenseitig widersprechenden Aussagen – von Herbert Campendonk und Reiner Bornefeld, dem Doerner-Institut, Nicholas Eastaugh und ihr selbst – keine Ruhe. Ohne weiteren Auftrag seitens der einzelnen Parteien recherchiert sie weiter zur angeblichen Sammlung Werner Jägers, unter anderem in Archiven in Krefeld, Bonn und Köln und bei Kollegen. Am 13. Oktober 2008 wendet sie sich schließlich auch an ihren Kollegen Ralph Jentsch. Sie kennt den in Rom, Berlin und New York lebenden Kunsthistoriker nicht nur als Autor des Werkverzeichnisses des Malers und Grafikers George Grosz; sie hat inzwischen herausgefunden, dass er über das Verhältnis zwischen dem Künstler und seinem Händler Alfred Flechtheim erst ein halbes Jahr zuvor ein hervorragend recherchiertes Buch veröffentlicht hat. Darin enthüllt er unter anderem, wie internationale Kunsthändler nach 1933 gemeinsame Sache machten, um sich den in Deutschland zurückgelassenen Kunstbesitz der beiden Exilanten unter den Nagel zu reißen.

»Sammlung Alfred Flechtheim«

Grosz hatte Deutschland am 12. Januar 1933 verlassen und war nach New York ausgewandert, wo er zuvor schon einen Lehrauftrag gehabt hatte. Einen Tag nach der Machtübernahme schlugen Nazitruppen die Tür seines Ateliers in der Nassauischen Straße 4 in Berlin-Wilmersdorf ein und plünderten und zerstörten vieles von dem, was sie vorfanden. »Dass ich da lebend davongekommen wäre«, schrieb Grosz später aus dem amerikanischen Exil, »darf ich wohl bezweifeln.« In einer internen Liste, die der »Sicherheitsdienst des Reichsführer-SS« unter der Überschrift »Erfassung führender Männer der Systemzeit« zusammengestellt und mehrfach aktualisiert hatte, wurde Grosz beschrieben als »einer der übelsten Vertreter der entarteten Kunst, betätigt sich in deutschfeindlichem Sinne. Wurde am 8.3.33 ausgebürgert.« Als er davon und von der Zerstörung eines großen Teils seines Lebenswerks in New York erfuhr, erlitt Grosz nach Erinnerung seiner Frau einen »totalen Zusammenbruch«, bekam Angstzustände und Albträume, wurde depressiv und begann zu trinken. Von rund 70 seiner Gemälde und unzähligen Papierarbeiten fehlt bis heute jede Spur.

Grosz' Galerist Alfred Flechtheim, der bereits vor dem Ersten Weltkrieg im konservativen Deutschen Kaiserreich begonnen hatte, die Moderne durchzusetzen, wurde dafür von den Nationalsozialisten angefeindet und als Musterbeispiel des angeblich notorisch geldgierigen Juden diffamiert. Im Mai 1933 floh auch er aus seiner Heimat Deutschland und erreichte über die Schweiz und Paris schließlich London, wo er im März 1937 nach einer Operation im Alter von nur 58 Jahren starb.

Flechtheim gelang es zwar, Teile seiner wertvollen Kunstsammlung ins Ausland zu retten. Viele Bilder und Skulpturen – darunter Hauptwerke von Pablo Picasso und Georges Braque, Vincent van Gogh und Wassily Kandinsky – musste der sammelnde Händler aber zurücklassen. Was sich noch in der Düsseldorfer Galerie befand, wurde durch Flechtheims langjährigen Mitarbeiter und Geschäftsführer, dem SA- und NSDAP-Mitglied Alex Vömel, arisiert und verkauft – zum Teil weit unter Wert, weil es für die von den Nationalsozialisten später als »entartet« verfemten Werke in Deutschland keinen Markt mehr gab. Vieles von dem, was Grosz retten konnte, musste er später verkaufen, um damit seinen Lebensunterhalt zu bestreiten. Andere Bestände, die bei Flechtheims Witwe Betti in Berlin geblieben waren, beschlagnahmte die Gestapo dort, nachdem Betti sich aus Angst vor einer Deportation im November 1941 das Leben genommen hatte.

Zu klären, woraus die »Sammlung Alfred Flechtheim« einmal bestanden hatte, was Privatbesitz und was möglicherweise nur Kommissionsware der Galerie gewesen war, schien deshalb lange unmöglich. Selbst als 1987 eine große Ausstellung im Kunstmuseum Düsseldorf an den großen Galeristen erinnerte, scheuten die Kuratoren und Katalogautoren diese Herkulesarbeit. Das Internet steckte noch in den Kinderschuhen, und allein die weltweite Recherche nach Kunstwerken mit ehemaliger Flechtheim-Provenienz hätte wahrscheinlich Jahre in Anspruch genommen. Auch der Versuch des Flechtheim-Forschers Ottfried Dascher, im Herbst 2011 alle Bestände zu rekonstruieren, blieb lückenhaft.

Bis heute gibt es Dutzende von Kunstwerken, die sich – über Galeriekataloge oder alte Fotografien seiner Privat- und Galerieräume – zu Alfred Flechtheim zurückverfolgen lassen, über deren Geschichte nach 1933 aber nichts mehr bekannt ist. Und es gibt ebenfalls unzählige Werke, die einmal von Flechtheim gehandelt worden sein oder ihm privat gehört haben könnten, ohne dass die Forschung davon etwas weiß – weil diese Werke nach 1933 einfach spurlos verschwanden oder illegal unter der Ladentheke verkauft wurden.

Wer also Informationen über Flechtheim und seinen Kunstbesitz haben und wissen will, ob sich ein bestimmtes Bild einmal in dessen Sammlung befunden haben könnte, muss sich bis heute bei jenen Experten erkundigen, die zu diesem Thema bereits geforscht haben. Deshalb berichtet Andrea Firmenich im Oktober 2008 Ralph Jentsch per Brief von den verschiedenen Etiketten, die auf der Rückseite des Campendonk-Gemäldes »Rotes Bild mit Pferden« kleben, und legt auch eine unscharfe Aufnahme des Flechtheim-Labels bei, das sie dort gefunden hat. Sie fragt den Experten nach dem vermeintlichen Holzschnitt und einem handschriftlichen Eintrag auf einem Etikett, in dem der Vorname des Malers, wie in einigen Katalogen der 1920er-Jahre, abgekürzt wurde: »Heinz Campendonk/ Seeshaupt/Rotes Bild mit Pferden«: Kennt Jentsch das Etikett? Kann er es als echt bestätigen? Klebt es auch auf anderen Bildern aus dem ehemaligen Besitz des berühmten Galeristen? Und kennt er die angebliche »Sammlung Werner Jägers«, die immer wieder als Provenienz des Weltrekord-Gemäldes genannt wird? Andrea Firmenich tut das, was von einer gewissenhaften Werkverzeichnis-Autorin – und eigentlich auch von einem Auktionator – zu erwarten ist, der ein bislang unbekanntes Gemälde zur Begutachtung vorgelegt wird: Sie bemüht sich um Informationen zur Herkunft des Bildes.

Auf dem Schreibtisch von Ralph Jentsch in Rom landen jede Woche Dutzende Kataloge von Galerien und Auktionshäusern aus aller Welt. Man kennt ihn, der selbst schon als Galerist gearbeitet hat, als den Nachlassverwalter von George Grosz und bittet ihn in der Regel, wenn ein Werk des Künstlers angeboten werden soll, um seine Expertise. Wie alle seriösen Experten beantwortet Jentsch diese Anfragen mit ausführlichen Gutachten, für die er auch die Provenienz der Werke recherchiert, und stellt dafür nur eine Bearbeitungsgebühr in Höhe von 500 Euro für Papierarbeiten und 1000 Euro für Ölbilder in Rechnung. Entdeckt er eine Fälschung, kostet die entsprechende Bestätigung nichts. Und in diesen Fällen gibt es kostenlos noch die schriftliche Aufforderung an den Besitzer dazu, dafür Sorge zu tragen, dass die Arbeit nicht mehr den Weg in den Handel findet. Im Zuge seiner weiteren Recherchen wird der Kunsthistoriker allerdings erfahren, dass er sich mit diesen Preisen eher am unteren Ende des Üblichen bewegt. Im Laufe der folgenden Monate wird herauskommen, dass ein anderer Experte mehr als 130 000 Euro für eine einzige Expertise und die anschließende Vermittlung der begutachteten Werke an Galeristen kassiert hat.

Weil ihn auch interessiert, was sonst so auf den Markt kommt, blättert Ralph Jentsch jeden Katalog, der ihm zugeschickt wird, aufmerksam durch. Das merkwürdige Flechtheim-Etikett hat der damals 65-Jährige trotzdem noch nie wahrgenommen. Als Andrea Firmenich ihn darauf aufmerksam macht, sieht er es zum ersten Mal bewusst. Warum es ihm in den verschiedenen Auktionskatalogen, in denen es seit 1995 abgebildet worden war, damals nicht auffiel, weiß er heute nicht mehr: »Wahrscheinlich habe ich das damals einfach überblättert.«

Schlechtes Porträt – schlechter Druck

Als er aber die Abbildung sieht, die Andrea Firmenich ihm nach Italien geschickt hat, hat Jentsch sofort Zweifel. Der Holzschnitt darauf, der Flechtheims Kopf im Dreiviertelprofil zeigt, wirkt nicht wie die stolze Selbstdarstellung eines erfolgreichen Kunsthändlers, sondern eher wie eine antisemitische Karikatur aus dem »Stürmer«. An die Campendonk-Expertin schreibt er 14 Tage später: »Bislang konnte ich den Holzschnitt ›Sammlung Flechtheim‹ nicht verifizieren. Mein erster Eindruck ist jedoch, dass es ein ziemlich dümmliches Portrait ist. Es ist kaum glaublich, dass Flechtheim ein solches Portrait von sich anfertigen ließ und es als Aufkleber für seine Bilder benutzte. Ich lasse mich jedoch gern eines Besseren belehren.« Die merkwürdigen Etiketten auf der Rückseite, teilt der Grosz-Experte außerdem mit, seien der »Schlüssel zur Provenienz bzw. Echtheit des Bildes«. Später wird er sich in einem Interview mit dem Deutschlandfunk daran erinnern, was für ihn den Ausschlag gab, am Sammlungsaufkleber und gleichzeitig auch an der Echtheit des Campendonk-Gemäldes zu zweifeln, das bei Lempertz für einen Weltrekordpreis versteigert worden war: »Ein so profilierter Sammler und Kunsthändler wie Alfred Flechtheim hätte es nie zugelassen, dass ein solch herabwürdigendes Bildnis Verwendung und Verbreitung gefunden hätte.«

Außerdem fällt Jentsch auf, dass die expressionistisch anmutende Grafik nicht signiert oder monogrammiert ist – anders als andere Labels, die sich damals Galerien, Kunsthändler und Sammler anfertigen ließen: »Alfred Flechtheim war mit zahlreichen Künstlern bekannt und befreundet, die auch als Holzschneider tätig waren, zum Beispiel mit Ernst Ludwig Kirchner, Heinrich Campendonk, Ernst Barlach, Otto Pankok und Moissey Kogan. Keinem dieser Künstler konnte ich stilistisch den fraglichen Aufkleber zuordnen. Außerdem haben diese Künstler in der Regel von ihnen hergestellte Exlibris oder Sammlungslabel mit ihrem Monogramm versehen. Auf dem angeblichen Flechtheim-Aufkleber gibt es aber kein Monogramm.« Und schließlich, so stellt Ralph Jentsch ebenfalls sofort fest, ist die Druckqualität des angeblichen Flechtheim-Labels miserabel. Das Gleiche wird er später auch bei anderen angeblich alten Galerieetiketten feststellen: »Durch Verwendung von zu viel Farbe verlieren sich die Konturen bei dem ebenfalls verwendeten Aufkleber ›Kunstsalon Emil Richter‹, und bei dem Aufkleber ›Der Sturm‹ versuppen verschiedene Kleinbuchstaben. Ich habe im Laufe meiner langjährigen Tätigkeit Hunderte von Etiketten gesehen, aber niemals solch schlecht gedruckte. Es ist undenkbar, dass solch angesehene Galerien solch miserable Druckerzeugnisse auf ihre Bilder geklebt hätten. Im Gegenteil: Die bekannten echten Labels auf zweifelsfreien Bildern zeichnen sich immer durch eine saubere und scharfe Typographie und hervorragende Druckqualität aus.«

Zunächst muss auch Ralph Jentsch davon ausgehen, dass es sich bei dem zweifelhaften Campendonk um einen Einzelfall handelt. Dass er gerade von Rom aus damit begonnen hat, einen Kunstfälschungsskandal erschütternden Ausmaßes aufzudecken und schließlich die noch völlig unbekannten Täter vor Gericht zu bringen, kann er noch nicht ahnen.

Da er von Andrea Firmenich über deren Recherchen zum »Roten Bild mit Pferden« trotz einer Nachfrage im Januar 2009 nichts mehr hört, legt Jentsch den Fall zunächst zu den Akten. Eher zufällig wird er Ende des Jahres wieder auf das Thema aufmerksam, als er in Rom den befreundeten deutschen Kunsthändler Stefan L. besucht. Das Gespräch kommt auf Alfred Flechtheim, und der Kunsthändler erzählt dem Kunsthistoriker, dass auch in London gerade ein Gemälde angeboten werde, auf dessen Rückseite ein Besitzeretikett von Alfred Flechtheim klebe. Der Londoner Vermittler Jeffry Kaplow suche nach Informationen über dieses Bild des Franzosen Fernand Léger, das aus Privatbesitz komme – und nach einem Käufer. Von Kaplow erhält Ralph Jentsch ein Farbfoto des Gemäldes und seiner Rückseite.

Er erkennt sofort wieder, was er knapp ein Jahr zuvor von Andrea Firmenich zugeschickt bekommen hatte: den länglichen, gebräunten Papierstreifen mit dem durchbrochenen Rand. In der unteren Hälfte das merkwürdige Kopfportrait Flechtheims mit überlanger Nase und halb geschlossenen Augen. In der oberen Hälfte der negativ geschnittene Schriftzug »SAMMLUNG FLECHTHEIM« und Raum für den jeweiligen Eintrag von Künstler und Bildtitel. Wieder handelt es sich um ein unbekanntes, angeblich erst vor Kurzem in Privatbesitz wieder aufgetauchtes Bild eines berühmten Künstlers. Und wieder irritiert Jentsch nicht nur das Label auf der Rückseite, das selbst er als ausgewiesener Flechtheim-Experte noch nie auf Bildern anderer Provenienz gesehen hat. Auf diesem Bild sind neben dem Flechtheim-Etikett auch Label der Galerien Kahnweiler in Paris und »Der Sturm« in Berlin zu sehen – auch sie von minderer Qualität. Jentsch erfährt außerdem, dass der Léger-Experte Quentin Laurens von der Kahnweiler-Nachfolgegalerie Louise Leiris darauf hingewiesen habe, dass die Inventarnummer 1522 auf dem Kahnweiler-Aufkleber nicht mit Informationen in seinem Archiv übereinstimme. Mit solchen nummerierten Aufklebern identifizierten Galeristen, lange bevor es Computer und Barcodes gab, ihre gelagerten Kunstwerke und führten sie in den Geschäftsbüchern. Diese Nummer allerdings könne nicht stimmen, teilt Laurens mit: Sie verweise nicht auf ein Gemälde, sondern auf eine Papierarbeit.

»Als das zweite Gemälde mit solch einem Sammlungsaufkleber auftauchte«, erinnert sich Jentsch, »hat mich der Ehrgeiz gepackt. Ich habe Auktionshäuser angeschrieben und innerhalb weniger Wochen letztlich über 20 Gemälde gefunden – alle ungesicherter Provenienz und alle mit dem Aufkleber ›Sammlung Flechtheim‹, den ich inzwischen für eine moderne Fälschung hielt. Und ich wusste: Wenn der Aufkleber falsch ist, dann sind auch die Gemälde gefälscht.« Er ermittelt auf eigene Faust weiter und findet durch Anfragen bei Archiven und Datenbanken, bei Galerien und Auktionshäusern heraus, dass nicht nur das angebliche Flechtheim-Etikett Fragen aufwirft. In den zurückliegenden zehn Jahren gab es außerdem zahlreiche verkaufte oder versteigerte Gemälde, auf deren Rückseiten sich weitere zweifelhafte Aufkleber befanden. Immer handelte es sich dabei um die angeblichen Etiketten großer Avantgarde-Galerien aus Kaiserreich und Weimarer Republik; häufig aber ließen kleine Details vermuten, dass diese Etiketten nicht echt sein konnten: Mal sollte ein solches Bild laut rückseitigem Label von der

Frankfurter Galerie Posen & Schames gehandelt worden sein, die zum Zeitpunkt der Entstehung unter diesem Namen gar nicht mehr existierte. Mal hatte Herwarth Waldens berühmte Berliner Galerie »Der Sturm« angeblich einen Aufkleber verwendet, der genau jenem Anzeigenmotiv entsprach, mit dem Walden in Kunstzeitschriften für seine gleichnamige Zeitschrift und deren Verlag geworben hatte, der sonst in dieser Form aber auf Bildern nicht vorkam. Mal war erneut die Druckqualität der Etiketten unglaublich schlecht.

Vor allem aber fiel Jentsch auf, dass auch die Gemälde selbst bei genauerem Hinsehen von mittelmäßiger Qualität waren. Und trotzdem waren sie alle – jedenfalls behaupteten das die Kataloge, in denen sie angeboten wurden – von den jeweils maßgeblichen Experten für echt erklärt worden. Die meisten Experten hatten außerdem bestätigt, die bislang unbekannten Bilder in die Nachträge ihrer Werkverzeichnisse aufzunehmen. Im Kunsthandel ist eine solche Bestätigung bares Geld wert.

Experten und Expertisen

Gerade in dieser Branche kommt dem Expertentum eine ganz besondere Bedeutung zu – und damit, wie verschiedene Gerichte bereits bestätigt haben, auch eine besondere Sorgfaltspflicht. Vielfach nämlich sind es bis heute ausschließlich diese auf einen oder mehrere Künstler spezialisierten Kunsthistoriker, denen der Handel die Trennung zwischen Originalen und Fälschungen zutraut und die damit im Alleingang über Millionenwerte entscheiden können.

Aus unterschiedlichen Gründen lässt sich die Herkunft eines Kunstwerks nicht immer lückenlos bis zu dem Künstler zurückverfolgen, der es geschaffen hat. Bei antiken Skulpturen oder Altmeistergemälden aus Mittelalter und Renaissance zum Beispiel spielt der Faktor Zeit die entscheidende Rolle. Weil Gemälde und Plastiken in dieser Zeit lange nicht als autonome Kunstwerke, sondern als Gebrauchsgegenstände verstanden wurden, die Kirchen und Fürstenhöfe schmücken sollten, sah auch niemand eine Notwendigkeit, die als Handwerker geltenden Künstler namentlich zu benennen oder Herkunft und Geschichte ihrer Arbeiten zu dokumentieren. Entsprechend dünn ist deshalb für viele von ihnen die Provenienzgeschichte, die sich heute noch rekonstruieren lässt.

Lücken im Hinblick auf die Herkunft gibt es aber durchaus auch bei Werken des 19. und 20. Jahrhunderts. Dass Maler ihre Bilder direkt aus dem Atelier heraus an Privatsammler verkauften, in deren Häusern sie dann zum Teil jahrzehntelang vor der Öffentlichkeit verborgen blieben, ist durchaus keine Seltenheit. Bis heute tauchen noch regelmäßig Werke von berühmten Künstlern wie Ernst Ludwig Kirchner, Max Liebermann und sogar von Vincent van Gogh auf, von denen die kunsthistorische Forschung zuvor weder eine Abbildung noch überhaupt auch nur Kenntnis hatte. Besonders betroffen davon sind solche Künstler, deren Kunst die Nationalsozialisten ab 1937 als »entartet« verfemt hatten und die sie in einer groß angelegten Aktion beschlagnahmen ließen, um sie entweder zugunsten der Kriegskasse zu verkaufen oder, wenn sich kein Käufer fand, zu zerstören. Diese zentral bis in die kleinsten Provinzmuseen hinein gesteuerte Aktion »Entartete Kunst« betraf zwar nur die öffentlichen Häuser, viele Privatsammler wussten aber, dass auch sie gut daran taten, ihre privaten Kunstschätze zu verbergen – um nicht politisch aufzufallen, aber auch, um sicherzugehen, dass ihr Privatbesitz nicht auch eines Tages unter einem Vorwand konfisziert werden würde.

Emigranten, denen noch rechtzeitig die Flucht aus dem Deutschen Reich gelang, durften manchmal gegen Zahlung hoher Abgaben wie der eigens für sie eingeführten »Reichsfluchtsteuer« sogar Kunstwerke mit ins Ausland nehmen, wo sich ihre Spur dann häufig ebenfalls verlor.

Nach 1945 gab es andere Gründe, den eigenen Besitz nicht öffentlich zu machen. In der DDR konstruierten die Behörden angebliche Steuerschulden, um Privatsammlungen zu beschlagnahmen und zugunsten der chronisch klammen Staatskasse über die eigens gegründete Organisation »Kommerzielle Koordination« gegen Devisen in den Westen zu verkaufen. Und in der Bundesrepublik und anderen europäischen Ländern spielte die Erbschaftssteuer eine nicht unerhebliche Rolle. Außerdem wollten – zum Teil aus Angst vor einer Rückgabeforderung – viele Sammler, Galeristen und Auktionshäuser nicht zugeben, dass sie Kunstwerke über die entsprechenden Dienststellen der Nationalsozialisten erworben hatten.

Wenn dann aber irgendwann doch die Kinder- oder Enkelgeneration den Expressionisten über dem Wohnzimmersofa zu Geld machen wollte oder musste, schlug und schlägt bis heute die Stunde der Experten. Zu fast jedem großen Künstler der Kunstgeschichte gibt es mindestens einen Wissenschaftler, der es sich zur Aufgabe gemacht hat, dessen Werk systematisch zu lokalisieren, zu analysieren und dann in einem Catalogue raisonné zu veröffentlichen. Erst der Eintrag ins Werkverzeichnis oder eine entsprechende Zusage macht in vielen Fällen ein Kunstwerk zum wertvollen Original, denn in aller Regel vertrauen Auktionshäuser und Galeristen diesen Fachleuten blind. Entsprechend wertvoll sind ihre Zertifikate. Wer sie vorlegen kann, darf einigermaßen sicher sein, dass es zur Herkunft und zur Eigenhändigkeit seines Bildes keine grundlegenden Fragen mehr geben wird: Es gilt als bestätigt, dass der maßgebliche Experte alle Fragen zum Bild recherchiert und überprüft hat – sonst gäbe es ja seine Expertise nicht.

Davon gingen alle Kunstkäufer jedenfalls aus, bis 2011 die Details um den Skandal der angeblichen Flechtheim-Bilder aus unbekannter Quelle bekannt wurden. Man hätte allerdings schon deutlich früher misstrauisch werden können und müssen. 1998 zum Beispiel, als sich der damalige Direktor des Essener Folkwang Museums, Georg W. Költzsch, unsterblich mit einer Ausstellung Hunderter angeblich neu entdeckter Papierarbeiten des russisch-deutschen Expressionisten Alexej Jawlensky blamierte. Diese Skizzenbücher und -blöcke aus dubioser, angeblich russischer Quelle waren von den Nachlassverwaltern zertifiziert worden. Für das Konvolut war Band 4 des Werkverzeichnisses sogar schon gedruckt worden. Es wurde allerdings schon wenige Tage nach Eröffnung der Ausstellung als plumpe Fälschungen enttarnt – abgepinselt aus verschiedenen Publikationen unter Beibehaltung der Seitenabfolge. Schon damals erklärten verschiedene Kunsthändler, die bereits fröhlich mit den zwar völlig ungesicherten, dafür aber so wunderbar marktfrischen Blättern gehandelt hatten, der Skandal werde Konsequenzen haben. Nie wieder dürfe so sorglos geprüft werden.

Keine einheitlichen Regeln

Etwa zur selben Zeit hatte das Berliner Auktionshaus Villa Grisebach bereits ein erstes, 1995 dort versteigertes Campendonk-Gemälde wieder zurückgenommen, weil es Pigmente enthielt, die nicht älter als 20 Jahre waren, Campendonk aber bereits 1957 gestorben war. Viel später erst wurde bekannt, dass schon dieses Bild aus dem Umkreis der gleichen Quelle wie das »Rote Bild mit Pferden« eingeliefert worden sein soll – damals allerdings nicht mit der Legende, es stamme aus der Sammlung Jägers. Der Mann, der später Jägers' Namen missbrauchte, Wolfgang Fischer, und sein Geschäftspartner Otto Schulte-Kellinghaus waren aber bereits seit Jahren fleißig dabei, Fälschungen zu verkaufen. Und der Handel, der so große Konsequenzen aus der Jawlensky-Affäre ziehen und Angebote sorgfältiger als je zuvor prüfen wollte, merkte nichts davon. Noch allerdings brachte auch niemand Fischer mit dem systematischen Fälschen von Kunstwerken und mit deren raffiniertem Vertrieb über angesehene Galerien und Auktionshäuser in Verbindung.

Einheitliche Regeln für das Erstellen von Werkverzeichnissen gibt es nicht: Weder müssen die Autoren ein Werk im Original gesehen haben, um es zu beurteilen; vielfach genügt ihnen dafür ein Ektachrom, ein Foto oder eine digitale Bilddatei. Noch wurde jemals – etwa vom Bundesverband des Deutschen Kunst- und Antiquitätenhandels oder dem Bundesverband deutscher Kunstversteigerer – verbindlich festgeschrieben, wie ausführlich die Analyse eines Werks eigentlich sein muss, bevor man sich dazu verbindlich äußern darf.

Wie unterschiedlich bis heute die Anforderungen sind, die beteiligte Experten an sich selbst stellten, sollte im Verlauf der folgenden Monate zum ersten Mal auch für eine interessierte Öffentlichkeit sichtbar werden. Andrea Firmenich suchte monatelang in Archiven und in Gesprächen nach Hinweisen auf das angeblich neu entdeckte »Rote Bild mit Pferden« von Heinrich Campendonk. Sie schrieb ihre Expertise nicht, bevor sie die scheinbar dokumentierte Provenienz erhielt, bestand auf naturwissenschaftlichen Gutachten – und kam schließlich doch zum falschen Ergebnis, das Bild sei stilistisch und ikonographisch authentisch. Auch nach ihrem Gutachten recherchierte sie weiter und befragte Spezialisten zu den Aufklebern auf den Rückseiten der Gemälde. Auch der bei Paris lebende Max-Ernst-Spezialist Werner Spies irrte sich bei mindestens sieben Gemälden, die dem deutschen Surrealisten zugeschrieben wurden. Seine deutlich einfachere, weniger zeit- und rechercheaufwendige Arbeitsweise beschrieb er in seiner Vernehmung als Zeuge durch das Landeskriminalamt Berlin am 5. Oktober 2010 am Beispiel einer Bildprüfung im Jahr 1999 so:

»Ich denke, die ganze Besichtigung in der Galerie Dieter Brusberg hat etwa 30 Minuten gedauert. Der Rückseite des Werkes und evtl. angebrachten Aufklebern, an die ich mich nicht erinnern kann, messe ich keine Bedeutung bei. Ich verlasse mich ausschließlich auf meine stilkritische Einschätzung. Ich will erklären, warum die Rückseite eines Gemäldes und evtl. Aufkleber in meiner Beurteilung nicht maßgeblich sind. Aufkleber sind für mich manipulierbar. Ich würde sie nie als überragenden Echtheitsbeweis sehen.«

Damals hielt Spies das angebliche Max-Ernst-Gemälde mit dem Titel »La Forêt« für authentisch. Inzwischen steht fest, dass seine stilkritische Einschätzung fehlging und dass es sich auch bei diesem Bild um eine Fälschung handelt, die über eine Pariser Galerie für 2,3 Millionen Dollar an einen New Yorker Kunsthändler verkauft wurde. 30 Minuten waren offenbar zu wenig für eine zuverlässige Begutachtung. Sie reichten aber aus, um aus einer wertlosen Nachschöpfung ein vermeintliches 2,3-Millionen-Meisterwerk zu machen – auf der Grundlage einer einzigen Meinung.

Auf der Suche nach der »Sammlung Jägers«

Als Ralph Jentsch mehrere vorher unbekannte Werke mit fraglichen Etiketten und unklarer Herkunft identifiziert hat, beschließt er, mit seinem Verdacht an die Öffentlichkeit zu gehen, indem er Galerien und Auktionshäuser anspricht: »Als ich das 2009 als Erster tat und damit behauptete, dass Bilder, die bei Auktionshäusern wie Lempertz, Sotheby's und Christie's immerhin Millionen gebracht haben, Fälschungen sind«, erinnert er sich, »habe ich mich ziemlich weit aus dem Fenster gehängt. Und manche haben sicher gedacht: Was macht denn der Jentsch da? Auf was lässt der sich denn da ein?«

Aber sein Instinkt hat den Kunsthistoriker nicht getäuscht. Im Laufe der Zeit findet Jentsch bei seinen Recherchen immer mehr Bilder, bei denen jene drei Faktoren zusammenkommen, die ihn schon bei Campendonks »Rotem Bild mit Pferden« misstrauisch gemacht hatten:

1. Es handelt sich um unbekannte Werke bekannter Künstler, meist aus der zweiten Reihe der klassischen Moderne, von denen es vor ihrem Auftauchen keinerlei Abbildungen gab.
2. Ihre Herkunft ist auf der Rahmenrückseite angeblich durch Etiketten prominenter Galerien und Sammler aus Kaiserreich und Weimarer Republik belegt, deren Darstellung und Druckqualität allerdings Zweifel an ihrer Echtheit aufwerfen.
3. All diese unbekannten Bilder haben als Herkunftsangabe übereinstimmend entweder eine »Privatsammlung Frankreich« oder aber jene ominöse »Sammlung Werner Jägers, Köln« – manchmal auch mit ae geschrieben –, die aber in der seriösen Kunstwelt niemand kennt.

Und Jentsch bekommt immer dieselben Namen genannt, als er nach den Einlieferern der verdächtigen Kunstwerke fragt: Mal ist von einer Helene Beltracchi die Rede, von der es auch Briefe, Faxe und E-Mails gibt. Mal wird der Name von Wolfgang Beltracchi genannt, der vor seiner Hochzeit Wolfgang Fischer geheißen hatte. Mal taucht in den Unterlagen eine Jeanette S. auf, die sich als Schwester von Helene Beltracchi herausstellt. Und dann gibt es einen Otto Schulte-Kellinghaus, der bei Experten um Gutachten gebeten und Bilder bei Galerien eingeliefert haben soll.

Auch ein Mitarbeiter des Auktionshauses Lempertz in Köln bestätigt Jentsch Anfang Februar 2010, dass dort immer wieder Bilder aus der »Sammlung Werner Jägers« eingeliefert worden seien. Der Kunsthistoriker aus Rom ist schließlich der Erste, der Anfang der zweiten Februarwoche telefonisch Informationen über die mutmaßlich gefälschten Gemäldeaufkleber an das Landeskriminalamt in Berlin weitergibt. Weil sie in die zivilrechtliche Trasteco-Klage nicht involviert sind, kennen die dort auf Kunstdelikte spezialisierten Ermittler den Flechtheim-Aufkleber noch nicht.

Weitere Recherchen erhärten die Zweifel an Werken aus der angeblichen Sammlung Jägers: Jentsch findet heraus, dass kein Museum, das 1987 Leihgaben zur großen Flechtheim-Ausstellung in Düsseldorf geschickt hatte, auf deren Rückseiten das fragliche Sammleretikett finden kann. Dafür klebt es auf einem angeblich von Max Ernst stammenden Ölbild mit dem Titel »La Horde«, das der schwäbische Schraubenfabrikant Reinhold Würth 2006 für 4,3 Millionen Dollar gekauft hatte. Zuvor war das angeblich 1927 entstandene Gemälde bei Christie's unverkauft geblieben. Im Auktionskatalog hatte das Auktionshaus als Vorbesitzer Alfred Flechtheim genannt und auf eine Expertise von Werner Spies für das zuvor unbekannte Werk hingewiesen.

»Seine-Brücke mit Frachtkähnen«

Über seine Recherchen und Erkenntnisse informiert Ralph Jentsch auch Aya Soika, die am Werkverzeichnis der Gemälde des deutschen Expressionisten Max Pechstein arbeitet. Er hat festgestellt, dass der zweifelhafte Flechtheim-Aufkleber auch auf der Rückseite des Gemäldes »Seine-Brücke mit Frachtkähnen« klebt, das am 31. Mai 2001 im Kölner Auktionshaus Lempertz als unbekanntes Werk von Pechstein angeboten worden war. Sieben Jahre später – Ende September 2008, als es durch die Campendonk-Klage viele Fragen zur angeblichen Sammlung Jägers und den Flechtheim-Etiketten gab – hatte Lempertz Aya Soika um eine Echtheitsbestätigung für das Bild gebeten. Die Expertin leitete die Korrespondenz an Alexander Pechstein, den Enkel des Künstlers, weiter. Pechstein, der gemeinsam mit seiner Schwester Julia den Künstlernachlass und das von seinem Vater aufgebaute Archiv führt und über den Nachlass wacht, bestätigte Lempertz am 1. Oktober 2008 per E-Mail, dass das Seine-Gemälde ins Werkverzeichnis der Ölgemälde aufgenommen werden könne. Eine Expertise könne er allerdings nur ausstellen, wenn er das Bild im Original gesehen habe.

Wer sich das inzwischen beschlagnahmte kleinformatige Bild heute ansieht und es mit Abbildungen eines ähnlichen Pechstein-Werks in der National Gallery of Australia in Canberra vergleicht, hat Schwierigkeiten, diese Entscheidung der Nachlassverwalter nachzuvollziehen: Der Malduktus der beiden angeblich zeitnah entstandenen Gemälde unterscheidet sich ganz wesentlich. Und das bei Lempertz angebotene Bild missversteht auch eine kleine, in verschiedenen Büchern reproduzierte authentische Zeichnung von Max Pechstein aus dem Berliner Brücke-Museum, die das gleiche Motiv abzubilden scheint: Was dort ein Kirchturm ist, hat der Maler des Bildes als unbestimmte amorphe blaue Form im gelben Himmel interpretiert.

Die Informationen aus Rom führen dazu, dass Aya Soika am 5. März 2010 noch einmal ausführliche Recherchen zu dem Seine-Bild beginnt. Schon bald stellt sie fest, dass es neben der Paris-Ansicht noch ein zweites vorgebliches Pechstein-Gemälde gibt, das angeblich aus der Sammlung Jägers stammt und einen ebenfalls seltsam anmutenden Aufkleber der Frankfurter Galerie Schames auf der Rückseite trägt. Der Holz- oder Linolschnitt auf dem Rahmen dieses »Liegenden Akts mit Katze« zeigt die Initialen von Pechsteins Freund und Kollegen Ernst Ludwig Kirchner, ist aber der Kirchner-Forschung gänzlich unbekannt. Das Gemälde soll aus dem Jahr 1909 stammen und war ebenfalls über Lempertz in Köln in Umlauf gekommen. Dort ersteigerte es am 26. November 2003 für 430 000 Euro die auf Expressionisten spezialisierte Schweizer Galerie Henze & Ketterer, die das Bild ein halbes Jahr später für 1,06 Millionen Franken – umgerechnet 703 000 Euro – an den Würzburger Sammler Hermann Gerlinger weiterverkaufte.

Soika nimmt in den folgenden zehn Tagen Kontakt zu einer Reihe von Kunsthistorikern auf, von denen keiner plausible Erklärungen für das Auftauchen zweier unbekannter Pechstein-Gemälde innerhalb von zweieinhalb Jahren geben oder die Authentizität der verschiedenen Galerielabels auf den Rückseiten der Bilder bestätigen kann. Mitte Mai 2010 trifft sie sich daraufhin mit Ralph Jentsch in Berlin, und beide stellen fest, dass es auch zu diesen beiden Werken eine Reihe von Ungereimtheiten gibt. Ungereimtheiten, bei denen auch immer wieder das Kölner Auktionshaus Lempertz eine Rolle spielt.

»Privatsammlung Südamerika«

Als logische Konsequenz wendet sich Aya Soika am 23. März 2010 in einem Brief an den Inhaber des Auktionshauses, Honorarprofessor Henrik Hanstein. Sie beschreibt ihm die Zweifel, die sie an der Echtheit des Seine-Gemäldes hat, und bittet um die Möglichkeit, das Bild gemeinsam mit den Pechstein-Enkeln im Original zu begutachten und im angesehenen Doerner-Institut der Bayerischen Staatsgemäldesammlungen in München materialtechnisch untersuchen zu lassen. Außerdem fragt die Pechstein-Expertin nach weiteren Informationen zur Herkunft und stellt zur inzwischen mehrfach genannten »Sammlung Werner Jägers« unmissverständlich fest: »Zum jetzigen Zeitpunkt habe ich nicht einen einzigen Anhaltspunkt, dass es sich bei dieser Provenienz um eine historisch tatsächlich existierende Sammlung handelt.«

Im Rahmen ihrer Recherchen zu den beiden angeblichen Pechstein-Gemälden wendet sich Aya Soika im März 2010 auch an Andrea Firmenich; sie hat inzwischen gehört, dass es auch Campendonk-Gemälde mit Flechtheim-Aufklebern gibt, und versucht ebenfalls, mehr zur angeblichen »Sammlung Jägers« herauszufinden. Bevor sie Aya Soika antworten will, leitet

Firmenich die E-Mail an Hanstein weiter. Ihr war bekannt, dass der Kunsthändler inzwischen diverse Anstrengungen unternommen hatte, Indizien für die Echtheit des Bildes zu finden. Dieser versuchte, sie zu beruhigen und antwortet ihr zwei Tage später schriftlich, indem er gleich einen Antwortvorschlag formuliert: »Ich würde kurz per Brief und nicht zu schnell antworten. Sie kennen das Etikett von verschiedenen Bildern, es sei auch bei gesicherten Bildern von anderen Künstlern bekannt, für Sie wäre das Etikett aber zur Echtheitsbestimmung nicht gerade wesentlich. Jägers sei bekannt, Sie würden einen Herrn aus dem Umfeld von Herrn Macke kennen, der die Sammlung schon Anfang der 50er-Jahre gekannt hätte. Ansonsten verweisen sie doch an mich. Gerade zu dem Pechstein-Bild weiß ich mehr. Es wurde von Frau Soika und Herrn Pechstein bestätigt, war mehrfach in Museen ausgestellt und soll im Herbst wieder in eine Museumsausstellung.« Noch am selben Tag antwortet ihm Andrea Firmenich einigermaßen beruhigt: »Danke für Ihre Antwort, ähnlich hatte ich auch gedacht zu reagieren, wollte Sie aber vorab darin einbeziehen.«

Schon diese frühe E-Mail interpretiert in verschiedenen Punkten die Wahrheit stark in Hansteins Sinn: Tatsächlich erweisen sich die angeblich »gesicherten Bilder von anderen Künstlern«, auf denen sich das Flechtheim-Etikett befindet, später als Fälschungen. Tatsächlich gibt es nach wie vor keinen Beweis dafür, dass »ein Herr aus dem Umfeld von Herrn Macke« die Sammlung Jägers »schon Anfang der 50er-Jahre gekannt hätte«. Die entsprechende Behauptung wurde nie verifiziert. Und tatsächlich war es Hanstein selbst, der die »Seine-Brücke« in der gerade tourenden Pechstein-Ausstellung platziert hatte. Das aber teilt er Andrea Firmenich nicht mit.

Henrik Hanstein, auf dessen Schreibtisch seit September 2008 die Klage von Trasteco wegen der mutmaßlichen Campendonk-Fälschung »Rotes Bild mit Pferden« liegt, wird durch Soikas

Recherchen erneut mit massiven Zweifeln an der Echtheit eines Bildes konfrontiert, an dessen Verkauf sein Haus viel Geld verdient hat. Er muss wissen, dass sein Mitarbeiter Rainer Biallas das angeblich von Pechstein gemalte Seine-Bild im April 2001 von Helene Beltracchi angeboten bekommen hatte und dass es nur neun Tage zuvor einer Lempertz-Mitarbeiterin am Flughafen von Nizza von einer Frau ausgehändigt worden war, die sich Helene Beltracchi nannte. Deren Schwester Jeanette S. hatte der Lempertz-Mitarbeiterin Hanne Führer-Breuer dann im Herbst 2003 den »Liegenden Akt mit Katze« übergeben, angeboten erneut von Helene Beltracchi. Lempertz weiß auch, dass es bereits 1995 Probleme mit einem angeblich von Hans Purrmann stammenden Landschaftsbild gegeben hatte, das Lempertz ebenfalls von Helene Beltracchi angeboten bekommen hatte, aber vom Purrmann-Nachlass als Fälschung abgelehnt worden war, und dass Helene Beltracchi im Juli 2007 eine erneute Prüfung dieses Gemäldes angeregt und der Nachlass das Bild erneut abgelehnt hatte. Hanstein ist auch bekannt, dass das Campendonk zugeschriebene »Rote Bild mit Pferden«, das ihm die Trasteco-Klage eingehandelt hatte, im Herbst 2006 im mit Lempertz über die Organisation »International Auctioneers« partnerschaftlich verbundenen Pariser Auktionshaus Artcurial von Jeanette S. an Führer-Breuer übergeben worden war.

Zwischen der Übergabe des Seine-Gemäldes in Nizza und der Auktion in Köln lagen gerade einmal sechs Wochen. Dass der enorme Konkurrenzdruck im Kunsthandel auch zu enormem Zeitdruck und der Annahme von Werken noch in letzter Sekunde führt, ist ein offenes Geheimnis. Sechs Wochen für eine sorgfältige materialtechnische Prüfung und Provenienzrecherche für das vorher unbekannte Werk eines prominenten Malers waren offensichtlich deutlich zu wenig. Das allerdings kann Henrik Hanstein – die millionenschwere Trasteco-Klage im Rücken – offenbar nicht eingestehen. Abgesehen davon wäre es für ihn mehr als peinlich, zuzugeben, dass er selbst als Kunstmarktexperte bei der »Seine-Brücke« nicht nur auf eine Fälschung hereingefallen wäre, sondern diese Fälschung anscheinend auch noch für die eigene Sammlung erworben hatte. Bei der Auktion nämlich fand das Gemälde keinen Käufer. Im Nachverkauf übernahm es dann Hanstein selbst. Der Kaufbetrag in Höhe von 143 141 Euro wurde von einem Lempertz-Konto bei der Deutschen Bank auf ein Beltracchi-Konto überwiesen. Hanstein selbst bestritt mehrfach, das Gemälde für seine Privatsammlung gekauft zu haben.

Der Kölner Kunsthändler spielt, als es erneut Vorwürfe wegen teurer Kunstwerke aus der Quelle Beltracchi/S. gibt, auf Zeit und reagiert mit einer Verzögerungstaktik. Er behauptet zunächst in einem Brief an Aya Soika am 1. April 2010, das fragliche Gemälde »Seine-Brücke mit Frachtkähnen« befinde sich gar nicht mehr in Deutschland: »Den Eigentümer des Pechstein-Bildes habe ich ausführlich gesprochen. Er ist einverstanden, hat aber noch keine Ausfuhrerlaubnis. Sobald diese vorliegt, geht das Bild sogleich per Luftfracht nach München.«

Eine Woche zuvor, am 23. März, hatte auch Ralph Jentsch bei einem Besuch in Köln von Hanstein zu hören bekommen, er könne das Seine-Bild leider nicht ansehen: Es befinde sich bei einem Sammler in Montevideo, der »schwierig« sei, und es sei »nicht einfach, eine Ausfuhrgenehmigung zu erhalten.« Am 14. April allerdings war Hanstein dann durchaus in der Lage, die »Seine-Brücke« in seinem Büro in Köln dem Direktor des Frankfurter Museums Giersch, Manfred Großkinsky, zu zeigen. Wenige Tage nach der Besichtigung durch Großkinsky hatte der niederländische Kunsthistoriker Peter van Beveren sogar Gelegenheit, das angebliche Pechstein-Gemälde bei Lempertz zu fotografieren. Seine Aufnahmen tragen ebenfalls das Datum April 2010. Beide Männer bat Hanstein nach deren Aussage bei ihren Besuchen um Auskunft zu den seit Längerem angezweifelten Galerienetiketten auf der Rückseite. Offensichtlich suchte er zu diesem Zeitpunkt nach Belegen dafür, dass es eine Sammlung Jägers gab und dass aus ihr seriöse Werke stammten. Gegenüber den Autoren wollte er die Widersprüche nicht auflösen.

Für Aya Soika hingegen scheint eine Besichtigung des Gemäldes nicht möglich zu sein. Ihr teilt Henrik Hanstein am 1. April schriftlich mit: »Unser Kunde war natürlich recht erstaunt, denn immerhin haben nicht nur Sie, sondern auch Herr Pechstein das Bild bestätigt, und es war auf Bitten von Herrn Pechstein im Brücke-Museum sowie in Rom ausgestellt und wurde von Dr. Jaegers bestätigt.« Gleich drei Behauptungen in diesem kurzen Satz, die das Auktionshaus Lempertz teilweise noch Monate später in einer Presseerklärung wiederholen wird, erweisen sich im Laufe der weiteren Recherchen als nicht zutreffend. Weder hatte ein Pechstein-Erbe schriftlich ausdrücklich die Echtheit bestätigt noch um eine Ausstellung gebeten noch Erhard Jaegers, der in Bornheim bei Köln das »Naturwissenschaftliche Labor Jägers« für Kunst und Kulturgut leitet, das Seine-Bild zum Original erklärt.

»Zunehmende Ungereimtheiten«

Am 16. Mai hat Aya Soika die Paris-Ansicht, die von Pechstein stammen soll, noch immer nicht gesehen. Erneut wendet sie sich schriftlich an Henrik Hanstein und teilt ihm mit: »Ich muß gestehen, daß ich gewisse Probleme mit einer zunehmenden Anzahl von Ungereimtheiten habe: So schreiben Sie zum Beispiel, das Bild befinde sich in Übersee: Nach meinen Informationen hingegen befindet sich das Werk aber schon seit geraumer Zeit in Köln.« Außerdem kritisiert die Kunsthistorikerin, dass der Händler Bedingungen für eine Untersuchung stellt – etwa die Untersuchung auch des »Akts mit Katze« oder die kostenintensive Hinzuziehung des motivverwandten Pechstein-Gemäldes aus Canberra: »Grundsätzlich halte ich es allerdings nicht für angemessen, daß der Eigentümer der ›Seine-Brücke‹ die Untersuchung seines Gemäldes an eine Reihe von Bedingungen knüpft. Im Moment sprechen sehr viele unterschiedliche Indizien gegen eine Aufnahme der ›Seine-Brücke‹ in das Werkverzeichnis der Ölgemälde.« Und sie weist auf weitere offene Fragen hin: »Von der Max-Pechstein-Urheberrechtsgemeinschaft wurde mir mitgeteilt, dass eine schriftliche Bestätigung des Bildes durch Max K. Pechstein nicht vorliegt. Auch konnte in der Korrespondenz kein Hinweis gefunden werden, dass von Max K. Pechstein Ihnen gegenüber angeblich mehrmals die Bitte geäußert wurde, das Bild auf Museumsausstellungen zu zeigen.«

Hanstein reagiert verärgert: »Wollen Sie jetzt noch einen Kommissar zum Eigentümer senden, der das Bild in Augenschein nimmt? Das nimmt doch langsam groteske Züge an. Herrn Werner Jaegers mussten wir auch schon auf dem Friedhof ›nachweisen‹. Ich kann mich sehr wohl an die Aufforderung von Herrn Pechstein für die Leihgabe für Berlin zur Ausstellung erinnern und ebenso an den schönen Abend in Berlin nach der Eröffnung.« Noch einmal fünf Wochen später scheint es dann endlich so weit zu sein. Am 23. Juni teilt Hanstein Soika mit: »Die Schwiegertochter des Eigentümers von dem frühen Pechstein-Gemälde nimmt die Arbeit im Handgepäck von Südamerica (sic) nach hier mit. Sie kommt im Juli. Wir würden das Gemälde dann am besten mit nach Berlin nehmen. Der alte Herr erlaubt uns nicht, weitere Photos zu nehmen. Das hat mich etwas verwundert; aber er ist wohl recht irritiert und verärgert. Ein sehr bedeutender Sammler.« Zu diesem Zeitpunkt hatten Manfred Großkinsky und Peter van Beveren die »Seine-Brücke« längst in Köln besichtigen können. Entweder war das Bild zwischenzeitlich wieder nach Südamerika zurückgebracht worden – oder es hatte sich dort nie befunden. Henrik Hanstein beantwortet entsprechende Nachfragen nicht.

Inzwischen hat das auf Kunstdelikte spezialisierte Dezernat 454 des Landeskriminalamtes Berlin bereits mit Ermittlungen begonnen. Diese werden auch nahe legen, dass das Seine-Brücke-Bild Köln nach der Auktion nie verlassen hat. Die Ermittlungsunterlagen führen dazu aus: »Im Nachgang der erfolglosen Versteigerung wurde das Gemälde vom Inhaber des Kunsthauses Lempertz, Prof. Henrik Hanstein, privat für umgerechnet 143 161 Euro erworben. Seinen Angaben zufolge will er es für einen namentlich nicht bekannten südamerikanischen Sammler erworben haben.« Den Ermittlern konnte Hanstein allerdings weder einen Bietauftrag noch eine Quittung über den gezahlten Preis oder Ausfuhrpapiere vorlegen. Beschlagnahmt wurde das Gemälde von der Polizei am 25. August 2010 in den Räumen des Auktionshauses Lempertz. Als Henrik Hanstein selbst eine Woche zuvor im LKA Berlin vernommen wird, erklärt er die Verwirrung mit wechselnden Eigentumsverhältnissen: »Das Gemälde ›Seine-Brücke Paris‹ befindet sich wieder im Besitz unserer Firma. Der Kauf wurde auf unser Betreiben hin auf Kulanzbasis rückgängig gemacht.« Fragen der Autoren zu den Eigentumsverhältnissen ließ er unbeantwortet.

Ausgelöst hatte die polizeilichen Ermittlungen die Berliner Rechtsanwältin Friederike von Brühl, die schon seit 2008 zivilrechtlich wegen der Campendonk-Fälschung »Rotes Bild mit Pferden« gegen Lempertz prozessierte, mit einer Strafanzeige. Für die Ermittlungen hatten bereits eine Reihe von Beteiligten wertvolle Vorarbeiten geleistet. Im Auftrag der Galerie Henze & Ketterer, die bei Lempertz 2003 die Pechstein-Fälschung »Liegender Akt mit Katze« ersteigert hatte, recherchierte außerdem die Münchner Detektei ADS. Sie förderte bis August erstmals erstaunliche Ergebnisse zutage: Zwar gab es einen Unternehmer namens Werner Jägers, dessen Grab auf dem Kölner Friedhof Melaten zu finden ist. Kunst der klassischen Moderne allerdings hat er nach Aussagen seiner von der Detektei befragten Verwandten nie gesammelt. Die privaten Ermittler finden außerdem heraus, dass Jägers' Enkelin Helene Beltracchi und ihr Mann Wolfgang Beltracchi über ein beträchtliches Vermögen verfügen, seit 2001 Eigentümer des großzügigen, mehrere Hektar großen Anwesens »Domaine des Rivettes« im südfranzösischen Mèze bei Montpellier sind und Nachbarn über »zweifelhafte Geschäfte« berichten. Womit die beiden ihren Lebensunterhalt bestreiten, bleibt für die Detektive unklar. Der Bericht liefert außerdem erste Informationen über Otto Schulte-Kellinghaus, der verschiedene Jägers-Bilder bei Galerien eingeliefert haben soll und dabei gelegentlich von seinem Kunst sammelnden Großvater, dem Schneidermeister Wilhelm Knops, erzählt und behauptet haben soll, die beiden Sammler hätten sich gekannt und er suche auch im Auftrag der Jägers-Erben nach Käufern. Wie lange er bereits mit Wolfgang Fischer-Beltracchi zusammenarbeitet, ist noch kein Thema.

Die Erkenntnisse werden später in die Ermittlungen des Berliner LKA einfließen und mit zur Verhaftung der Kunstfälscher- und Betrügerbande am 27. August 2010 führen.

Zwölf Tage später, am 8. September 2010, gibt das Auktionshaus Lempertz eine erneute Pressemitteilung heraus, in der es seine Sicht der Dinge darstellt. Das Unternehmen wiederholt darin noch einmal verschiedene Behauptungen, die schon früher von anderer Seite dementiert worden waren. So heißt es in dem via Internet und E-Mail verbreiteten Text unter anderem: »Das Pechstein-Bild ›Seine mit Brücke und Frachtkähnen‹ wurde auf Bitten von Herrn Pechstein und des Brücke-Museums auf der großen Retrospektive (2001) beginnend im Brücke-Museum, dann im Schleswig-Holsteinischen Landesmuseum, im Von-der-Heydt-Museum Wuppertal, in der Städtischen Galerie Bietigheim und später in Rom ausgestellt. Es ist im Katalog ganzseitig abgebildet. Im Rahmen der Vorbesichtigung der Ausstellung kam es bei der Hängung zu einer nochmaligen genauen Begutachtung durch Herrn Pechstein, zusammen mit einem Experten von Lempertz.«

Der allerdings scheint ein schlechtes Gedächtnis zu haben. Der Malerenkel Alexander Pechstein entlarvt die wesentlichen Behauptungen nämlich als falsch. Er stellt in einer eigenen Presseerklärung zu der »Seine-Brücke« und dem ebenfalls bei Lempertz versteigerten »Liegenden Akt mit Katze« eine Reihe der vorher von Lempertz bei verschiedenen Gelegenheiten getroffenen Aussagen richtig: »Max K. Pechstein hat dem Kunsthaus Lempertz zu keinem Zeitpunkt eine verbindlich die Echtheit bestätigende Expertise zu diesen Werken erteilt.« Und das Bild habe auch weder in Berlin noch in Schleswig gehangen: »Es ist auch nicht im Katalog des Brücke-Museums zur Pechstein-Retrospektive abgebildet.« Max K. Pechstein habe »das Gemälde zu keinem Zeitpunkt einer ›genauen Begutachtung‹ unterzogen«. Das Wort Lüge verwendet Pechstein nicht. Seine Angaben bestätigt die Direktorin des Brücke-Museums, Magdalena M. Moeller, ebenfalls in einer Erklärung:

»Bei der Hängung der Pechstein-Retrospektive im Brücke-Museum war Max K. Pechstein nicht anwesend. Weil das Gemälde dort gar nicht ausgestellt war, kann Max K. Pechstein es auch nicht im Brücke-Museum oder im Schleswig-Holsteinischen Landesmuseum einer ›nochmaligen genauen Begutachtung‹ unterzogen haben. Zu den weiteren Stationen der Pechstein-Retrospektive ist Max K. Pechstein nach Angaben der Max-Pechstein-Urheberrechtsgemeinschaft nicht angereist.«

Tatsächlich hatte Sabine Fehlemann, die damalige Direktorin des Von-der-Heydt-Museums in Wuppertal, für die dritte Station der Pechstein-Retrospektive nach zusätzlichen Werken gesucht, mit denen sie die Ausstellung aufwerten wollte. Die inzwischen verstorbene Kunsthistorikerin hatte sich, so ihre Stellvertreterin Antje Birthälmer, an ein anderes Pechstein-Gemälde erinnert, das nicht allzu lange vorher bei Lempertz versteigert worden war, und bat Henrik Hanstein für eine Leihanfrage um Kontakt zum neuen Besitzer. Stattdessen habe Hanstein selbst die »Seine-Brücke« samt Übernahme der Transportkosten angeboten, erinnert sich Antje Birthälmer, und darauf hingewiesen, dass das Bild eventuell neu gerahmt werden müsse. Der aus Berlin übernommene Katalog sei für Wuppertal aber nicht neu gedruckt, das Bild nur für die letzte Station, Bietigheim-Bissingen, ergänzt worden.

Nachdem es auf die verschiedenen Fehldarstellungen hingewiesen wurde, änderte das Auktionshaus Lempertz seine Pressemitteilung und sprach von einem »Irrtum«.

Bei ALDI in Mechernich

Erwiesen ist allerdings auch, dass Henrik Hanstein im Juni oder Juli 2008 die »Seine-Brücke« im Naturwissenschaftlichen Labor Jägers in Bornheim untersuchen ließ. Der Lempertz-Inhaber habe das Gemälde selbst gebracht und als sein Eigentum bezeichnet, so sagt Erhard Jägers – der nicht mit dem angeblichen Sammler Werner Jägers verwandt ist. Bei den Untersuchungen fand sich zwar kein verräterisches Titanweiß, dafür aber das Pigment Phthalocyaninblau, das erst seit 1935 im Handel ist. Pechstein kann also 1908 gar nicht mit diesem Blau das Wasser der Seine gemalt haben.

»Herr Hanstein wollte, als er das Bild abholte, kein schriftliches Gutachten haben«, erinnert sich Erhard Jägers später in seiner Zeugenvernehmung. »Er hat mir nichts dafür bezahlt, seine Mitarbeiter schicken mir öfters Sachen, es war auch ein wenig Kundenpflege. Das Ergebnis habe ich ihm bei der Abholung 2008 gesagt.« In diesem Punkt bestätigte Hanstein selbst später in einer E-Mail Jägers' Darstellung: »Uns reichte seinerzeit die preiswertere mündliche Aussage.«

Der Chemiker erinnerte sich Ende 2010 sogar daran, sein Fälschungsurteil gegenüber dem Kunsthändler wiederholt zu haben: »Anfang diesen Jahres, da habe ich ihn bei ALDI in Mechernich getroffen. Da hat er mich noch mal gefragt, damals der

Pechstein sei doch in Ordnung gewesen. Und ich habe ihm wieder gesagt, dass dies nicht so sei. Er hat es nur registriert. (...) Ich habe gehört, er soll bei der Staatsanwaltschaft in Berlin gesagt haben, es wäre alles in Ordnung gewesen und beim zweiten Mal hat er gesagt, es wäre kein Titanweiß darin. Es hat mich auch ein wenig geärgert, so etwas zu sagen, weil es ja auch geschäftsschädigend ist, nachher heißt es, die Jägers können es nicht.«

Davon, dass das Bild insgesamt ›von Herrn Dr. Jägers bestätigt‹ worden sei, wie der Lempertz-Inhaber noch im April gegenüber der Pechstein-Expertin Aya Soika behauptet hatte, konnte also keine Rede sein. Im Gegenteil: Die negative Pechstein-Expertise von 2008 war nach dem Campendonk-Gutachten aus dem Doerner-Institut bereits mindestens der zweite Hinweis darauf, dass es an der Echtheit von Werken, die aus der ominösen Quelle Beltracchi oder »Sammlung Werner Jägers« stammten, begründete Zweifel gab. Hanstein reagierte auf diese Indizien allerdings nicht, wie zu erwarten gewesen wäre, und erstattete beispielsweise Anzeige wegen Verdachts auf Fälschung und auf Betrug. Der Kunsthändler versuchte vielmehr, auch weiterhin die begründeten Zweifel an der Echtheit der Sammlung Werner Jägers zu zerstreuen. Im September 2008 beauftragte Hanstein in Kenntnis der falschen Pigmente einen Mitarbeiter, dafür zu sorgen, dass die »Seine-Brücke« ins Pechstein-Werkverzeichnis aufgenommen wird. Dem Schweizer Galeristen Wolfgang Henze, der bei Lempertz im November 2003 für 430 000 Euro das zweite gefälschte Pechstein-Gemälde »Liegender Akt mit Katze« ersteigert und an den Sammler Hermann Gerlinger weiterverkauft hatte, wurde am 12. April 2010 schriftlich noch einmal mitgeteilt, wie seriös die Erben Jägers und die von ihnen eingelieferten Werke angeblich seien: »Alle diese Bilder, inklusive der bei uns versteigerten Werke, sind von den jeweiligen Werkverzeichnisbearbeitern oder maßgeblichen Experten bestätigt worden.«

Das Kunsthaus Lempertz stellte dazu in einer weiteren Pressemitteilung fest, dass zu keinem Zeitpunkt Indizien vertuscht wurden, die möglicherweise zu einer früheren Aufdeckung des Falls hätten beitragen können: »Henrik Hanstein, Inhaber des Kunsthaus Lempertz, hatte Jägers 2008 das oben genannte Bild für naturwissenschaftliche Untersuchungen übergeben, nachdem es gerade von einer Museumsausstellung in Rom zurückgekommen war. Jägers sollte das Bild in seinem Labor auf Titaniumdioxid in der Grundierung untersuchen. Das Ergebnis war negativ – es wurde kein Titaniumdioxid gefunden. Ein ungewöhnliches Blaupigment unter einer dicken Firnisschicht, das Jägers bei den Untersuchungen später feststellte, werteten sowohl Jägers als auch Hanstein noch nicht als Nachweis für eine mögliche Fälschung. Dies hat Jägers jetzt nochmals schriftlich gegenüber Lempertz bestätigt: ›Das Blaupigment hätte auch zu einem späteren Zeitpunkt etwa durch Restaurierungsarbeiten aufgebracht werden können.‹« Diese Darstellung allerdings widerspricht der Aussage von Erhard Jägers bei der Polizei. Er habe, sagte er den Kommissaren, das Pechstein-Bild niemals als echt bestätigt. Nachfragen hat Henrik Hanstein nicht beantwortet.

3

Wie das Museum in Ahlen zum Umschlagplatz für Fälschungen wird

Vielleicht hätte Helmuth Macke 1933 einfach nicht an den Bodensee ziehen sollen. Der See sollte ihn drei Jahre später das Leben kosten. 1936, im Alter von 45 Jahren, ertrank der Künstler. Vielleicht hätte er in Krefeld bleiben sollen, jener Stadt, in der er geboren wurde und wo er an der Kunstgewerbeschule studierte. Während des Studiums hatte er sich eng mit Heinrich Campendonk befreundet, beide lernten bei dem niederländischen Glasmaler Jan-Thorn Prikker. 1909 hatten Macke und Campendonk über Helmuths – sehr viel erfolgreicheren – Vetter, den Maler August Macke, die Künstler des »Blauen Reiters« in München kennengelernt: Franz Marc und Wassily Kandinsky. August Macke stieß zu der Künstlergruppe, die keine sein wollte, und wurde berühmt, Campendonk auch. Helmuth Macke blieb stets am Rand.

Es macht den Kunsthistoriker Burkhard Leismann durchaus sympathisch, dass er sich für seine kunsthistorische Spezialisierung ausgerechnet diese Randfigur ausgesucht hat. Jahrelang hat er zu Helmuth Macke geforscht, hat schließlich

Ausstellungen über ihn und dann auch andere Ausstellungen kuratiert. Leismann, 1952 in Dortmund geboren, ist ein blonder Mann mit vielen Lachfalten im Gesicht – dabei hat es das Schicksal nicht immer gut mit ihm gemeint. Er, der sein Studium nach zehn Semestern abbrach, hat zahlreiche Bücher zur Kunst herausgegeben, im Westfälischen Museumsamt gearbeitet und eine Galerie in Münster betrieben. Heute ist er Mitglied des Lions Clubs im nordrheinwestfälischen Ahlen, vor allem aber ist er dort der Direktor des Kunstmuseums. Menschen, die mit Burkhard Leismann zu tun hatten, schwärmen von seiner Kennerschaft und Integrität. Ein Museumsdirektor, der gerne Jeans trägt, dazu eine einfache Uhr am Handgelenk.

Das Museum ist auch sein Kind. Seit der Ahlener Unternehmer Theodor Leifeld 1993 Geld für die Gründung und den Betrieb des Museums stiftete, arbeitet Leismann hier. Er hat das Haus mitkonzipiert, war auch lange Geschäftsführer der das Museum tragenden gemeinnützigen GmbH. Der Stifter Leifeld ist 2005 gestorben, seitdem beaufsichtigt ein Stiftungsrat das Museum. Leismann, der heute künstlerischer Leiter des Museums ist, zeigte dort 2011 etwa ambitionierte Ausstellungen zu Max Pechstein oder Georges Braque. Irgendwann aber scheint ihm das nicht mehr genügt zu haben. Denn immer wieder ist Burkhard Leismann – das belegen die Ermittlungen im Fall Beltracchi – auch damit beschäftigt, mit Kunstwerken zu handeln oder entsprechende Geschäfte anzubahnen. Dafür benutzt er regelmäßig auch die Infrastruktur des Kunstmuseums, das er leitet. Er könne daran nichts verwerflich finden, sagt Leismann im Gespräch. Aufgabe eines Museumsdirektors sei es nicht allein, das eigene Haus und die Sammlung zu pflegen. Er müsse sich selbstverständlich auch um die Freunde des Hauses und um Sammler kümmern, die sich an ihn wenden – zum Beispiel mit der Bitte, mehr zu jenen Bildern herauszufinden, die sie privat besitzen. Davon nämlich könne auch wieder das Museum profitieren – wenn sich etwa einer dieser Sammler entschließt, dem Museum ein Werk als Leihgabe oder gar als Schenkung zu überlassen.

Bei welcher Gelegenheit er Otto Schulte-Kellinghaus das erste Mal begegnet ist, weiß Burkhard Leismann heute nicht mehr. Nur dass es in Krefeld war, da ist er sich sicher. Es muss Mitte der 80er-Jahre gewesen sein, als Leismann in Helmuth Mackes Heimatstadt recherchierte und dabei auf Schulte-Kellinghaus traf. Der verdiente sein Geld schon damals nicht nur als Chemielaborant, sondern auch mit dem Verkauf von alten Gemälden, Gemälden von Heinrich Campendonk etwa.

Campendonk und Macke – Schulte-Kellinghaus und Leismann. Ein schöner Zufall. Zwei Männer, die unternehmungslustig sind, die Visionen für Projekte haben. Und nicht immer das richtige Geschick, was das große Geld angeht. Man findet sich sympathisch, spricht über Kunst und arbeitet irgendwann auch zusammen.

1999, als Burkhard Leismann bereits seit sechs Jahren Museumsdirektor in Ahlen ist, händigt ihm Otto Schulte-Kellinghaus ein Gemälde von Heinrich Campendonk aus: »Landschaft mit Figuren« von 1915. Auch dieses Bild stammt angeblich aus dem Familienbesitz, Schulte-Kellinghaus will es verkaufen, Leismann soll es begutachten.

In einem geradezu flehentlichen Brief bittet Leismann in der Folge den Museumsstifter Leifeld, das Bild für das Museum oder seine Sammlung anzukaufen. Im vergangenen Jahrzehnt sei ihm kein so bedeutendes Bild von Campendonk untergekommen. Leifeld solle kommen und sich das Bild in seinem Büro anschauen, es sei eine absolute Besonderheit, eine Rarität, so der Museumsdirektor, es gelte nämlich im Werkverzeichnis von Andrea Firmenich als verschollen. Leismann plädiert sehr für den Ankauf. Die 55 mal 81 Zentimeter Leinwand aus Krefelder Privatbesitz sollen 950 000 DM kosten. Aber der Sammler will nicht.

Aus einer rheinischen Quelle

Ein gutes Jahr später versucht Leismann erneut, ein Gemälde aus Schulte-Kellinghaus-Besitz an seinen Museumsstifter zu verkaufen. Diesmal ist es ein Bild von Louis Marcoussis, einem – da streiten sich die Quellen – 1878 oder 1883 in Warschau geborenen Künstler, der ab 1903 in Paris lebte und malte. Ein Kubist, der mit Georges Braque und Pablo Picasso verkehrte, dessen Künstlernamen Marcoussis sich Apollinaire für ihn ausgedacht hatte. Ein Maler zahlloser kubistischer Stillleben, auf denen Früchte, Fische, Zithern zu sehen sind.

Das von Schulte-Kellinghaus herangeschaffte Gemälde scheint kunsthistorisch wieder eine Sensation zu sein: Es zeigt den berühmten Galeristen Alfred Flechtheim. Auf dem Bild ist der Mann mit dem markanten Scheitel und der eindrucksvollen Nase kubistisch zergliedert, im Hintergrund sieht man eine Staffelei mit Bild. Dieses Portrait Flechtheims – Leismann benutzt für Gemälde gerne das sonst nur mit Skulpturen assoziierte Wort »Bildwerk« – sei so besonders, weil es nicht nur dem deutsch-französischen Kulturaustausch (französischer Maler malt deutschen Galeristen) huldige. Es huldige auch einem der wichtigsten Vermittler moderner Kunst und einem Sohn der Region – Flechtheim kam aus einer Münsteraner Getreidehändlerfamilie.

Das Bild stamme, schreibt Leismann außerdem an den reichen Museumsgründer Leifeld, aus einer rheinischen Quelle, der Großvater seiner Kontaktperson habe das Bild einst direkt bei Flechtheim erworben. Die Echtheit und die Herkunft des Bildes seien durch ein Zertifikat der französischen Werkbearbeiterin sowie durch eine Untersuchung »uneingeschränkt« belegt. Der geforderte Preis von 325 000 Mark durch die Größe des Bilds und das besondere Motiv »absolut« gerechtfertigt. Ein besserer Anfang für die Museumssammlung als dieses »programmatisch wichtige« Bild sei kaum denkbar.

Doch der Museumsstifter folgt dem Rat seines Museumsdirektors wieder nicht, er kauft nicht. Zu seinem Glück, wie sich später herausstellen sollte.

Leismann bietet das Gemälde daraufhin der Stiftung Kunst und Kultur des Landes Nordrhein-Westfalen zum Ankauf für ein Museum des Bundeslandes an. Der angesprochene Direktor des Museums Folkwang in Essen zeigt jedoch kein Interesse. Und Fritz-Theo Mennicken, der Sekretär der Stiftung, schreibt an Leismann zurück, dass ihn etwas an dem Bild störe, er aber noch nicht sagen könne, was es sei. Leismann teilt dem Zweifelnden daraufhin mit, dass das Bild inzwischen einen neuen Besitzer habe. Mennicken muss sich also keine Gedanken mehr über sein unbestimmtes komisches Gefühl machen.

Der Ahlener Museumsdirektor hatte inzwischen auch alternative Vermittlungsbemühungen begonnen. Mit einem Mann, der sich im Januar 2011 bei der Polizei noch als einer der drei ehemaligen Besitzer des Flechtheim-Portraits zu erkennen gegeben hatte, der inzwischen aber widersprüchliche Angaben zu Ablauf und Erfolg dieser Bemühungen macht. Sie könnten damit zu tun haben, dass der damals gerade 46-Jährige seinerzeit noch an führender Stelle in einer großen internationalen Kunstversicherung tätig war, inzwischen in den Kunsthandel gewechselt ist – und in beiden Branchen der private Umgang mit Fälschungen nicht gerade karrierefördernd wäre. Vor allem dann nicht, wenn man sich in einem Magazininterview zum Fall Beltracchi mit Sätzen geäußert hat, die angesichts der eigenen Verwicklung ganz anders klingen:

»Einige Fälscher haben die Mechanismen des Marktes durchschaut und gezielt ausgehebelt, indem sie, wie im Fall Beltracchi, der Kunstgeschichte ›fehlende‹ Werke hinzugefügt haben und diese erst kurz vor den Auktionen den Häusern angeboten haben, sodass eine umfassende Prüfung kaum möglich war. Andere haben sich von den hohen Preisen für deutsche Nachkriegskunst inspirieren lassen. Sie würden nicht glauben, wie viele gefälschte Werke es von Sigmar Polke, A.R. Penck und Gerhard Richter gibt. Wir setzen weiterhin auf die Einschätzung unabhängiger Experten und klären die Provenienz einer Arbeit sehr genau, überlassen ihnen aber nicht die Entscheidungsmacht. Zusätzlich beauftragen wir Institute, die mit chemischen Methoden die Werke untersuchen und Materialanalysen durchführen. Das ist in allen Bereichen des Kunstmarktes hilfreich.«

Als sich der Mann auf Bitte der Ermittler am 20. Januar 2011 telefonisch im Kunstdezernat des Berliner Landeskriminalamtes meldete, berichtete er laut Protokoll, er habe im Jahr 2000 gemeinsam mit drei Freunden das Marcoussis-Gemälde (siehe Bildteil) als Wertanlage zum Preis von etwa 200 000 Mark gekauft. Verkäufer sei ein Herr Otto Schulte-Kellinghaus gewesen, vermittelt habe das Geschäft der Ahlener Museumsdirektor Burkhard Leismann. Einige Jahre später sei das Gemälde dann mit Gewinn – an den genauen Preis erinnere er sich nicht mehr – an eine Kunstvermittlerin in Paris weiterverkauft worden. So die Angaben des Kunstversicherungsmitarbeiters am Telefon. Kriminalhauptkommissar Marcus Schönfelder, der den Anruf entgegennahm, sagte der Zeuge zu, er könne in der vierten Februarwoche zu einer offiziellen Vernehmung nach Berlin kommen.

Tatsächlich fand der viel beschäftigte Mann, der auch gegenüber den Autoren dieses Buches auf verschiedene Gesprächsvorschläge nicht reagierte, dann Zeit, Mitte Juli im Polizeipräsidium Köln auszusagen. Diesmal allerdings hörte sich sein

Bericht vollkommen anders an. Er sei nie Besitzer des Flechtheim-Porträts gewesen, gab er nun zu Protokoll, sondern habe es auf Bitten von Leismann lediglich zunächst einem Privatsammler angeboten, der »immer ein Interesse an kubistischen Bildern« gehabt habe. Als dieser das Bild nicht kaufen wollte, habe der freiwillige Vermittler dann der Sammlerin in Paris davon erzählt: »Ich kann das alles nicht mehr genau nachvollziehen, aber ich meine, Frau X. [Anonymisierung durch die Autoren] hat der Galerie in Paris von diesem Bild erzählt, die fanden das wohl ganz interessant und diese hat sich dann mit Herrn Leismann in Verbindung gesetzt. Herr Leismann hat mir in Maastricht erzählt, der weitere Verkauf sei dann über den Schulte-Kellinghaus gelaufen.« Er selbst aber, so der Zeuge entgegen seinen Äußerungen ein halbes Jahr zuvor, sei nie Eigentümer gewesen: »So wie ich mich erinnere, hatte ich das Bild nie in Besitz, es war im Museum, wir hatten nur Fotos davon.«

Nicht mehr erinnern konnte sich der Zeuge bei seiner Vernehmung auch an einen Brief, der am 15.9.2000 an seine damalige Privatadresse im Hamburger Stadtteil Hohenfelde geschickt worden war. »Hiermit bestätige ich Ihnen gern«, hatte ihm darin jemand zu Marcoussis' Flechtheim-Bildnis geschrieben, »daß das o.g. Bildwerk aus dem Besitz meiner Familie, respektive aus dem Besitz meines Großvaters in Krefeld stammt, der im zweiten und dritten Jahrzehnt des letzten Jahrhunderts nicht zuletzt mit Hilfe des Düsseldorfer Kunsthändlers Alfred Flechtheim sowie den eigenen verwandtschaftlichen Verhältnissen mütterlicherseits nach Paris eine kleine jedoch qualitativ bemerkenswerte Sammlung deutsch-französischer Kunst zusammengetragen hat.« Die Unterschrift ist unleserlich, die Verwendung eines Computers wäre für Otto Schulte-Kellinghaus ungewöhnlich. Trotzdem entspricht diese Legende exakt jener, mit der bereits in der Vergangenheit Beltracchi-Fälschungen verkauft worden waren.

Auf nochmalige Nachfrage der Autoren im Februar 2012 blieb der deutsche Kunstexperte bei seiner Darstellung, er habe das gefälschte Marcoussis-Gemälde, wie in seiner Zeugenvernehmung beschrieben, nie besessen. Auf Fragen zu seinen Aussagen aus dem ersten Telefonat mit dem LKA und zum Krefeld-Brief ging er nicht ein.

Ob mit oder ohne seine Vermittlung: Irgendwann kommt der falsche Flechtheim in der Pariser Galerie Cazeau-Béraudière an, wandert von dort in die Mailänder Galerie Zodo, um schließlich 2004 von dem Pariser Galeristen Michel Zlotowski für 570 000 Euro an die Stiftung der in Spanien beheimateten Telefongesellschaft Telefónica verkauft zu werden. Innerhalb von nur vier Jahren hatte das Bild mit seinen Durchlaufstationen, falls der erste Ankaufspreis von 200 000 Mark annähernd stimmt, satte 570 Prozent Gewinn erwirtschaftet. Mit Aktien, Immobilien, Sparbüchern lässt sich eine solche Rendite kaum erzielen. Ob alle An- und Verkäufe sowie mögliche Vermittlungsprovisionen versteuert wurden, hat die Polizei bislang nicht ermittelt.

»Boote in Collioure«

Burkhard Leismann hatte 2000 auch noch ein anderes Bild von Schulte-Kellinghaus im Angebot, das dem Marcoussis-Vermittler allerdings viel zu teuer war. Es sollte von André Derain stammen und zeigt ein paar bunte Segel- und Ruderboote, die an einem Hafenkai liegen. Fischer mit roten Flecken als Köpfen bücken sich über Netze oder stehen in den Booten. Es ist, gerade weil nicht alle Details auf dieser Leinwand perfekt ausgemalt sind, eines der schönsten Bilder aus der Sammlung von Otto Schulte-Kellinghaus. Auf der Rückseite des Gemäldes klebt ein bräunlicher Aufkleber der Zeitschrift »Sturm« von Herwarth Walden, auf dem in blaulila ausgeblichenen Schreibmaschinenbuchstaben der Titel notiert ist: »Fischer in Collioure«.

Wie bei den anderen Bildern von Schulte-Kellinghaus, lässt Leismann auch zum Collioure-Gemälde den regelmäßig für sein Museum arbeitenden Restaurator ein Gutachten erstellen. Der zeigt sich von der Authentizität überzeugt – gibt aber den Rat, einen Derain-Experten hinzuzuziehen. Bemerkenswert, schreibt er, sei die Maltechnik: Die industriell aufgetragene Grundierung der Leinwand sei vor dem Bemalen stark abgeschliffen worden.

Auch für die Museumssammlung ist das Bild zu teuer. Im April 2000 erstellt der Derain-Kenner Michel Kellermann eine Fotoexpertise zu den »Fischern in Collioure« – er nennt es »Bateaux à Collioure«. Am 6. Juli verkauft es der Londoner Galerist James Roundell für 4,25 Millionen Dollar an ein Händlerkonsortium, zu dem unter anderem die amerikanische Galerie C&M Arts zählt. Das Konsortium wiederum lässt das Bild sieben Jahre später, am 17. Juni 2007, bei Christie's in London versteigern. Höchstbietende ist die Galerie Artvera's, die auch das »Rote Bild mit Pferden« von Campendonk gekauft hatte. Sie zahlt gut zwei Millionen Pfund für den Derain – das Händlerkonsortium hat also nach sieben Jahren kein Geld verdient. Es hat sogar, zieht man die Kosten für das Auktionshaus, die Lagerung, den Transport und die Versicherung des Kunstwerks ab, einen satten Verlust gemacht.

Auch dieses Geschäft zeigt: Kunst wird nicht allein um der Kunst willen gekauft. Bei den meisten Transaktionen auf dem Kunstmarkt geht es nicht darum, ein Werk auf immer und ewig in einer Sammlung zu platzieren – so wie es heute zumindest noch für die Ankäufe deutscher Museen gilt. Zahlreiche Geschäfte auf dem Kunstmarkt werden – wie im Fall des Flechtheim-Portraits oder des Collioure-Gemäldes – in der Hoffnung getätigt, dass man das gute Stück später zu einem besseren Preis weiterverkaufen kann. Bilder werden zu Wand- oder Tresoraktien. Noch vor wenigen Jahrzehnten fand man in Auktionssälen fast ausschließlich Händler und Zwischenhändler unter den Bietenden – Kunstsammler kauften dort nicht. Doch selbst die sogenannten »Sammler mit Herzblut« haben meist die Wertentwicklung ihrer Kunst sehr genau im Blick. Sie wird ihnen spätestens immer dann wieder vor Augen geführt, wenn für eine Anpassung der Kunstversicherungsprämie der Wert ihrer Sammlung neu geschätzt werden muss.

Auch dass mehrere Händler zusammen Derains »Fischer in Collioure« kaufen, ist nichts Außergewöhnliches. Um sich abzusichern oder große Geldmengen aufzubringen, werden solch spekulative Geschäfte im Kunsthandel gern von Kartellen oder eher losen Zusammenschlüssen von Händlern getätigt. Im Fall des Derain-Gemäldes »Bateaux à Collioure« etwa hatte der Pariser Galerist Aittouarès nicht genug Geld, um Otto Schulte-Kellinghaus das Bild abzukaufen, also holte er den Londoner James Roundell mit ins Boot. Der verfügte auch über einen besseren Kundenstamm im internationalen Hochpreissegment als Aittouarès. Den Gewinn teilte man sich – so wie später auch das Händlerkonsortium um die C&M Arts die Verluste auf mehrere Schultern verteilen wird.

Was die vielfältigen Aktivitäten in Ahlen angeht, stellen sich zahlreiche Fragen: Wieso setzt sich Burkhard Leismann um das Jahr 2000 so vehement für Otto Schulte-Kellinghaus ein? Wieso versucht er, den Museumsstifter zum Ankauf von dessen Bildern zu überzeugen? Und wieso vermittelt er, als Leifeld nicht kaufen will, schließlich dem Versicherungsmitarbeiter das Flechtheim-Portrait? Ist es das genuine Interesse an den Kunstwerken aus der Sammlung von Schulte-Kellinghaus, den er als »befreundeten Sammler« bezeichnet? Ist es der Wunsch, durch die Vermittlung Bilder und Sammler an das Museum zu binden? Oder hat Leismann finanzielle Interessen am Verkauf? Interessen, die er als Leiter eines Museums so nicht haben dürfte. Denn seriöse Museen – und seien sie noch so klein – stellen sich ganz in den Dienst der Kunst selbst, sie sollen sie erforschen, zeigen und bewahren. Und so gibt es auf dem Kunstmarkt für Museumsdirektoren nur eine ethisch vertretbare Rolle: die des Käufers. Eine Rolle, die die Direktoren in Zeiten minimaler Ankaufsetats allerdings nur selten ausspielen können – der Ankaufsetat des Kunstmuseums Ahlen etwa beträgt jährlich 50 000 Euro.

Museen verleihen einem Kunstwerk allein schon dadurch mehr Wert, dass sie es in ihre Sammlung aufnehmen. Doch an diesem Wertzuwachs dürfen sie, die von öffentlichen Geldern finanzierten Schiedsrichter über die Bedeutung der Kunst, nichts verdienen. Denn das Ansehen und die Geltung der Museen beruht letztlich darauf, dass man zu den kommerziellen Interessen der Kunsthändler stets die nötige Distanz hält.

Und so bestreitet auch Leismann im Gespräch, an der Begutachtung und Vermittlung der von Schulte-Kellinghaus gelieferten Bilder jemals Geld verdient zu haben. Doch ausgerechnet im Juni und im November 2000, in den Monaten seiner Gutachter- und Vermittlertätigkeit und kurz danach, gehen auf seinem Konto in Deutschland mehrere sechsstellige D-Mark-Summen ein. Überwiesen hat das Geld – es sind insgesamt 350 000 Mark – Otto Schulte-Kellinghaus von einem Nummernkonto der Schweizer UBS-Bank aus.

Er habe nur 150 000 Mark bekommen, sagt Leismann in einem Gespräch mit den Autoren, und dieses Geld habe nicht im Zusammenhang mit Verkäufen oder Vermittlungen von Bildern gestanden. Das Geld sei außerdem nur ein Darlehen gewesen. Ein Darlehen mit sonderbaren Konditionen allerdings, denn Schulte-Kellinghaus legte laut Leismann nicht fest, wann, wie und ob überhaupt der Museumsdirektor das Geld vollständig zurückzahlen müsse. Und die den Ermittlern von der UBS übergebenen Kontounterlagen weisen eindeutig drei Überweisungen im Wert von insgesamt 350 000 Mark aus.

Nach den Überweisungen aus Sommer und Herbst 2000 dauert es neun Jahre, bis Otto Schulte-Kellinghaus wieder Bilder zu Burkhard Leismann ins Museum bringt. Am 1. Juli 2009 quittiert dieser auf dem Briefpapier des Museums den Eingang von zwei Gemälden: »Natur morte« (sic!) aus dem Jahr 1913 von Fernand Léger und »Collioure«, eine weitere bunte Hafenszene von André Derain – diesmal mit Leuchtturm. Nun lautet die Erklärung, die Bilder stammten nicht aus der Sammlung von Schulte-Kellinghaus' Großvater Knops, sondern angeblich aus einer anderen Quelle, der Sammlung eines Werner Jägers. Wie sein Großvater habe auch dieser Jägers, so erzählt Schulte-Kellinghaus dem Direktor, die Bilder direkt beim Galeristen Alfred Flechtheim in Düsseldorf gekauft. Heute gehörten sie der Jägers-Enkelin Helene Beltracchi, die diese Provenienz gegenüber Leismann auch bestätigt. Obwohl wegen Campendonks »Rotem Bild mit Pferden« bereits ermittelt wurde, hatte sich das Ehepaar Beltracchi zum Verkauf weiterer gefälschter Werke entschlossen. »Wir waren uns unsicher, weil wir wussten, dass es langsam komisch wird«, erinnert sich Wolfgang Beltracchi später im »Spiegel«-Interview. »Aber wir wollten mit dem Geld den Campendonk von dieser maltesischen Firma zurücknehmen. Und mit dem Rest des Geldes einen Palazzo in Venedig kaufen. Ein schöner Traum, oder?« Ein Jahr später wird er zerplatzen wie eine schillernde Seifenblase.

Dame in Schwarz-Weiß

Leismann erhält von Schulte-Kellinghaus zusammen mit den Gemälden auch ein Schwarz-Weiß-Foto. Es zeigt eine Dame mit Halskette an einem Tisch sitzend, auf dem eine Vase mit Blumenstrauß steht (siehe Bildteil). An den Wänden im Hintergrund hängen vier Gemälde, eines der Bilder ist unscharf als das Stillleben »Nature Morte« von Léger zu erkennen, ein anderes als der »Akt mit Katze« von Pechstein, ein drittes zeigt eine barbusige Frau mit Hut. Der niederländische Fauvist Kees van Dongen soll sie gemalt haben. Die Aufnahme stammt angeblich aus den 1940er-Jahren und zeigt, so heißt es, die erste Frau von Helene Beltracchis Großvater Werner Jägers.

Man muss kein Fotoexperte sein, um diese Aufnahme merkwürdig zu finden. Irgendetwas stimmt damit schon auf den ersten Blick nicht. Vor allem das Arrangement wirft Fragen auf: Wofür sollte ein solches Foto entstanden sein, dass weder die Werke an den Wänden vernünftig dokumentiert noch die Frau davor repräsentativ portraitiert? Oberhalb aller Bilderrahmen sind harte Schlagschatten zu sehen, die nur von einer Beleuchtung von unten stammen können. Und wirklich, unten, vor dem Tisch mit der Frau, scheint ein Blitz einzuschlagen – oder zumindest ein sehr leistungsstarker Strahler zu stehen. Seltsam für einen privaten Schnappschuss aus der Vorkriegszeit. Auch ist der weiße Rand des angeblich historischen Fotos deutlich ungleichmäßiger gezackt, als es bei Fotopapier jener Zeit üblich war. Die Frau auf dem Foto ist nicht besonders gut zu erkennen. Wer sich alte Alben der eigenen Familie anschaut, stellt sich unweigerlich die Frage: Hätte man ein so unscharfes und überbelichtetes Bild jemals aufgehoben?

Die überbelichtete Frau aber, die angeblich Josefine Jägers ist, hat durchaus Ähnlichkeiten mit ihrer Enkelin Helene Beltracchi. Eine auffallend starke Ähnlichkeit sogar.

Wieder soll der Museumsmann die Kunst begutachten, er soll die Herkunftsgeschichte der Gemälde belegen. Und wieder sucht Leismann auch Käufer. Aber diesmal geht es um noch mehr Geld als ein Jahrzehnt zuvor, um eine womöglich zweistellige Millionensumme nämlich. Der Verkauf der beiden Werke soll, so hoffen wohl Otto Schulte-Kellinghaus und Helene Beltracchi, der bisher lukrativste Deal ihres Lebens werden. Was beide Leismann nicht verraten: Ahlen ist nicht die erste Station, über die sie versuchen, die Bilder zu versilbern.

Seit Anfang 2006 hatte sich Otto Schulte-Kellinghaus bereits vergeblich bemüht, über die Pariser Galerien Aittouarès und Cazeau-Béraudière Légers »Natur morte« zu verkaufen – den Rechtschreibfehler im französischen Titel kennt man auch von der Rückseite eines anderen, originalen Léger-Gemäldes aus der Sammlung des inzwischen verstorbenen Basler Kunsthändlers Ernst Beyeler. Auch diesmal sollte auf Wunsch der Beltracchis eine Echtheitsbestätigung vor dem Verkauf eingeholt werden. Die maßgebliche Expertin für das Werk von Léger, Irus Hansma, verweigerte allerdings eine entsprechende Expertise. Und außerdem gab es Zweifel an der falschen Inventarnummer auf der Rückseite.

Der mit dem Verkauf beauftragte Galerist Cazeau und der ebenfalls eingeschaltete Londoner Händler Jeffry Kaplow hatten partout keinen Käufer für das Stillleben finden können. Außerdem war das Bild unter anderem nach New York geflogen worden, um es dort in einem Lagerhaus dem Milliardär und Sammler Leonard Lauder anzubieten. Doch die von jenem beauftragte Kunsthistorikerin Emily Braun hatte ebenfalls Unregelmäßigkeiten an der Komposition des Bildes festgestellt und abgeraten.

Leismann hingegen, der offenbar von all dem nichts wusste, fiel offenbar nichts Ungewöhnliches an dem Gemälde auf. Im Auftrag von Helene Beltracchi sollte nach den vergeblichen Verkaufsversuchen nun er die Provenienz des Bildes aus der Sammlung Jägers so überzeugend belegen, dass auch die kritische Léger-Expertin Hansma keine Zweifel mehr daran hegen könne, so sein Auftrag, denn ohne Hansma-Zertifikat würde sich das Gemälde nicht verkaufen lassen. Die Expertisen des Léger-Museums im französischen Biot, hatten Beltracchi und Schulte-Kellinghaus zuvor erfahren, würden international nicht als zuverlässig anerkannt. Der Expertin in Paris berichtet Helene Beltracchi deshalb in einem Brief erleichtert, dass sie nun einen »kompetenten und seriösen Fachmann« gefunden habe, einen Museumsdirektor, der die Sammlung Jägers gut kenne und den Weg des Léger-Gemäldes durch die drei Vorkriegsgalerien, deren Aufkleber auf der Rückseite des Bildes prangen, nachrecherchieren könne. Dann müsste einem positiven Gutachten nichts mehr im Wege stehen.

Leismann lässt zunächst die Restauratorin seines Vertrauens das Bild überprüfen: Sie stellt zwar einen gleichmäßigen Abrieb der Oberfläche fest, aber die Malerei sei auf natürliche Weise gealtert, es gebe keine Auffälligkeiten, die an der Echtheit zweifeln ließen.

Mit der Suche nach Beweisen dafür, dass der Léger wirklich einst zur Sammlung Flechtheim gehört und, wie ein anderer Aufkleber auf der Rückseite bezeugen sollte, auch in einer Ausstellung der Galerie »Der Sturm« gehangen hatte, beauftragte Leismann eine Kunsthistorikerin in Hamburg. Obwohl diese von ihm in Auftrag gegebenen Recherchen keine positiven Ergebnisse brachten, schreibt er nach einigen Wochen einen für die zu überzeugende Expertin Hansma gedachten Brief an Helene Beltracchi, in dem er in weiten Zügen auch einfach die ihm von Beltracchi erzählte Geschichte wiedergibt.

»Wie in unserem Hause üblich«, schreibt Leismann, »hat sich zunächst unsere Restauratorin mit dem Gemälde beschäftigt mit dem Ihnen vorliegenden und bekannten Kurzbericht. Daraus geht hervor, dass Frau B. als besondere Fachfrau der sog. Klassischen Moderne keine Probleme in der Authentizität des Gemäldes sieht.« Der »von Max Pechstein entwickelte Aufkleber« spreche dafür, dass Alfred Flechtheim das Bild im privaten Besitz hatte: »Wir nehmen an«, fährt Leismann fort, »dass Ihr Großvater Werner Jägers mit Wohnsitz in Köln das Bild um 1930 bei Alfred Flechtheim und/oder aus dem Kunsthandel ggf. bei der Galerie Nierendorf erworben hat. Dafür spricht die Tatsache, dass Ihr Großvater – wie Sie uns ja auch mitgeteilt haben – in der Nähe der Räume der Galerie eine Immobilie hatte und mit dieser offensichtlich in Kontakt stand. Inwieweit die Galerie Flechtheim mit der Galerie Nierendorf kooperiert hat, ist momentan noch unklar, aber aus unserer Sicht nicht unwahrscheinlich, da die Weitergabe und der gegenseitige Kauf und Verkauf im deutschen Kunsthandel zu dieser Zeit absolut üblich war. In einem ersten Fazit kann ich Ihnen daher mitteilen, dass wir zurzeit keine Zweifel an der Provenienz und der Echtheit des Bildes haben.«

Obwohl es nach wie vor keine Bestätigung der maßgeblichen Léger-Expertin gibt, agiert Leismann so, wie ein seriöser Museumsmann für einen Privatsammler nie agieren darf: wie ein Broker nämlich. Er hält Kontakt zu einer an dem Léger und dem Derain interessierten Privathändlerin in Los Angeles, korrespondiert über eine französischsprachige Mitarbeiterin des Museums mit dem Galeristen Aittouarès in Paris und organisiert später auch für Andreas Rumbler, einen Direktor des Auktionshauses Christie's, eine Besichtigung des Bildes im Museum Ahlen. Ihm soll das Bild für eine kommende Auktion angeboten werden. Für diese Besichtigung, zu der extra auch Helene Beltracchi aus ihrem Wohnort in Südfrankreich anreist, lässt Leismann das Gemälde eigens rahmen, um es dem potenziellen Abnehmer besser präsentieren zu können.

Dabei sind inzwischen die objektiven Zweifel an der Echtheit des Légers noch gewachsen. Auch Burkhard Leismann ist inzwischen in Kontakt mit Aya Soika, der Pechstein-Expertin, die ihm bereits im April 2010 von den fragwürdigen Flechtheim-Aufklebern auf zwei Gemälden von Pechstein erzählt hatte – beide aus der Quelle Beltracchi. Auch über die Campendonk-Expertin Andrea Firmenich erfährt Leismann von dem Verfahren in Köln wegen des anscheinend gefälschten »Roten Bilds mit Pferden«.

Doch trotz all dieser Hinweise sammelt Leismann weiter, was er für Indizien für die Echtheit des Bildes hält. Er lässt sich vom Sohn des Düsseldorfer Flechtheim-Nachfolgers und -Ariseurs Axel Vömel bestätigen, dass die Handschrift auf der Rückseite eines weiteren von Schulte-Kellinghaus besorgten Fotos dessen Echtheit belegt. Das Foto (siehe Bildteil) zeigt eine mit Gemälden vollgehängte Wand. Ein Bild erkennt man sofort, es ist der Léger. Vömel junior allerdings hat sich ebenfalls täuschen lassen. Im Prozess gesteht Wolfgang Beltracchi, dass auch diese Aufnahme eine Fälschung ist.

Leismann schickt noch einmal einen zur Weiterleitung an die immer noch zweifelnde Expertin Frau Hansma gedachten Bericht an Helene Beltracchi, in dem er die Herkunft des Bildes für glaubhaft erklärt – obwohl sich für die angeblichen Provenienzen Flechtheim und Kahnweiler nach wie vor keine Beweise in den Archiven finden ließen. Er habe »persönlich keine Zweifel, dass das Bild einerseits authentisch ist sowie anderseits in der Betrachtung der Möglichkeiten seiner Herkunft schlüssig und nachvollziehbar«. Vor allem die Schwarz-Weiß-Fotografien sprächen für die Geschichte des Bildes. Er wünsche sehr, schreibt Leismann abschließend, dass sich die Léger-Expertin in Paris seinem Urteil anschließe.

In einem vom 27. Mai 2010 datierten Brief bedankt sich dann Helene Beltracchi bei Leismann für ein ausführliches Gespräch zur Dokumentation der großväterlichen Sammlung: »Es war ein guter Rat von Otto Schulte-Kellinghaus, Sie um Hilfe bei den Recherchen zu bitten.« Über Leismanns »Vorschläge zum Verkauf« werde sie sich mit Schulte-Kellinghaus beraten und dann eine Entscheidung treffen. Beltracchi nimmt auch Bezug auf die Zweifel zu den beiden bei Lempertz eingelieferten Pechstein-Gemälden: Sie hätte jetzt nachträglich erfahren, dass der Auktionator Hanstein vor der Versteigerung entgegen der Abmachung keine Expertisen eingeholt habe. Es sei »sehr rätselhaft«, wie sich Hanstein verhalte, bisher habe sie Lempertz für ein seriöses Auktionshaus gehalten. Dafür, dass das Einholen von Gutachten tatsächlich vereinbart worden wäre, gibt es allerdings keinen Beweis.

Inzwischen scheint die Zeit zu drängen. Leismann beschwert sich bei Helene Beltracchi ein paar Tage darauf per E-Mail, dass sie sich noch immer nicht auf einen Preis für den Léger festgelegt hat. Mittlerweile gebe es »mehrere Sammler«, die »großes Interesse am Erwerb haben und das Bild umgehend besichtigen möchten«: »Bitte geben Sie mir Nachricht, wie ich verfahren soll und zu welch einem Preis ich das Bild anbieten kann.«

Das Léger-Gemälde, auf dem übrigens gar keine »Nature Morte«, kein Stillleben, sondern eine bunte kubistische Lokomotive zu sehen ist (siehe Bildteil), soll – so setzt es Helene Beltracchi schließlich in einem Schreiben fest – mindestens sechs Millionen Euro kosten. Christie's winkt ab, die Bilder seien »zu schön, um wahr zu sein«, heißt es in einer internen E-Mail. Einen Interessenten aber gibt es noch.

Schon lange zuvor, als im Sommer 2009 das Gemälde noch nicht einmal im Museum angekommen war, hatte Leismann auch den Kunsthändler Michael F. über den Léger und über den Derain informiert. F. hat inzwischen über einen weiteren Mittelsmann in Norwegen einen amerikanischen Kaufinteressenten gefunden. Der Name des potenziellen Käufers wird Leismann zunächst nicht verraten. Es ist das bekannte Spiel mit der Diskretion im Kunstmarkt.

Eine höchst brisante Wendung bleibt Leismann allerdings nicht verborgen: Kurz vor dem 15. Juli 2010 erhält er einen Anruf von einem Journalisten. Er erfährt, dass inzwischen das LKA

Berlin in Sachen Sammlung Jägers Nachforschungen anstellt. Das Branchenblatt »Informationsdienst Kunst« berichtet am 15. Juli von den polizeilichen Ermittlungen in einem sich vage abzeichnenden Kunstfälschungsskandal. Leismann wiederum meldet sich daraufhin unaufgefordert am 16. Juli per Telefon beim LKA in Berlin und spricht mit einem der ermittelnden Kommissare.

Er wolle mit seinem Anruf darauf hinweisen, dass er momentan die Zweifel zur Sammlung Jägers nicht teilen könne, sagt der Museumsdirektor und bietet den Ermittlern trotzdem seine Unterstützung an. An der Echtheit der beiden bei ihm verwahrten Bildern gebe es aus kunsthistorischer Sicht keine Zweifel. Anschließend schickt er Scans der Fotografien an das LKA, auch eine Liste von Helene Beltracchi mit den als echt zertifizierten Bildern aus der angeblichen Sammlung Jägers. Die Zweifel der Kommissare an der Echtheit der Sammlung Jägers kann er damit jedoch nicht ausräumen.

Leismann will aber offenbar das Geschäft mit den Beltracchi-Bildern noch nicht verloren geben und sichert sich ab. Fatalerweise berichtet er auch Helene Beltracchi darüber, dass die Polizei Ermittlungen zu den Bildern aus ihrem Besitz aufgenommen hat. Von diesem Zeitpunkt an beginnt an den Wohnsitzen des Ehepaars eine rege Tätigkeit: Große Geldsummen werden von Konten in der einen Steueroase auf Konten in anderen transferiert. Bilder verschwinden. Man räumt auf.

Ende Juli kommt von dem Verbindungsmann F. in Hamburg die Meldung, dass es sich bei den Flechtheim-Aufklebern wohl erwiesenermaßen um Fälschungen handeln muss. F. hat einen Experten kontaktiert, der ihm den Fälschungsvorwurf des Ralph Jentsch weitergeleitet hat. Leismann leitet auch diese E-Mail sowohl an die Polizei als auch an Helene Beltracchi weiter – und treibt dennoch auch die Verkaufsbemühungen für den Léger voran. Er bietet dem unbekannten scheuen Kaufinteressenten über die Mittelsmänner in Norwegen und Hamburg sogar an, das Bild in die laufende Publikumsausstellung seines Museums zu hängen – damit dieser wie ein normaler Besucher das Museum betreten und unerkannt das Bild in Augenschein nehmen kann. Doch der Käufer lehnt ab, es wird eine Besichtigung in dem Lager der auf Kunst spezialisierten Transportfirma Hasenkamp vereinbart und durchgeführt. Der Termin stellt den Käufer offenbar zufrieden: Er will nur noch die Beweise zur Provenienz vorgelegt bekommen.

Leismann übersendet daraufhin Unterlagen, die die Authentizität des Lokomotiven-Stilllebens bestätigen sollen, an die Beauftragten des potenziellen Käufers, erwähnt aber die inzwischen massiven Zweifel an der Existenz einer Sammlung Jägers und die polizeilichen Ermittlungen nicht. Bei anderer Gelegenheit hingegen hatte er gegenüber F. und anderen durchaus schriftlich, per Fax oder E-Mail sowie mündlich auf die wachsenden Fälschungsvorwürfe hingewiesen. Trotzdem vermittelt er einen befreundeten Anwalt an Helene Beltracchi. Der Anwalt wird einen Kaufvertrag in Höhe von 5,8 Millionen Euro plus Kommission ausarbeiten.

Leismann macht Druck, er telefoniert mit Helene Beltracchi und bittet sie, den Vertrag zu unterzeichnen. Otto Schulte-Kellinghaus hat er vorher darauf hingewiesen, dass sich das Geld für den Léger bereits auf einem Schweizer Konto befinde. Was Burkhard Leismann nicht weiß: Die Polizei hört inzwischen die Telefonate der Betrüger ab. Mehrfach hören die Beamten auch die Stimme des Burkhard Leismann.

Aus den Telefonaten erfahren die Ermittler, dass der Verkauf eines vermutlich gefälschten Gemäldes unmittelbar bevorsteht, sie geraten in Zugzwang. Um den Transport der mutmaßlichen Beltracchi-Fälschung ins Ausland und die Zahlung von mehr als sechs Millionen Euro zu verhindern, beschließen sie zuzugreifen. Am 25. August 2010 um 13.15 Uhr stellen Polizeibeamte das angebliche Stillleben von Fernand Léger und die angebliche Hafenansicht von »Collioure« im Museum Ahlen sicher. Weitere Objekte in Deutschland – etwa die Wohnung der Mutter von Helene Beltracchi – werden durchsucht, in Ahlen werden die Polizisten wenige Monate später nochmals anrücken.

Wieso band sich Leismann den ganzen Stress für den Verkauf dieses Gemäldes ans Bein? Ist es wirklich nur die Hoffnung, durch diese Vermittlertätigkeit Sammler an sein kleines Museum zu binden? Oder sollte auch Leismann an dem Deal eine Kommission verdienen? Leismann bestreitet das im Gespräch. Niemals habe er Geld für seine Vermittlungstätigkeit erhalten.

Unter den beschlagnahmten Unterlagen befindet sich jedoch auch ein Brief von Leismann, in dem es um eine frühere Vermittlertätigkeit geht. Der Museumsdirektor, der angeblich nie an den Verkäufen von Gemälden verdient haben will, verlangte 2006 für seine Dienste beim Verkauf eines Pechstein-Gemäldes aus dem Jahre 1919 (»Feuchter Tag«) fünf Prozent des Verkaufspreises von 350 000 Euro als »Vermittlungsprovision«. Ein anderer Bekannter von Leismann berichtete der Polizei, dass der Museumsdirektor ihm im Museum befindliche Kunstwerke von Helmuth Macke – angeblich aus dem Besitz eines Reeders – verkaufte, von denen er später zwei zu einem höheren Preis vom Museum Ahlen ankaufen lassen wollte.

Vielleicht hätte Burkhard Leismann einfach nicht nach Ahlen ziehen sollen. Vielleicht hätte dieser sympathische Mann sich nicht um den Posten eines Museumsdirektors bemühen sollen. Vielleicht hätte er lieber eine Kunsthandlung eröffnen sollen. Es hätte ihm womöglich eine Menge Ärger erspart.

4

Die Festnahme

Der 27. August 2010 ist in Freiburg kein schöner Tag. Am Abend, als sich mehrere Beamte der Freiburger Polizei zu dem Grundstück Eichhalde 40 aufmachen, regnet es in Strömen. Die Polizisten sollen einen Haftbefehl gegen drei international gesuchte Betrüger vollstrecken, über das Telefon erhalten sie Anweisungen von René Allonge. Der damals 38-Jährige ist Kriminalhauptkommissar im Landeskriminalamt Berlin, Abteilung Kunstdelikte, und gerade von einer Dienstreise in gleicher Sache zurückgekehrt: In Köln haben er und seine Kollegen zwei Tage zuvor das Haus von Jeanette S. durchsucht, parallel dazu gab es ähnliche Maßnahmen in den Wohnungen von deren Verwandtschaft sowie im Kunsthaus Lempertz, im Kunstmuseum Ahlen, in der Wohnung von Otto Schulte-Kellinghaus und in einigen anderen Objekten. Seit Juni laufen Ermittlungen gegen Jeanette S., weil sie es war, die das »Rote Bild mit Pferden« bei Lempertz eingeliefert hatte. In einem Zwischenbericht von Ende Juni heißt es noch: »Derzeit besteht der begründete Anfangsverdacht, dass von der Beschuldigten, Jeanette S., und bisher unbekannten Mittätern nicht authentische und falsch signierte Kunstwerke (Kunstfälschungen), die von namhaften Künstlern in den 1910er- oder 1920er-Jahren hergestellt worden sein sollen, über Auktionshäuser in den Handel gebracht wurden.«

Wer genau beteiligt war, ist immer noch nicht geklärt. In den vergangenen Wochen, seit der Anzeige durch die Rechtsanwältin Friederike von Brühl, ist die Zahl der Verdächtigen aber stetig gewachsen. Es gibt Hinweise, dass auch alte Bekannte der Polizei aus anderen Zusammenhängen etwas mit dem Fall zu tun haben könnten. Otto Schulte-Kellinghaus etwa, der im Zivilverfahren um das »Rote Bild« die Existenz der Sammlung Jägers bezeugt hatte. Ganz unabhängig von den Ermittlungen zu dem angeblichen Campendonk-Gemälde hat Kommissar Allonge von der Expertin Bozena Nikiel aus Frankreich nämlich ebenfalls einen Hinweis auf den Namen Schulte-Kellinghaus bekommen: 1999 hatte dieser der Expertin ein Gemälde von Jean Metzinger zur Begutachtung überlassen, das sie als Fälschung entlarvte.

Kommissar in Sachen Kunst

Der Kommissar mit dem frankophonen Namen stammt selbst nicht aus Frankreich, sondern aus einer Kleinstadt in Mecklenburg, aus Malchin. Während der Wende war René Allonge als Matrose in Rostock stationiert, wollte nautischer Offizier in der Fischfangflotte der DDR werden und befand sich in der Ausbildung. Und die hätte er eigentlich gerne abgeschlossen, doch die Flotte wurde nach 1990 abgewickelt, Allonge holte sein Abitur nach und ging 1992 zum Studieren nach Berlin an die Polizeihochschule. »Polizist war nicht mein Traumberuf«, sagt er zurückblickend, »ich bin kein Gerechtigkeitsfanatiker. Ich suchte nur eine abwechslungsreiche Arbeit.« Beim Landeskriminalamt in Berlin findet er sie. Seit 1997 ist er bei der Abteilung 4 für Eigentumsdelikte, zunächst hat er sich mit Räubern, Erpressern und Autodieben beschäftigt, bis er 2009 schließlich in das Kunstdezernat wechselt. Seit 2010 ist er Leiter der Dienststelle. Allonge ist kein Kunsthistoriker, und mit abstrakter Kunst hat er sich – anders als viele seiner Kollegen – bisher noch nicht so wirklich anfreunden können. Am liebsten mag der 1973 Geborene immer noch Landschaftsgemälde. Und Maritimes: Szenen mit Wasser, die ihn an seine Heimat in Mecklenburg und an seine Zeit als Matrose erinnern. Die Bilder von Beltracchi, sagt er nach kurzem Nachdenken, gefallen ihm nicht besonders gut.

René Allonge ist ein kluger, bescheiden auftretender und mit ruhiger Stimme redender Mann, der sich inzwischen sehr gut im internationalen Kunstbetrieb auskennt. Die Klientel, mit der er es zu tun hat, die Auktionatoren und Privatsammler, die Museumsdirektoren und Galeristen, fühlen sich als Teil einer gesellschaftlichen Elite und sind es gewohnt, dass sich auch Polizisten nach ihren Wünschen richten und hinnehmen, dass Kunsthandel viel mit Diskretion zu tun hat. Es kann passieren, dass Auktionatoren, denen etwas nicht in den Kram passt, schon mal ihre Verbindungen spielen lassen und versuchen, über Manager, Politiker und Chefredakteure Einfluss zu nehmen. Aber Allonge lässt sich von solchen Spielen nicht beeindrucken. Wie mancher seiner Kollegen auch hat er mehrfach bewiesen, dass er nicht vor Ehrfurcht erstarrt, wenn ihm Menschen mit multiplen Ehrendoktoren und Honorarprofessuren begegnen, die in Schlössern oder großen Villen leben. Selbst wenn einer dieser Herren ihn anbrüllt – und das komme durchaus vor, sagt er lächelnd –, bleibt er ruhig. Und lässt sich nicht anmerken, dass ihn solche Einschüchterungsversuche erst recht anspornen: »Wenn im Zusammenhang mit Straftaten versucht wird, Druck auf die öffentliche Meinung und die Ermittler auszuüben, dann könnte man das als einen Hinweis auf organisierte Kriminalität werten.«

Nicht immer hat Allonge mit Millionengemälden und Fälschern zu tun, er beschäftigt sich auch mit Trickdieben, die Grafiken aus Galerien klauen, mit Hehlerware in Trödelläden und sogar mit Autodiebstählen – wenn, wie kürzlich geschehen, ein

Transportwagen abhandenkommt, in dem zufällig auch eine Portraitbüste liegt.

Neun Beamte arbeiten beim LKA 454 in der Abteilung Kunst, es ist eine von bundesweit nur drei spezialisierten Dienststellen für Kunstdelikte; die anderen Kunstkommissare sitzen in Stuttgart und in München. Wie viele Fälschungen gibt es auf dem Markt? Allonge will sich nicht auf Zahlen festlegen, zu groß ist die Dunkelziffer. 30 Prozent aller Kunstwerke seien falsch, meint Ernst Schöller, Allonges Kollege vom LKA in Stuttgart. Auf 1,5 bis 2 Milliarden Euro hat Schöller einmal den jährlichen Schaden durch Fälschungen geschätzt. Die Fälscher sind oft gescheiterte Künstler, die handwerklich gut sind, aber keinen überzeugenden Stil entwickeln konnten. Einen Stil, der Kuratoren zum Ausstellen und Sammler zum Kauf bewogen hätte.

In Köln, einer Hochburg des deutschen und europäischen Kunstmarkts und der Museen, hat die Polizei keine solche spezialisierte Sondereinheit. Deswegen darf das Berliner LKA im Fall Beltracchi auch dann noch weiterermitteln, als wegen des Tatorts im Kunsthaus Lempertz längst die Kölner Staatsanwaltschaft übernommen hat.

Lauschangriff

Im Sommer 2010 würde René Allonge gern noch weiter im Hintergrund zur wohl falschen Sammlung Jägers ermitteln, in aller Ruhe den Spuren nachgehen und Zeugen vernehmen, doch die Ereignisse überschlagen sich: Am Telefon hört er mit, wie der Verkauf des Lokomotiven-Stilllebens von Fernand Léger in Ahlen trotz aller Zweifel an dessen Echtheit vorangetrieben wird. Es besteht Gefahr im Verzug, man muss jetzt eingreifen und die beiden Gemälde im Kunstmuseum beschlagnahmen, bevor sie womöglich ins Ausland gelangen und die Betrüger und ihre Helfer dafür noch einmal hohe Summen kassieren. Außerdem sind die Beschuldigten indirekt durch den Museumsdirektor in Ahlen und durch Medienberichte über die Ermittlungen bereits gewarnt und könnten – Verdunklungsgefahr! – mögliche Beweise verschwinden lassen. In Berlin zieht man das Tempo an: Die komplette Abteilung Kunstdelikte arbeitet nun unter Hochdruck an den Ermittlungen, Experten werden angeschrieben, das Umfeld nach noch nicht identifizierten Mittätern durchleuchtet.

Kölner Telefonanschlüsse werden nach einem entsprechenden richterlichen Beschluss abgehört, doch in Südfrankreich dürfen die deutschen Polizisten nicht agieren. Deswegen werden die beiden französischen Telefonanschlüsse von Helene Beltracchi im Rahmen einer sogenannten Auslandskopfüberwachung belauscht: Alle Auslandsgespräche von und nach Deutschland gehen über einen Knotenpunkt in Frankfurt, und genau hier werden die Verbindungen zu den bekannten Rufnummern in Frankreich angezapft. Unweit von Allonges Büro stehen zwei Abhörcomputer, und sobald ein Gespräch von einem der fraglichen Anschlüsse abgeht, blinkt auf einem der beiden Bildschirme des LKA 454 ein Blaulicht, dazu gibt es noch einen akustischen Alarmton.

So auch am 25. August um 10.45 Uhr. Ein Verwandter wählt die Nummer des Landhauses in Südfrankreich, der »Domaine des Rivettes«. Wolfgang Beltracchi, Helenes Mann, geht ans Telefon, der Verwandte (im Folgenden »A«) möchte aber schnell weitergereicht werden. Er ist wütend.

A: Ich wollt nur sagen, dass gerade vor fünf Minuten acht Beamte bei uns in der Wohnung waren.
B: Was?
A: Acht Bullen. Ich wurde heute Morgen wach geklingelt, um acht Uhr, mit einem Durchsuchungsbeschluss. Ja, wegen dem Hurensohn Wolfgang.
B: Warum?

A: (…) ich sag dir was. Wenn ich den in die Augen krieg, ich bring den um.
B: Na dann erzähl doch mal.
A: Ja, (…) wegen deiner kriminellen Bildergeschichten.
B: Ja nun erzähl mir doch mal, ich weiß gar nicht, worum es geht.
A: (…) ich bin heute Morgen um acht wach geworden, habe mir noch gedacht, wer klingelt da denn wie die Polizei. Da war das auch die Polizei. Acht Leute standen da vor der Tür, mit Staatsanwaltschaft.
B: Ja? Und was haben die gemacht?
A: Die haben das ganze Haus auf den Kopf gestellt.
B: Und dann?
(…)
A: (…) das Erste, was ich gesagt habe, ist Wolfgang Beltracchi, und auch die Adresse habe ich genannt in Südfrankreich.
B: Ja.
A: Was soll das?
B: Wie, was soll das? Ich kann da jetzt gar nichts zu sagen.

René Allonge weiß nach diesem Telefonat mehr. Bisher hatte man im Nebel gestochert, was die Täter anging. Nun aber scheint ein weiterer mutmaßlicher Mittäter identifiziert, wenn nicht sogar als Haupttäter enttarnt: Wolfgang Beltracchi, Ehemann von Helene Beltracchi. Er soll Jeanette S. mit den falschen Bildern zu Lempertz geschickt haben, glaubt man dem empörten Verwandten am abgehörten Telefon. Und während der Durchsuchung hatte er ungefragt auch erzählt, dass Wolfgang Beltracchis Vater Kirchenmaler gewesen sei und sein Sohn bei ihm gelernt habe, also malen kann.

Bei der Durchsuchung der Wohnung in Köln finden sich auch andere Hinweise – eine im Telefon eingespeicherte Freiburger Rufnummer, ein Testament von Wolfgang und Helene – dafür, dass das Ehepaar Beltracchi einen zweiten Wohnsitz in Freiburg hat, an dem es jedoch nicht offiziell gemeldet ist. Eilig wird, während der bereits laufenden Razzia im gesamten Bundesgebiet, auch die Durchsuchung des Hauses in Freiburg angeordnet. Dort wohnt dauerhaft ein junger Mann.

Ein verschwundener Computer

Als die alarmierten Freiburger Polizisten an der Tür klingeln, ist der junge Mann jedoch gerade nicht da, er muss herbeitelefoniert werden. Die Beamten durchsuchen das weitläufige, mit Alarmanlage und Videokameras gesicherte Anwesen mehrere Stunden lang. Sie finden Bücher, zeitgenössische Gemälde eines Beltracchi-Freunds, sie fotografieren alles, beschlagnahmen auch Farben und Pinsel. Einen Computer finden sie im ganzen Haus nicht – obwohl an einem Arbeitsplatz allerlei entsprechende Kabel herumliegen. Später werden die Polizisten die Telefonate und auch die von der Alarmanlage der Beltracchis aufgenommenen Videos auswerten: Man sieht, wie jemand etwa eine halbe Stunde vor dem Eintreffen der Polizei mit einem Computer die Villa verlässt.

Die Hintergründe klärt ebenfalls ein abgehörtes Gespräch mit dem Mann (im Folgenden »A«), das weitreichende Folgen für das Ehepaar Beltracchi haben wird.

Wolfgang Beltracchi: Hör mal, Helene meint, du hast da vielleicht noch was auf dem Computer.
A: Ja, ich regel das.
(…)
Wolfgang Beltracchi: Ja guck … sonst den Computer weg. Kaufst dir nen neuen Laptop. Bezahlen wir dir dann.
A: Ja, ich regel das. Keinen Stress.
Wolfgang Beltracchi: Also weg mit dem Computer. Okay?
A: (Lacht) Ich lösch doch gerade!
Wolfgang Beltracchi: Ja. Aber wenn du löschst, ich weiß nicht, ob das reicht, (…). Ob die das nicht …

(Frauenstimme im Hintergrund)
(Wolfgang Beltracchi in den Hintergrund: Was?)
Das reicht nicht, wenn du das löschst. Die können die Festplatte … die kommen an die Festplatte.
(Helene Beltracchi im Hintergrund: »Die kommen au…«)
A: … und wo soll ich dat Ding hintun?
Wolfgang Beltracchi: (in den Hintergrund gesprochen: … ja die kommen alles drauf!)
(Helene Beltracchi im Hintergrund unverständlich)
(in den Hintergrund gesprochen: Ja, ja, ist klar!)
Weg, einfach weg!
(Helene Beltracchi im Hintergrund: Alles!)
Weg! (…) Ne? Weg, und dann gehst du ins Geschäft, kannst ja das Geld abheben vielleicht von deinem Konto oder so … oder nimm was von dem Geld, ne? Kauf dir nen neuen Laptop, da spielst du deine wichtigen Sachen drauf, die du brauchst und alles andere weg!
(Helene Beltracchi im Hintergrund unverständlich)
A: Okay.
Wolfgang Beltracchi: Mach das sofort!
A: Ja.
Wolfgang Beltracchi: Alles klar.

Der Anruf hat keine eineinhalb Minuten gedauert, aber er ist letztlich der Anlass dafür, dass ein Richter in Köln für das Ehepaar Beltracchi Untersuchungshaft anordnet, die später noch zweimal verlängert wird. Die Beweise aus den Durchsuchungen, die Zeugenaussagen und dazu die Protokolle der Telefonüberwachung reichen aus: Am 27. August wird Haftbefehl gegen Wolfgang Beltracchi, geboren 1951 in Höxter, Helene Beltracchi, geboren 1958 in Bergisch Gladbach, und Jeanette S., geboren 1957 ebendort, erlassen. Auch wegen Verdunklungsgefahr. Wo sie sich gerade befinden, weiß die Polizei zu diesem Zeitpunkt allerdings nicht. Und auch nicht, dass bei dem Trio inzwischen Hektik ausgebrochen ist. Mittlerweile ahnt man nicht mehr nur, man weiß, dass man ihnen auf der Spur ist.

Noch am gleichen Abend erhält die Polizei in Freiburg einen Hinweis aus Berlin: Aus der Überwachung von Ortungsdaten hat sich ergeben, dass die Gesuchten aus Frankreich nach Freiburg angereist sind. Um 19.30 Uhr brechen die Polizisten deshalb zu der an den Hängen oberhalb der Stadt gelegenen Villa der Beltracchis auf, die sie in den vergangenen beiden Tagen bereits durchsucht haben. Über das Telefon sind sie mit den Kollegen vom LKA in Berlin verbunden, als ihnen plötzlich, von oben stadteinwärts fahrend, das Auto der Gesuchten entgegenkommt, ein teurer Range Rover mit französischem Kennzeichen. Nach kurzer Verfolgungsfahrt – die Kollegen in Berlin können alles durch ein in der Hektik auf den Fahrzeugboden gerutschtes Telefon mithören – stoppen sie den Rover. Wolfgang und Helene Beltracchi werden festgenommen, auf die Polizeiwache und dann später in die Justizvollzugsanstalt gebracht. Die im Auto sitzenden Kinder, die 17-jährige gemeinsame Tochter, die ein teures Internat in der Umgebung besucht, und der in Freiburg wohnende Sohn, sind jetzt allein zu Haus. Jeanette S. war kurz nach dem Ehepaar Beltracchi in deren Villa festgenommen worden.

Wolfgang Beltracchi wird die Festnahme in seinem Interview mit dem »Spiegel« später wesentlich dramatischer darstellen und auch behaupten, seine Frau und er hätten der Polizei bereits früher Kooperation angeboten: »Unser zivilrechtlicher Anwalt hat sogar mit den Kripo-Leuten gesprochen und ihnen mitgeteilt, dass wir zur Verfügung stünden. Aber die wollten, glaube ich, die große Shownummer. (…) Die Ermittler haben uns dann, als wir in Freiburg ankamen, sogar noch ins Haus reingelassen, und als wir später zum Abendessen fuhren, folgten sie uns, sperrten Straßen, mit Hunden und Mannschaftswagen, und zückten ihre Waffen. Die haben sogar die Kinder ans Auto gestellt. Als ob wir Terroristen wären.«

René Allonge, der die Ermittlungen gegen die Beltracchi-Bande von Anfang an geleitet hat, erinnert sich an keine Kontaktaufnahme vor der Verhaftung: »Und ich müsste es wissen. Auch die Verhaftung ist nicht so abgelaufen, wie sie dargestellt wird. Die Kollegen waren ja auf dem Weg zur Villa Beltracchi, um die Verdächtigen dort festzunehmen. Welche Straßen hätten da gesperrt werden sollen?«

Es ist das Ende einer kurzen Jagd gewesen. Doch nun beginnt für Allonge die wahre Kärrnerarbeit. Er hat dringend Verdächtige, aber er weiß noch zu wenig über das Trio. Allonge und seine Kollegen müssen herausfinden, wer die Beltracchis sind, wie sie sich ein Anwesen in Frankreich und eine Villa in Freiburger Bestlage haben leisten können. Wer hat die falschen Bilder gemalt? Wer hat an ihnen verdient? Und wie viele Fälschungen geistern noch auf dem Kunstmarkt herum?

Die Inhaftierten verweigern in der Untersuchungshaft die Aussage. Einiges zu ihren Biografien wissen die Beamten allerdings schon, auch aus dem Bericht der Detektei, den Wolfgang Henze in Auftrag gegeben hatte. Helene Beltracchi, so heißt es darin, habe 1993 Wolfgang Fischer in Viersen geheiratet, wo die beiden auch wohnten. Fischer habe danach den Namen Beltracchi angenommen. Eine Nachbarin erinnert sich gegenüber der Detektei, dass der Mann mit den schulterlangen Haaren ein Künstler, oder zumindest ein Lebenskünstler, gewesen sei. Weitere Recherchen ergeben: Fischer war in Geilenkirchen aufgewachsen, hatte dann in Aachen studiert. In Köln gab es 1996 einen Telefonbucheintrag mit dem Namen »Beltracchi Antiquitäten«. Mithilfe von erfundenen Identitäten und Anliegen befragt die Detektei allerlei Menschen aus dem ehemaligen Umfeld der Beltracchis. Einer erzählt, dass Helene mit ihrem reichen Mann auf einem »Château« in Südfrankreich wohne und als Galeristin in Freiburg und Frankreich tätig sei. Das »Château«, die »Domaine des Rivettes«, sei ein ansehnliches Anwesen in exponierter Lage, 400 Meter vom

Meer entfernt. Die Nachbarn dort berichten von einem sehr vermögenden Paar. Die Detektei schlussfolgert, dass etwas faul sein muss am plötzlichen Reichtum der Eheleute Beltracchi. Sie stammen beide aus einfachen Verhältnissen. Weder für die kunsthändlerische Tätigkeit der Frau noch für das Werk des Malers finden sich Spuren. Auch eine geregelte Tätigkeit lässt sich für Wolfgang Fischer-Beltracchi über Jahre und Jahrzehnte hinweg nicht nachweisen. Und dennoch ist offensichtlich Geld in großen Mengen vorhanden.

Suchte man damals im Internet nach den Bildern des reichen Künstlers Wolfgang Beltracchi, wurde man nicht fündig. Zu finden war kaum mehr als ein Artikel über Schönheitsoperationen, erschienen 2006 im »Spiegel«. Darin heißt es: »Wolfgang Beltracchi, 55, lebt als Maler und Bildhauer fernab jeder Schickimicki-Bühne in der Provence. Trotzdem störten die Tränensäcke um die Augen morgens beim Rasieren sein ästhetisches Empfinden. Drei Wochen nach einer Unter- und Oberlidstraffung fühlt sich der Künstler ›wirklich zufrieden‹.« Das Beste sei, so sagte Beltracchi damals dem Spiegel: »Nicht mal meine Freunde haben was gemerkt.«

Mühsam wird René Allonge mit seinen Kollegen in den kommenden Monaten die Biografien von Wolfgang und Helene Beltracchi und Jeanette S. anhand Hunderter Beweismittel und Zeugenaussagen rekonstruieren müssen, denn die mutmaßlichen Täter schweigen weiter in der Untersuchungshaft. Über ein Jahr lang.

Erst viel später, während des Prozesses, werden die Beltracchis ausführliche Geständnisse vor dem Richter ablegen, Einlassungen, die Allonge erst im Nachhinein zugeschickt bekommt. Er musste seine Ermittlungen ohne diese Geständnisse abschließen. Aber nach den akribischen Recherchen des Kunstdezernats im Berliner Landeskriminalamt waren die Beweise auch so erdrückend. Die späteren Einlassungen von Wolfgang und Helene Beltracchi, Otto Schulte-Kellinghaus und Jeanette S. wird René Allonge mit Spannung lesen. Und dabei bemerken, dass sie aus seiner Sicht keinesfalls die volle Wahrheit wiedergeben. Mit seiner Einlassung vor Gericht will sich Wolfgang Beltracchi vielmehr neu erfinden. Er will sich, wie er das laut Aussage von Jeanette S. kurz vor der Festnahme verkündet hat, in aller Öffentlichkeit »eine Krone aufsetzen«.

Der König der Fälscher

Wolfgang Beltracchi wurde 1951 als Wolfgang Fischer in Höxter geboren. Er ist das fünfte Kind einer Hausfrau und eines Kirchenmalers, der sein Geld mit Restaurierungen und Anstreicharbeiten verdiente. Seinen Vater, so erzählt Beltracchi vor Gericht, habe er bereits seit dem zwölften Lebensjahr zur Arbeit in Kirchen begleitet. Die figürlichen Partien an Fresken habe damals schon er selbstständig ausgeführt, denn der Vater habe das nicht so gut gekonnt. In seiner Freizeit habe der Vater, so erfahren die Zuhörer im Gericht und später auch Allonge aus den Akten, die Bilder großer Künstler wie Rembrandt oder Picasso kopiert. Zum Spaß oder um sie als Kopie gekennzeichnet zu verkaufen. Mit ihm besuchte der Sohn auch Museen, von ihm lernte er viele künstlerische Techniken schon in jungen Jahren.

Kurz vor dem Abitur wird Wolfgang mit 17 aus dem Gymnasium geworfen – nach eigenen Angaben, weil er in der Aachener Stripbar »Cortis« gekellnert, seine Schulfreunde mit Erotikheften versorgt und irgendwann seinen Mathematiklehrer im Séparée erwischt habe. Mit Realschulabschluss beginnt er nach einer Sonderprüfung 1969 ein Studium an der Werkkunstschule in Aachen. Dort lernt er Illustration, aber auch Satz und Druck. Auch das Studium wird er nach mehreren Semestern abbrechen, stattdessen sitzt er, wie er im ersten Interview nach der

Verurteilung dem Magazin »Der Spiegel« erzählt, oft in einem Café in der Südstraße: *»Wovon haben Sie gelebt?* Vom Malen halt. *Da haben Sie schon gefälscht?* Ein bisschen. *Was denn so?* Am Anfang ungemalte Werke Alter Meister, später auch Jugendstil und Expressionisten. Für Flohmärkte, ich denke, den Käufern war schon bewusst, dass es sich dabei nicht um Originale handelte. Ansonsten war ich viel unterwegs. Auf Musikfestivals, auf Reisen. Ich bin mit 15 das erste Mal losgezogen.« Im Prozess sagt Beltracchi aus, er habe jahrelang intensiv mit LSD experimentiert und viel gekifft, habe als Hippie in Kommunen und ein Jahr auf einem Hausboot an der Waterlooplein in Amsterdam gelebt und sei um die Welt gereist. Auch seine eigenen Kunstwerke habe er ausgestellt und auch gut verkauft, behauptet Beltracchi. Eine Zeit lang gab es in Aachen in den 70er-Jahren wohl auch eine kleine, mit einem Freund betriebene Galerie. Im »Spiegel«-Interview legt er nach: Zwei seiner Acrylgemälde seien für 5000, ein weiteres für 11 000 DM sogar vom Haus der Kunst in München angekauft worden, Galeristen und Sammler hätten ihn angesprochen. Zumindest was das Bild im Haus der Kunst angeht, ergaben die Recherchen anderes – davon wird später noch zu sprechen sein.

Fischer-Beltracchi arbeitet auch beim Film, versucht sich an Drehbüchern und als Cutter. In einem Filmstudio lernt er 1992 Helene Beltracchi kennen, sie heiraten im folgenden Jahr, kurz darauf wird die gemeinsame Tochter geboren. Was Wolfgang Beltracchi nicht erzählt: Schon 1992 liefert Helene auch das erste mutmaßlich gefälschte Gemälde beim Auktionshaus Lempertz ein, ein Bild von Georges Valmier. Aus der Liebe war bald auch eine Arbeitsbeziehung geworden.

1995 bis 1996 zieht die junge Familie angeblich in einem Wohnwagen durch Südeuropa, fliegt im Winter nach Thailand. Die Tochter habe aus gesundheitlichen Gründen eine Luftveränderung gebraucht, lautet die Begründung im späteren Prozess in Köln. Was Wolfgang Beltracchi vor Gericht auch lieber nicht berichtet: Zu dieser Zeit liefert Helene Beltracchi wiederum mehrere Gemälde bei Auktionshäusern ein. Vor allem aber wird Wolfgang Beltracchi-Fischer 1996 in Deutschland als Zeuge für ein Gerichtsverfahren in Berlin gesucht. Er soll in den 80er-Jahren mehrere gefälschte Gemälde an einen Zwischenhändler geliefert haben.

1999 kaufen die Beltracchis in Südfrankreich die »Domaine des Rivettes« bei Mèze – angeblich, so Beltracchi vor Gericht, finanziert mit einer Hypothek und Geldern aus Immobilien- und Aktiengeschäften. 2005 erwirbt das Ehepaar dann das Grundstück in Freiburger Bestlage und beginnt, das Haus darauf in ein feudales Anwesen umzubauen, um dort ab 2007 wochenweise zu wohnen – der Hauptwohnsitz bleibt die Domaine in Südfrankreich.

Auch Helene Beltracchi äußert sich erst vor Gericht: Sie hat fünf Geschwister, stammt aus einfachen Verhältnissen, die Mutter arbeitet als Haushaltshilfe, der Vater als Kraftfahrer. Helene macht eine Ausbildung zur Zahnarzthelferin, wird Sekretärin und dann, nach einem gemeinsam mit der Schwester Jeanette absolvierten Aufbaustudium, Betriebswirtin. Während des Studiums beginnt sie mit ihrem damaligen Mann Antiquitäten zu verkaufen. Sie stößt den Laden nach kurzer Zeit ab, arbeitet zunächst als Promoterin in der Musikbranche, dann als Produktionsassistentin beim Film. Als sie ihren Mann kennenlernt, so sagt sie vor Gericht, ist sie von dessen Hang zur Perfektion und seinem Talent, die verrücktesten Geschichten zu erzählen, gefangen.

Zu diesen verrückten Geschichten gehört wohl auch, was Wolfgang Beltracchi in seiner Einlassung zu seiner eigenen Künstler- beziehungsweise Fälscherwerdung erzählt: Als er 14 Jahre alt war, habe ihm der Vater eine Postkarte von Picassos »Mère et enfant au fichu« (1903) mitgebracht, ihm seine Farben zur Verfügung gestellt und den Sohn aufgefordert, das Bild auf der Postkarte nachzumalen. Sein Vater, so Beltracchi stolz, habe wohl gedacht, dass er für das Bild eine Woche brauchen werde. Er habe es aber innerhalb weniger Stunden gemalt – und der Frau, deren geduckte Haltung auf dem Original ihm missfiel, auf der Kopie auch noch eine andere Körperhaltung gegeben. Der Vater, so Beltracchi, sei von dem Talent seines Sohnes geradezu schockiert gewesen. Und habe selbst danach für längere Zeit aufgehört zu malen. Im »Spiegel« erzählt er gar, sein Vater, dessen Beruf immerhin das Restaurieren war, habe »zwei Jahre lang keinen Pinsel mehr angerührt«. Für den jungen Beltracchi ist dies das Erweckungserlebnis. Er kann, so glaubt er, neue Bilder im Stil Picassos malen. Doch sei das sein einziger Picasso geblieben.

Während des Studiums kopiert der junge Wolfgang Fischer nach eigenen Angaben dann nachts Franz Marc und André Derain und verkauft die Kopien an Händler in England. Er erwirbt zudem Bilder auf Kunstmärkten und restauriert sie, hübscht sie auf und malt auch selbst noch ein paar neue Art-déco- und Jugendstil-Gemälde. Ein Verwandter kannte sich gut auf belgischen Antikmärkten aus. Mit seinen eigenen, mit dem Namen Wolfgang Fischer signierten Bildern habe er damals auch Erfolg gehabt, so legt es sich Beltracchi über 30 Jahre später zurecht. Nur seine Aversion gegen den korrupten Kunstmarkt habe, so behauptet er später im Gerichtsverfahren, einer eigenen Künstlerkarriere im Weg gestanden. Den jahrzehntelangen Betrug, der folgen wird, so erzählen Helene und Wolfgang Beltracchi dem Richter und der Öffentlichkeit, hätten die Experten und Händler ihnen leicht gemacht.

Am Ende seines Geständnisses sagt Wolfgang Beltracchi, der mit seinem Betrug wohl nicht nur ein paar Superreichen überflüssige Millionen abgeluchst hat, sondern nebenbei mehreren Verwandten und unfreiwillig Beteiligten auf dem Kunstmarkt großes Unglück brachte: »Ich weiß, ich war ein böser Bube. Ich muss auch noch zugeben: Es hat mir damals mächtig Spaß gemacht.« Geld, so Beltracchi, habe ihn sowieso nie wirklich interessiert. Es sei nur Mittel zur Freiheit gewesen. Ein Satz, der in den Ohren der zahlreichen Geschädigten wie Hohn klingen muss. Ein Satz, über den auch René Allonge nur den Kopf schütteln kann: »Es ging ihm immer nur ums Geld, das beweisen die gefundenen Unterlagen und die Zeugenaussagen von ehemaligen Geschäftspartnern und Freunden.« Noch kurz vor und nach seiner Festnahme hatte Beltracchi, der über Dutzende Konten verfügte und mit Investmentfonds spekulierte, insgesamt gut 700 000 Euro auf das Konto einer Firma mit dem Namen »Camuy Universal S.A.« überwiesen. Das Briefkastenunternehmen in Panama hatte er selbst im Juni 2010 gegründet, zeichnungsberechtigt waren auch seine Frau und ein Verwandter. Bei der Namensgebung mag er sich vom Rio Camuy auf Puerto Rico inspiriert haben lassen – einem der größten unterirdischen Flüsse der Welt. Das Camuy-Geld konnte sichergestellt werden. Das restliche Geld, das er mit seinen Fälschungen verdient hat, sei zum Teil durch falsche Investments verloren gegangen, behauptete Beltracchi vor dem Kölner Landgericht – es sei nichts übrig geblieben. Belegen wird sich diese Behauptung allerdings nur schwerlich lassen.

Die Fahnder im LKA Berlin, die auch versuchten, alle Kontobewegungen nachzuvollziehen, wissen recht genau, wofür das Betrügerpaar das mit der gefälschten Kunst verdiente Geld ausgab. Tausende Seiten von Kontoauszügen wertete man in Berlin aus, sie kamen aus der Schweiz und aus Andorra – in dem Zwergstaat waren die Beamten des Kunstdezernats angeblich die ersten Ermittlungsbeamten aus Deutschland, die jemals Durchsuchungen und Beschlagnahmungen durchführen durften. Das behaupteten jedenfalls die andorranischen Finanzermittler.

Die Beltracchis steckten ihre ergaunerten Millionen in Aktiengeschäfte, in den Kauf teurer Autos, in Mode, in Schönheitschirurgie und Privatschulen. Viel Geld wurde auch für alte Kunstkataloge, Farben und Rahmen ausgegeben. In den teuersten

Grandhotels auf dieser Welt waren die Beltracchis gern gesehene Gäste: im Beau Rivage in Genf, im Dolder Grand und im Baur au Lac in Zürich, im Eden Roc in Ascona, im Schloss Bensberg in Bergisch Gladbach, im Bellagio in Las Vegas, im Zuershof in Zürs, im Four Seasons in Mailand, im Lausanne Palace, im Meliá Salinas auf Lanzarote, im Bayrischen Hof in München, im Excelsior Hotel Ernst in Köln. Allein an das Hotel Colombi in Freiburg zahlten sie von 2002 bis 2009 mehr als 200 000 Euro.

Viele Millionen fließen auch in den Kauf von Grundstücken und den Umbau der Anwesen in Frankreich und Freiburg. In Frankreich, so berichtet eine Nachbarin, kauften die Beltracchis immer mehr Land auf, ließen mit großem Aufwand ausgewachsene Olivenbäume aus Spanien importieren, um sie dann in ihren Park einzupflanzen. In den Umbau des Freiburger Hauses, so Beltracchi vor Gericht, habe er allein circa fünf Millionen Euro investiert. Auf Nachfragen der Autoren reagierte er nicht.

Genießen aber konnten die Beltracchis das Leben in ihren beiden großzügigen Anwesen schon im Sommer 2010 nicht mehr. Die Wochen vor der Festnahme muss das Ehepaar in Panik verbracht haben, davon zeugen nicht nur die Überweisung an die panamesische Briefkastenfirma, sondern auch E-Mails, Briefe und Telefonate mit Andrea Firmenich und Burkhard Leismann. Die Betrüger wussten, dass man ihnen auf der Spur war. Der Zivilprozess in Köln zum »Roten Bild mit Pferden« hatte sich langsam, aber stetig zum Kern des großen Betrugs vorgearbeitet, und die Beltracchi-Bande versuchte, mithilfe der Experten und neuen erfundenen Geschichten zur Herkunft ihrer Bilder doch noch den Kopf aus der Schlinge zu ziehen. Aber die Nebelbomben, die die Betrüger aus Frankreich in Form von Briefen und Unterstellungen warfen, konnten das große Lügenkonstrukt schließlich nicht mehr vor dem Zusammenbruch retten. Zu abstrus waren die Versuche, das »Rote Bild mit Pferden« doch noch als echt zu etablieren, zu offensichtlich die verschiedenen Spuren, die zu den Beschuldigten führten. Zu verhängnisvoll jetzt auch die Beweiskraft der falschen Aufkleber auf den Rückseiten der Bilder, die es den Ermittlern erlauben, zahlreiche weitere Fälschungen zu entlarven.

Als das Ehepaar Beltracchi aus den Medien und durch den Ahlener Museumsdirektor Burkhard Leismann von den Ermittlungen des LKA in Berlin erfährt, als es von Verwandten hört, dass sich ein Unbekannter nach ihnen erkundigt hat – die von dem Galeristen Henze eingeschaltete Detektei –, beginnt es, hektisch aufzuräumen, und versucht, Spuren zu verwischen. Nicht nur das andorranische, auch die Schweizer Konten werden geräumt, Bilder verschwinden, der Jaguar XJ8 wird an den Bruder von Wolfgang Beltracchi verkauft, die Kinder und die Großeltern werden vor möglichen polizeilichen Maßnahmen gewarnt. Einem nahen Verwandten bläut Wolfgang ein, dass dieser gegenüber der Polizei aufgrund der verwandtschaftlichen Beziehung zu ihm jede Aussage verweigern kann. Ein Rat, den dieser – wegen eines aus der Freiburger Villa getragenen Computers zeitweise selbst ein Beschuldigter – zu seinem eigenen Glück missachtet. Auch wegen der Kooperation mit den Ermittlern wird das Verfahren gegen ihn später eingestellt.

Die Fälschervilla in Freiburg

In der Villa in Freiburg kann der junge Mann nicht mehr lange wohnen bleiben. Allen Beteiligten ist klar, dass der angerichtete materielle Schaden so groß ist, dass ein Verkauf der Millionenimmobilie unumgänglich sein wird. Und so kommt es auch: Schon wenige Monate nach dem Kölner Urteil gegen Wolfgang und Helene Beltracchi und ihre Helfer steht die »Villa Beltracchi« zum Verkauf, mehrere Geschädigte haben sich beim Grundbuchamt eintragen lassen. Dank einer Bildergalerie auf der Internetseite des beauftragten Maklers kann man noch im Frühjahr 2012 einen Eindruck vom Inneren des Anwesens erhalten. Ausstattung und Einrichtung des Hauses sprechen für einen zwar extrem kostspieligen, aber nicht gerade erlesenen Geschmack. Man könnte den Besitzern ästhetischen Wagemut, wenn nicht sogar Größenwahn attestieren: Da mischt sich ein knallblauer Glitzerboden mit der feinen Maserung einer Wandverkleidung aus sibirischem Lärchenholz, da kommt die Kochzeile in der Form eines stilisierten Engelsflügels daher und trifft auf bunte Designerstühle mit riesigen Plastikborsten als Lehnen.

Zu sehen war ein stark gewelltes und aufwendig durcheinandergewirbeltes Vordach, so als sei es Opfer eines Wirbelsturms geworden oder von dem Architekten Frank Gehry gestaltet. Das Haus verfügt über eine Alarmanlage und einen Tresor in einem versteckten Gang. Und es gibt dort auch ein großzügiges Atelier. An einem Tisch ist eine Speziallampe befestigt, die an ein Labor oder an eine Werkstatt denken lässt. Die Bilder auf den Staffeleien im Atelier sind auf den Internet-Fotos allesamt mit weißen Tüchern verhängt.

Bis auf eines. Es heißt »Durchdringung«, wurde 1978 vom Hausherrn, der damals noch Wolfgang Fischer hieß, mit Acryl auf Leinwand gemalt und signiert. Es ist ein neosurrealistisches Gemälde: Man sieht einen halb geöffneten grünen Schrank in einem Zimmer, der Spiegel auf der Schranktür ist symbolträchtig gesprungen, hinter der Tür finden sich keine Schrankfächer, hier taucht man gleich in das dunkle Universum mit allerlei Sternen, in der Mitte schwebt ein großer, heller Planet. Vor dem Schrank sitzt auf so etwas wie einem blauen Lattenrost ein sonderbares Tier: eine Ziege mit Flügeln. Blau fließt das Universum wie Salvador-Dalí-Soße aus dem Schrank über den Lattenrost und den Zimmerboden. An der Wand des gemalten Interieurs hängen ein Kunstkalender und ein gezeichnetes Porträt, auf dem der Dargestellte Max Ernst gleicht.

Wolfgang Fischer hatte das Bild 1978 für die alljährliche »Große Kunstausstellung« im Münchner Haus der Kunst eingeliefert und den Versicherungswert mit 12 000 DM angegeben. Nach der Ausstellung kaufte die Gesellschaft der Freunde der Stiftung Haus der Kunst e.V. das Bild laut Auktionshaus Neumeister für 8000 DM an. Es verschwand im Depot der Gesellschaft, bis im Jahr 2006 deren Sammlung aufgelöst und vom Auktionshaus Neumeister versteigert wurde – das Haus der Kunst wusste mit seiner über die Jahre sonderbar ausgewachsenen Sammlung nichts mehr anzufangen. Es gab einige hochkarätige Werke, ein Gemälde von Gerhard Richter etwa, ein abstraktes »Dschungelbild«, das für 575 000 Euro versteigert wurde. Für das Los mit der Nummer 326 aber, die »Durchdringung«, fiel am 10. Oktober 2006 schon bei 1300 Euro der Hammer. Ersteigert wurde das Gemälde, das mehr als zwei Drittel seines Werts verloren hatte, von Helene Beltracchi, der Künstlergattin. »Es gibt eine Geschichte von E. T. A. Hoffmann, die im Paris des 17. Jahrhunderts spielt«, erläuterte Wolfgang Beltracchi den Grund für den Rückkauf aus eigener Tasche im »Spiegel«, »über einen Juwelier, der ganz tollen Schmuck macht. Jedes Mal, wenn er ein Schmuckstück verkauft hat, werden die Damen ermordet und verschwindet der Schmuck. Ich habe natürlich die Besitzer der Bilder nicht ermordet, aber ich kann das verstehen. Ich wollte meine Bilder wiederhaben und sie eigentlich auch nie verkaufen.«

Die »Durchdringung« ist laut der Datenbank Artprice das einzige von dem Künstler Wolfgang Beltracchi mit seinem Geburtsnamen signierte Gemälde, das es in eine große Auktion geschafft hat. Ein angeblicher Verkauf für 11 000 DM lässt sich weder für dieses noch für andere seiner Werke belegen. Vom Verkauf seiner eigenen Kunst hätte Wolfgang Beltracchi nie leben können, nicht zu denken an den Bau einer luxuriösen Villa über den Dächern von Freiburg. Nur wenige Wochen, nachdem in München die »Durchdringung« für 1300 Euro versteigert wird, erzielt dann aber eine andere von Wolfgang Beltracchi bemalte Leinwand in einem anderen deutschen Auktionshaus Millionen. Das teure Bild hat Beltracchi allerdings nicht in seinem, sondern im Stil eines weltberühmten Künstlers gemalt. Und er hat es auch mit dessen Namen signiert: Campendonk. Es ist das »Rote Bild mit Pferden«.

5

Wie Wolfgang Fischer zum Betrüger wurde – und der Polizei nur knapp entwischte

Er habe den Kunstmarkt nicht besonders gemocht, sagt Wolfgang Beltracchi im Herbst 2011 vor dem Landgericht in Köln. Die ganze Vermarktung der Kunst sei ihm letztlich zuwider gewesen: zu eitel, zu weit weg vom Eigentlichen der Kunst. Über solche Sätze kann so mancher alte Weggefährte von Wolfgang Beltracchi nur lachen. Eine Reihe von ehemaligen Geschäftspartnern, die ihn noch unter seinem Geburtsnamen Wolfgang Fischer kennenlernten, berichten, dass er sich schon früh nicht nur für Motive und Pinselführungen, sondern vor allem für die Vermarktung von Kunst interessierte – ob echt oder falsch.

Nach dem abgebrochenen Studium habe Fischer, so berichten seine ehemaligen Bekannten aus Aachen übereinstimmend, zusammen mit einem Partner alte Gemälde auf Märkten und Haushaltsauflösungen gekauft, diese dann restauriert und schließlich wieder auf Flohmärkten verkauft. Bald schon habe sich der Hobby-Restaurator professionalisiert, sei nach Belgien, Holland und England gereist, um neue Ware zu besorgen, die dann mit großem Aufschlag weiterverkauft wurde. Nach einiger Zeit tauchte Fischer auch auf kleinen Kunstmessen und Antikmärkten auf wie jenem in den Düsseldorfer Rheinterrassen, zu seinen Kunden gehörten andere Händler und kleine Auktionshäuser. Was er von ihnen kassierte, so die ehemalige Bekannte, habe Fischer aber nicht genügt – er wollte noch mehr Geld machen. Auf Fragen der Autoren nach diesen und weiteren früheren Aktivitäten im Kunsthandel hat Wolfgang Beltracchi nicht geantwortet.

Fischers Geschäftssinn, vor allem aber seine bald folgenden krummen Touren verprellten schon vor Jahrzehnten einige Partner: Mehreren blieb er angeblich größere wie kleinere Geldbeträge schuldig. Einer von ihnen versuchte nach eigenen Angaben noch während der Drucklegung dieses Buches, 29 Jahre später, eine Schuld aus jener Zeit eintreiben zu lassen. Es waren also keineswegs – wie es Fischer-Beltracchi später im Kölner Prozess insinuieren wollte – nur die Superreichen, die er hinters Licht geführt hat. In den 70er- und 80er-Jahren handelte es sich auch um Leute, die selbst kaum über die Runden kamen, wie etwa der junge Familienvater, dem er dringend benötigtes Geld schuldig blieb. Wolfgang Fischer-Beltracchi stand für eine Stellungnahme zu diesen Vorwürfen nicht zur Verfügung.

Fischer habe möglichst schnell möglichst viel Geld machen wollen, sagt einer der von ihm Geschädigten rückblickend. An der Hippie-Kultur, an die sich der Kunstfälscher später so gern erinnert, hätten ihn vor allem die Festivals, die Frauen und die Drogen interessiert. »Haschisch vor allem, seit 1968 ungefähr«, bestätigte Beltracchi gegenüber dem »Spiegel«. »Manchmal habe ich Opium geraucht. Und auch LSD genommen, eine Zeit lang ziemlich viel LSD sogar. Aber ich habe nie schlechte Erfahrungen gemacht. 1985 habe ich aufgehört. Es war genug, ich vermisse es auch nicht. Die ganz harten Drogen waren damals, Anfang der Siebziger, noch nicht so verbreitet. Easy Living, das war es: Überall bekam man einen Job, es gab keinen Druck, Geld war kein Problem, nichts war ein Problem.«

Irgendwann reicht es Fischer anscheinend nicht mehr, echte drittklassige Kunst zu verkaufen. Größere Gewinne lassen sich, so erkennt er, mit falscher zweit- oder erstklassiger Kunst erzielen. Ein Schlüsselerlebnis könnte die Geschichte vom vermeintlichen Brueghel gewesen sein, die ein Bekannter aus gemeinsamen Aachener Zeiten erzählt, zu der sich Beltracchi auf Anfrage aber nicht äußern wollte. Zu Beginn der 80er-Jahre hätten Fischer und seine Geschäftspartner ein Gemälde im Kölner Auktionshaus Lempertz gekauft, das aus dem 17. Jahrhundert stammen sollte. Das Bild habe sie viel Geld gekostet, etwa 20 000 Mark – doch wenn es wirklich aus dem 17. Jahrhundert stammte, wie im Katalog des Auktionshauses angegeben, dann konnte das Bild ihrer Meinung nach vom Sujet her nur von Pieter Brueghel (1564–1637) stammen. Sie legen das Bild Justus Müller Hofstede, Professor für Kunstgeschichte an der Uni Bonn, vor; auch er stimmt der Zuschreibung an Brueghel zu und schreibt eine entsprechende Expertise. Müller Hofstede, Jahrgang 1929, hat sich vor allem als Rubens-Experte einen Namen gemacht. In Kunsthandelskreisen ist er aber auch bekannt dafür, für zahlreiche weitere Alte Meister Gutachten auszustellen. Die Bandbreite reicht dabei vom französischen Rokoko-Maler Jean-Baptiste Greuze über den deutschen Historienmaler Johann Dominicus Fiorillo bis zum flämischen Hofkünstler Peter Jakob Horemans.

Bald danach haben Fischer und Kollegen, so die von Beltracchi nicht bestätigte Darstellung eines Beteiligten, auch schon eine österreichische Sammlerin gefunden, die 250 000 Mark für das angebliche Brueghel-Gemälde zahlen will. Sie verlangt aber ein Gutachten des Brueghel-Experten Klaus Ertz. Als dem das Bild vorgelegt wird, erkennt er jedoch schnell, dass es sich um ein Gemälde aus dem 19. Jahrhundert handeln muss. Ein Partner schlägt vor, den Kauf mit Lempertz rückabzuwickeln, schließlich stamme das Gemälde nicht, wie vom Auktionshaus annonciert, aus dem 17. Jahrhundert. Wolfgang Fischer soll einen anderen Plan gehabt haben: Da sei doch auch noch die positive Expertise von Müller Hofstede – mit ihr könne das anonyme Bild weiterhin als echter Brueghel angeboten werden. So berichtet es zumindest der Partner, der daraufhin aus dem Geschäft aussteigt. Am 5. Mai 1984 wird die 45,5 mal 65 cm große Holztafel schließlich im niedersächsischen Auktionshaus Schloss Ahlden als Brueghel versteigert.

Ist Fischer damals auf jenen Gedanken gekommen, der ihm in den folgenden Jahren und Jahrzehnten Millionensummen einbringen wird? Entdeckt er in diesem Augenblick, dass auf dem Kunstmarkt die Echtheit und somit der Wert der Ware Kunst allein von dem Vorhandensein einer Expertise abhängt? Dass das fehleranfällige System der Experten der Schlüssel zum großen Geld ist? Schließlich verkaufen die an Profit interessierten Kunsthändler alles, solange es die notwendigen Gutachten von außen gibt. Auf Anfrage äußert er sich nicht dazu.

Wolfgang Fischer soll damals auch Altmeistergemälde gemalt haben – aber er sei dabei, so ein damaliger Bekannter, nicht weit gekommen. Selbst der für seinen nicht gerade strengen Umgang mit Expertisen bekannte Kunsthistoriker Justus Müller Hofstede habe eine Fälschung, ohne das Original zu sehen, bereits auf einem Foto erkannt. Fischer soll in den 80er-Jahren auch versucht haben, gemeinsam mit einem Joseph-Beuys-Schüler und mithilfe eines originalen Filzschuhs des Meisters einen kompletten beuysschen Filzanzug zu kopieren. Doch auch diese Fälschung sei von Eva Beuys schnell entlarvt worden – und mit den kopierten Filzstücken waren dann auch die echten Schuhe aus dem Besitz des Schülers verloren gegangen. Eva Beuys weiß von zahlreichen Versuchen, die Filzarbeiten ihres Mannes zu fälschen; der Name Wolfgang Fischer ist ihr jedoch nicht in Erinnerung. Er selbst äußert sich dazu nicht.

Es muss wohl in der ersten Hälfte der 80er-Jahre gewesen sein, als Wolfgang Fischer dann auf sein Erfolgsrezept kam: das Fälschen von Malern der Moderne, der Expressionisten aus der zweiten Reihe, Künstler wie Heinrich Campendonk und Johannes Molzahn. Denn so gut wie diese, muss er entdeckt haben, konnte er allemal malen. Im Nachhinein stellt sich das natürlich anders dar. Überzeugend an den Fälschungen waren wohl vor allem deren konstruierte Provenienzen, nicht die Gemälde selbst. »Flach« seien viele seiner Fälschungen, sagt etwa der Kunsthistoriker Ralph Jentsch, der viele der Fälschungen enttarnte. »Wolfgang hat die Moderne nicht verstanden«, meint auch ein Weggefährte von früher – seine betrügerische Methode sei zwar immer raffinierter geworden, künstlerisch aber habe Fischer sich nicht entwickelt. Der angebliche Meisterfälscher sei kein großer Stilist.

Erste Wolfgang Fischer-Bilder vor Gericht

Erst als Wolfgang Beltracchi schon längst in Untersuchungshaft im Gefängnis Köln-Ossendorf sitzt, merken die Kommissare im Landeskriminalamt Berlin, dass ihre eigene Dienststelle sich vor vielen Jahren schon einmal mit diesem Mann beschäftigt hat. Schon damals war er – noch unter seinem Geburtsnamen Wolfgang Fischer – aktenkundig in den Handel mit gefälschten Gemälden verwickelt. Im November 1995 hatte sich Hans-Peter Reisse, der in Kassel lebende Gründer des Johannes-Molzahn-Centrums, beim LKA Berlin gemeldet und bei einem Vorgänger von René Allonge Anzeige erstattet. Bei der Arbeit am Werkverzeichnis zu Molzahn seien ihm elf sehr zweifelhafte Gemälde aufgefallen. Ein Bild hatte er selbst gekauft, eines die Witwe von Molzahn, ein drittes Gemälde war als Geschenk eines Sammlers in den USA im Los Angeles County Museum gelandet. Mehrere Bilder waren über die Berliner Galerie Bodo Niemann gelaufen und in einem Katalog zur »Novembergruppe« auch abgebildet; drei Gemälde hatte das Münchner Doerner-Institut bereits als Fälschungen entlarvt.

Die Bilder waren von verschiedenen Personen seit Mitte der 80er-Jahre der Witwe Loretto Molzahn zur Expertisierung – die diese ältere Dame auch bereitwillig auf Fotos der jeweiligen Gemälde vornahm – und teilweise auch zum Kauf vorgelegt worden. Johannes Molzahn, 1892 in Duisburg geboren und 1965 in München gestorben, war ein vom Futurismus und Kubismus beeinflusster Expressionist, der in der Berliner Galerie Der Sturm ausstellte, nach dem Ersten Weltkrieg zur sogenannten Novembergruppe zählte und später auch dem Bauhaus nahestand. 1938 emigrierte er in die USA.

Das mit seinem Namen signierte, nach Meinung von Hans-Peter Reisse aber fragwürdige Gemälde »Erigone und Mära II« war der Witwe Loretto Molzahn im Juli 1985 von einem damals in Köln und Berlin lebenden Kunsthistoriker offeriert worden, dessen Name heute in der internationalen Kunstbranche bekannt ist. »Ich biete das Bild weiterhin zu einem Preis von 60 000 DM zum Verkauf an«, erneuerte er im Oktober des Jahres nochmals schriftlich sein Angebot.

Ob die angebotenen Bilder damals sein Eigentum oder das eines gewissen Marc W. waren, lässt sich heute kaum mehr klären. Der beteiligte Kunsthistoriker möchte sich zu den Ereignissen von damals nicht mehr äußern. Hans Peter Reisse erinnert sich allerdings, dass W. und der Kunsthistoriker ihm das Bild »Erigone und Mära«, zu dem es auch eine viel größere authentische Variante gibt, gemeinsam anboten: »Ich hatte damals keinen Molzahn mit metallenem Hintergrund in der Sammlung und war deshalb interessiert. Die beiden wollten 50 000 Mark für das Bild haben. Als ich ihnen sagte, dass ich nur 25 000 hatte, akzeptierten sie das. Das machte mich später stutzig.« W. habe ihm auch Werke von Beckmann, Campendonk, Servranckx und Mense angeboten.

Hans Peter Reisse sieht sich die Werke genauer an und stellt Merkwürdigkeiten fest: Der Fälscher kannte offenbar die Sütterlin-Schrift nicht, in der Molzahn zeitweise signiert hatte. Und wo der Künstler Wellenmuster mit einem Hundekamm erzeugte, gelangen sie dem Fälscher nur ungelenk aus der Hand. Zudem verstand er offenbar auch Molzahns Bildkonzepte nicht. Als sich Reisses Fälschungsverdacht bestätigte, so der Molzahn-Experte, habe er einen Anruf erhalten. Was denn die Bedingungen dafür seien, dass er auf eine Anzeige verzichte, wollte der Anrufer wissen. Zusammenarbeit bei der Aufklärung der Fälschungen, antwortete Reisse. Als die andere Seite darauf nicht einging, erstattete er Anzeige. Auch ein Rechtsanwalt mit Büros in München und Leipzig, der verschiedene Werke erworben hatte und nun in einem Hamburger Auktionshaus wieder versteigern lassen wollte, meldete sich in Kassel und drohte Klagen wegen entgangener Gewinne an.

Aus den Gerichtsunterlagen geht hervor, dass W. die Werke von einem Freund aus alten Tagen in Aachen, von Heinrich S., bekommen hatte. Und S. wiederum nannte im Juni 1996 in der Untersuchungshaft als Quelle der Bilder einen alten Freund aus Geilenkirchen bei Aachen: Wolfgang Fischer. Fischer habe angegeben, dass die Gemälde aus einem gemeinsamen Geschäft mit einem Immobilienhändler stammten, dass er sich jedoch im Streit von dem Partner getrennt habe und deswegen jetzt nicht selbst die gemeinsame Ware verkaufen könne. Auf Anfragen zu den damaligen Ereignissen im Rahmen der Recherchen zu diesem Buch hat Wolfgang Fischer, der heute Beltracchi heißt, nicht reagiert.

Auch diese Geschichte lässt sich aber als glaubhaft rekonstruieren: Der dem Kunstmarkt gegenüber angeblich schon immer so kritisch eingestellte Wolfgang Fischer hatte 1981 zusammen mit Leonhard Kürten in Düsseldorf die »Kürten & Fischer fine arts GmbH« gegründet. Das Geld für dieses Kunsthandelsunternehmen kam von Kürten, einem Immobilienunternehmer aus Düsseldorf, die Geschäftsbeziehung endete jedoch schon bald. 1983 verklagte Kürten Fischer vor der Zivilkammer des Landgerichts Düsseldorf zur Herausgabe von sieben Gemälden. Fischer habe, so Kürten 2011 gegenüber den Ermittlern im Fall Jägers, immer mehr Geld gewollt, sei nur am schnellen Verdienen interessiert gewesen und habe nicht korrekt abgerechnet. Kurz nach dem Ende des gemeinsamen Geschäfts sei bei Kürten eingebrochen worden, mehrere Bilder seien verschwunden, unter anderem der wahrscheinlich falsche Brueghel und ein Gemälde des flämischen Altmeisters David Teniers. Der Brueghel wird mit anderen Bildern in dem niedersächsischen Auktionshaus beschlagnahmt, das Gemälde von Teniers bleibt verschwunden. In einem Interview mit dem Magazin »Der Spiegel« stellte Wolfgang Beltracchi im März 2012 die Gründe für die Trennung genau andersherum dar und beschrieb Kürten als profitgierig: »Ich musste im Büro sitzen, das war nichts für mich. Plötzlich hatte ich einen Typen an der Backe, der vor allem ganz schnell ganz viel Geld verdienen wollte. Er gab mir eine viertel Million Mark, die ich für Bilder ausgeben konnte. Ich bin nach London, zu Christie's, zu Sotheby's, und habe eingekauft: einen Teniers, einen Cranach, einen wunderschönen Joachim Beuckelaer, 16. Jahrhundert. Der hat das nie begriffen und glaubte, man kauft so ein Bild, und nach zwei, drei Wochen wird es mit Gewinn weiterverkauft.« Den Vorwurf des Diebstahls wies Beltracchi zurück: »Ich hätte so ein Bild gefälscht, aber niemals geklaut.«

Heinrich S. will von Fischer nicht nur von Molzahn signierte Bilder nach Berlin geliefert bekommen haben, sagt er aus, sondern auch solche von Tamara de Lempicka, Victor Servranckx, Ernst Wilhelm Nay, Georges Valmier, Albert Gleizes, David Burliuk, Wladimir Bechtejew – und tatsächlich auch ein Gemälde von David Teniers. Insgesamt waren es wohl mindestens 15 Bilder. Fischer habe gesagt, so behauptete S. seinerzeit gegenüber der Polizei, dass mit den Bildern alles in Ordnung sei. 1988 habe sich Fischer von S. getrennt – man habe sich um ein Bildergeschäft und einen geplatzten Scheck gestritten. Heinrich S. kann oder will sich heute nicht mehr so genau an die Geschehnisse von damals erinnern. Wolfgang Fischer-Beltracchi reagierte auf Anfragen nicht.

Nachdem von Wolfgang Fischer-Beltracchi keine Bilder mehr gekommen waren, so ergaben die Ermittlungen des Landeskriminalamts in den 90er-Jahren, ließen Marc W. und Heinrich S. in Berlin neue Fälschungen malen – diesmal von dem drogenabhängigen und arbeitslosen technischen Zeichner Siegfried N., der zum Zeitvertreib gern Dalí-Gemälde kopierte. W. wurde schließlich 1998 wegen versuchten Betrugs und Urkundenfälschung zu einer Freiheitsstrafe von einem Jahr auf Bewährung verurteilt, S. zu acht Monaten und der technische Zeichner zu neun Monaten. Ein anderes gefälschtes Campendonk-Gemälde, »Zwei rote Pferde in der Landschaft«, das W. den Ermittlungen zufolge an einen Galeristen weitervermittelt hatte, der es wiederum – unter Vorbehalt der nachträglichen, die Fälschung schließlich aufdeckenden materialtechnischen Untersuchung – im Berliner Auktionshaus Grisebach versteigern ließ, fand keinen Eingang in dieses Urteil. Das Gericht sprach W. in diesem Fall frei. Schließlich, so argumentierte der Richter, gab es zu diesem Bild ein positives Gutachten von Andrea Firmenich.

Im damals von der Polizei beschlagnahmten Telefonbuch des Marc W. finden sich unter anderem die Nummern von Wolfgang Fischer, von dessen Geschäftspartner Kürten und von Otto Schulte-Kellinghaus. Marc W. sagte im Verfahren auch ausdrücklich aus, dass ab 1987 oder 1988 immer öfter von einem gewissen Schulte-Kellinghaus die Rede gewesen sei. Fischer arbeite nun, so hieß es damals, mit diesem Schulte-Kellinghaus zusammen. Diesen Hinweisen, die schon damals zum Auffliegen von Wolfgang Fischers Fälschungsfabrik hätten führen können, maß die Justiz aber keine ausreichende Bedeutung bei. Weil seine Tätigkeit für S. und W. schon strafrechtlich verjährt war, wurde Wolfgang Fischer nur als Zeuge gesucht. Er aber hatte rechtzeitig das Land verlassen – anders als sein Helfer Otto Schulte-Kellinghaus.

»Graf Otto«, der Vertriebsleiter

Otto Schulte-Kellinghaus, Jahrgang 1943, lernte Wolfgang Fischer Mitte der 80er-Jahre in einem Krefelder Café kennen. Schulte-Kellinghaus ist Sohn eines Bäckermeisters, er hat nach der mittleren Reife eine Lehre als Chemielaborant absolviert, um dann aber in der Gastronomie als Kellner, Discjockey, Türsteher und Geschäftsführer tätig zu sein. Von 1980 bis 1987 arbeitete er bei einer Firma für Diamantwerkzeuge, er betrieb auch zeitweise ein Hotel am Krefelder Bahnhof. Schulte-Kellinghaus muss ein geselliger Mann gewesen sein, der gern Pläne schmiedete. Ab 1990 managte er Kleinkünstler, die auf Märkten auftraten. Später unterstützte er Lichtkünstler, gründete auch eine Arbeitsgemeinschaft, deren Ziel die Künstlerförderung war. Noch später versuchte er sich als Musikproduzent auf Ibiza – auch diesmal erfolglos.

Das Geld, das er für den Bau seiner zahlreichen Wolkenkuckucksheime ausgibt, verdient er offenbar schon früh mit dem Vertrieb der Bilder von Wolfgang Beltracchi. Wolfgang ist der Freak, der Hippie mit den schulterlangen Haaren, der die Ware produziert. Otto ist der seriöse Herr, von Bekannten »Graf Otto« genannt – ein Mann, der im Vertrieb von Diamantwerkzeugen Erfahrungen gesammelt hat und nun für den Vertrieb von Kunstwerken zuständig ist. Er übernimmt im Betrügerteam die Aufgabe, mit Kunstexperten und Galeristen zu kommunizieren, sie über angeblich neu aufgetauchte Werke zu informieren und dazu die notwendigen Expertisen zu organisieren.

Strafrechtlich war Schulte-Kellinghaus bis zu den Ermittlungen um die Sammlung Jägers nie in Erscheinung getreten. Und auch während der Ermittlungen zum Berliner Prozess Mitte der 90er-Jahre konnte das LKA nicht wirklich aufdecken, wie viele gefälschte Bilder Wolfgang Fischer-Beltracchi und Otto Schulte-Kellinghaus exakt gemeinsam in den Kunstmarkt schleusten – und auf welchen Wegen. Es gibt Gerüchte, die beiden sollten Mitte der 80er-Jahre in England eine Kunsthandlung unter dem Namen »Fischer Fine Art« betrieben haben und so das Prestige des damals in der King Street gegenüber von Christie's ansässigen Londoner Kunsthändlers Wolfgang Georg Fischer und seiner Galerie Fischer Fine Art ausgenutzt haben. Wolfgang Georg Fischer, der inzwischen als Schriftsteller in Wien und London lebt, kann sich nur noch dunkel erinnern, dass er einmal einen Hinweis auf eine sich neu gründende Galerie Fischer Fine Art in Südfrankreich gefunden habe. Kurz habe er überlegt, ob er gegen diese Unternehmung juristisch vorgehen solle, sich dann aber wegen der Unerheblichkeit doch dagegen entschieden. Ob Wolfgang Fischer-Beltracchi mit dieser Galerie zu tun hatte, kann er nicht sagen. Und Beltracchi selbst antwortet auch auf diese Frage nicht.

Die New Yorker Galeristin Ingrid Hutton kann hingegen belegen, dass es Otto Schulte-Kellinghaus war, der 1986 bei ihr das Gemälde »Katze in Berglandschaft« von Heinrich Campendonk einlieferte – zusammen mit einem noch nicht identifizierten Landschaftsbild des russischen Expressionisten Wladimir Bechtejew. Den Erhalt bestätigte sie am 10. November 1986 auf einem Briefbogen der Firma Crean Modern Art, Crawley/West Sussex – General Manager: O. Schulte. Die Echtheit des Campendonk-Gemäldes wurde zuvor von Andrea Firmenich zertifiziert, sie nahm das Bild mit Abbildung auch in ihr 1989 erschienenes Werkverzeichnis auf. Wohl um 1988, so deckte die FAZ im Januar 2012 auf, verkaufte Schulte-Kellinghaus ein angeblich echtes Flechtheim-Porträt von Marie Laurencin an die

Pariser Galerie Hopkins-Thomas, von wo das Gemälde in ein japanisches Museum wandert, das ausschließlich dem Werk der französischen Malerin und Freundin von Guillaume Apollinaire gewidmet war.

1989 zerstreiten sich Fischer und Schulte-Kellinghaus wegen einer Abrechnung, so Schulte-Kellinghaus in seiner Aussage vor dem Kölner Landgericht, das die Frühzeit der gemeinsamen Betrügereien ganz offensichtlich bestenfalls anschneiden, aber nicht wirklich aufklären wollte. Acht Jahre nach der Trennung meldet sich Wolfgang Beltracchi, so erzählt er dem »Spiegel«, jedoch wieder bei dem ehemaligen Partner, will an die erfolgreichen gemeinsamen Geschäfte anknüpfen und bietet ihm 20 Prozent Provision für jedes verkaufte Bild an. Er habe seine Frau aus den illegalen Geschäften heraushalten wollen, wird der Fälscher diesen Sinneswandel später in seinem Geständnis vor dem Kölner Landgericht begründen.

Otto Schulte-Kellinghaus holt also wieder die Bilder bei Beltracchi ab oder lässt sie sich anliefern und bringt sie in die Galerien und Auktionshäuser. In bestimmten Fällen aber, in denen Wolfgang Beltracchi mit einem besonders hohen Erlös rechnet, lässt er die Bilder dann aber doch wieder von seiner Frau verkaufen – damit er, so sagt Beltracchi später im Prozess, Schulte-Kellinghaus nicht am Gewinn beteiligen muss.

Vergebliche Suche

Im Zusammenhang mit dem früheren Berliner Fälschungsverfahren wird Otto Schulte-Kellinghaus 1996 an seinem Wohnort Krefeld von der Kriminalpolizei als Zeuge einbestellt. Die Polizei fragt ihn auch nach dem gegenwärtigen Aufenthaltsort von Wolfgang Fischer. Schulte-Kellinghaus gibt an, dass er Fischer zwar aus einem Café in Krefeld kenne, aber nie irgendwelche geschäftlichen Verbindungen zu ihm gehabt habe und auch nicht wisse, wo sich dieser nun aufhalte. Ihm sei nicht bekannt, dass Fischer Beziehungen zur Kunstszene habe und möglicherweise mit Bildern handle. Fischer habe ihm nur erzählt, dass er ein Spielzeug entworfen habe.

Die Polizei ermittelt schließlich auf anderem Weg die Anschriften von Wolfgang Fischer und erfährt auch seinen neuen, nach der Heirat mit Helene angenommenen Namen. Doch den Behörden unterlaufen Fehler beim Schreiben dieses Namens. In Krefeld wird er Beltraschi genannt, dann in Oberhausen Beltracci – ohne h. Ein Zeuge an Beltracchis letzter ermittelter Anschrift in Oberhausen erzählt der Kripo schließlich im Juli 1996, dass Wolfgang ein reicher Künstler sei und sich seit einigen Monaten mit einem Wohnmobil auf Weltreise befinde. Wolfgang Beltracchi, geb. Fischer, war also just zu dem Zeitpunkt aus Deutschland verschwunden, als man in Berlin gegen seine ehemaligen Geschäftspartner wegen der gefälschten Gemälde ermittelte – und diese seinen Namen verraten. Im September 1996 eröffnet Wolfgang Beltracchi dann ein Konto in dem Zwergstaat Andorra; er hat dort auch seinen Wohnsitz angemeldet. Die Ermittler in Berlin erfahren davon nichts, sie haben die Suche nach dem Zeugen eingestellt – eine Verurteilung von W., S. und N. ist auch ohne ihn möglich. Damit wird eine große Chance vertan: Wolfgang Beltracchi und seine Frau Helene können weiter ungestört gefälschte Kunst in Galerien und Auktionshäusern einliefern. Bis zu jenem regnerischen Augusttag 2010, als sie von den Kriminalbeamten in Freiburg aus ihrem Range Rover geholt werden.

6
Die Methode Beltracchi

Wolfgang Beltracchi ist kein Genie. Er war und ist kein großer Maler – das stellt bald fest, wer nicht nur eine, sondern mehrere seiner Fälschungen nebeneinander sieht, die Landschaftsbilder, Porträts und Stillleben. Auf den ersten Blick wirken sie so überzeugend, dass sich zahlreiche Experten, Sammler, Galeristen und Auktionatoren täuschen konnten, schon auf den zweiten allerdings wie das, was sie tatsächlich sind: handwerklich zwar gute, aber doch schematische Kopien, die charakteristische Merkmale der gefälschten Künstler uninspiriert imitieren (siehe Bildteil). Und wer die wenigen Eigenschöpfungen kennt, die Beltracchi gemalt hat – seine Gemälde und die Porträtzeichnungen aus der Untersuchungshaft –, dem schwant, dass er davon kaum seinen Lebensunterhalt hätte bestreiten können.

Doch es sind nicht nur der – an der Selbstvermarktung seiner Person interessierte – Fälscher und seine Anwälte, die seit dem kurzen Prozess in Köln am Bild eines »Ausnahmekünstlers« mitwirken. Den Mythos vom Meisterfälscher befeuern auch jene Fachleute, die auf ihn hereingefallen sind oder ihren Teil dazu beitrugen, den ganz großen Skandal erst möglich gemacht zu haben. Ihnen nämlich kommt die Legende vom Meisterfälscher sehr gelegen: je genialer der Betrüger, so der

Eindruck, desto unschuldiger all jene, die diesem Genie auf den Leim gingen. Noch im Februar 2012 verstieg sich der blamierte Werner Spies in einem Interview mit der Illustrierten »Stern« zu der Aussage über Beltracchis Fälschungen: »Da ist überhaupt nichts drin, was an eine andere Handschrift denken lassen kann als die von Max Ernst. Ich habe eine so einfühlsame Fälschung noch nie gesehen. Beltracchi ist ein genialer Klon von Max Ernst.«

Freilich kann auch das nicht verhehlen, dass die Experten ihn gewähren ließen, mit seinen Bildern oft sechs- oder sogar siebenstellige Summen verdienten und nicht genauer die Echtheit dessen überprüften, was ihnen vorgelegt wurde. Die Rede vom Meisterfälscher und Jahrhunderttalent ist auch eine Verdrängungsstrategie derjenigen, die ihrer Sorgfaltspflicht nicht nachgekommen sind.

Wolfgang Beltracchi gehört zwar nicht zu den großen Künstlern, er zählt aber sicher zu den raffiniertesten Fälschern der Kunstgeschichte – raffinierter sind nur noch diejenigen, deren Namen wir noch nicht kennen. Beltracchi hat sich als erstklassiger Handwerker und Krimineller erwiesen: Über drei Jahrzehnte lang konnte er seine Betrugstechnik ungestört optimieren. Die Auswahl der zu fälschenden Künstler, der Motive traf er nach nachvollziehbaren Kriterien, die Materialien, die er dafür verwendete, suchte er sorgsam aus. Beltracchi fälschte seine Bilder mit Umsicht, und er sorgte auch dafür, dass ihr Auftauchen am Kunstmarkt plausibel erschien, indem er sich plausible Herkunftslegenden für die Bilder ausdachte. Er erfand die Provenienzaufkleber auf den Bildern und stellte gefälschte »historische« Fotos her, auf denen die Bilder zu sehen waren. Und er bewies äußerste Geschicklichkeit darin, selbst kaum in Erscheinung zu treten, die Expertenkontakte anderen zu überlassen und schließlich auch noch seine indirekten Spuren zu verwischen, indem er die erbeuteten Gelder in einem fast unübersichtlichen Kontengeflecht zwischen Steueroasen und Nicht-Vollstreckungsparadiesen in Sicherheit brachte. Vor allem aber studierte Wolfgang Beltracchi die Fehler und Schwachstellen im System Kunstmarkt so unerbittlich wie ein Controller. Seismographisch tastete er ab, wo die Gier am größten war, und orientierte sich dementsprechend, wie er im Prozess bekundete – ohne allerdings, etwa durch die Fälschung zu populärer oder zu gut dokumentierter Künstler, ein zu hohes Risiko einzugehen. Geld ließ sich auch gut in der zweiten Reihe verdienen.

Vor diesem Hintergrund wirkt es geradezu ironisch, dass Beltracchi schließlich an seiner eigenen Gier scheiterte. Die nämlich scheint doch noch größer gewesen zu sein als die Habgier der meisten Opfer und freiwilligen und unfreiwilligen Mittäter. Hätte sich Beltracchi schon ein paar Jahre früher mit dem Erreichten und Verdienten zufriedengegeben, hätte er auf seinen Anwesen in Frankreich und Deutschland von den Zinsen der Beute gelebt, so wäre er vielleicht nie entdeckt worden – oder wenigstens erst lange nach Verstreichen der zehnjährigen Verjährungsfrist für schweren, bandenmäßigen Betrug. Seine Zeit als Frühpensionär hätte er sich damit vertreiben können, die Landschaft um Freiburg oder die Pferde auf den Weiden bei Mèze zu malen. Ölfarben dafür hatte er genug.

Abgeschliffene Leinwände und Trockenschränke

Kontoauszüge belegen, welch guter Kunde Wolfgang Beltracchi etwa bei Boesner war, dem großen Fachgeschäft für Künstlerbedarf. Man fragt sich, wie viele Bilder mit all dem Material gemalt wurden. Bei der Hausdurchsuchung in Freiburg beschlagnahmten die Beamten unter anderem auch Pinsel, Leinölflaschen, Gummi arabicum und andere Malutensilien. In die

»Domaine des Rivettes« kam die Polizei erst sehr viel später: Wegen der französischen Gerichtsferien erhielt sie im August 2010 nicht den Durchsuchungsbefehl, der dringend nötig gewesen wäre, um das Anwesen in Mèze zeitgleich mit den Objekten in Deutschland nach Beweisen zu durchsuchen. Als die deutschen und französischen Beamten das Haus in Südfrankreich dann endlich am 16. September 2010 betreten konnten, fanden sie nur noch das, was sie die inzwischen inhaftierten Beltracchis auch tatsächlich finden lassen wollten. Alle anderen Spuren – gefälschte Bilder, Computer, Unterlagen zu den Verkäufen – waren verschwunden. Einzig ein Glas voller rostiger Nägel fand sich im Atelier in Südfrankreich. Es waren die Nägel, mit denen Beltracchi alte Leinwände wieder stramm auf ihre alten Holzrahmen spannte.

Schon seit den 70er-Jahren, beim Restaurieren der alten Gemälde, die er auf Flohmärkten weiterverkaufte, lernte Beltracchi einiges über den Aufbau von Ölgemälden und deren Alterung. Irgendwann begann er, die Bilder nicht mehr nur nach dem Motiv auszuwählen; er suchte stattdessen vor allem möglichst alte und möglichst wenig bemalte Leinwände und Rahmen. Denn die dünn bemalten Bilder der unbekannten Meister und Hobbymaler dienten ihm jetzt nicht mehr zum Weiterverkauf nach Restaurierung, sondern als Grundlage für noch zu schaffende Fälschungen. Nicht mehr die ursprünglichen Bilder waren fortan interessant für Wolfgang Beltracchi, sondern nur noch das Rohmaterial Leinwand, auf dem sie gemalt worden waren. So beschrieb er sein Vorgehen im Prozess.

Diese Taktik ist unter Kunstfälschern schon lange beliebt. Jeder halbwegs professionelle Fälscher benutzt für seine Arbeit Materialien, die aus der Zeit der zu malenden Fälschung stammen – oder die es damals zumindest schon gegeben hat. Schließlich werden Fälschungen am einfachsten über die zeitliche Herkunft der Materialien aussortiert. Das Alter eines Holzrahmens oder einer Leinwand lässt sich recht exakt mit physikalischen und chemischen Methoden feststellen.

Wolfgang Beltracchi stellt sich deshalb über die Jahre ein kleines Lager an alten Leinwänden zusammen, er will stets eine Auswahl an Maßen und Herkünften zur Verfügung haben. In seiner Aussage vor dem Kölner Landgericht im September 2011 betont er mehrfach seine Kenntnisse über die feinen Unterschiede zwischen französischen Spannrahmen und deutschen Keilrahmen. Die Größe einer Leinwand sei besonders wichtig, doziert er vor Gericht, denn viele Künstler benutzten nur ein sehr begrenztes Repertoire an Rahmen für ihre Gemälde. Außerdem hatten die Akademien für bestimmte Motive bestimmte Formate festgelegt. Angeblich sucht sich Beltracchi auch die regional spezifischen Rahmen für die zu fälschenden Künstler aus: Für das Campendonk-Gemälde »Else Lasker-Schüler gewidmet« wählte er einen deutschen Keilrahmen, für Légers »Nature Morte« einen französischen Spannrahmen. Die Leinwand für den Léger, so erinnert sich Beltracchi im Prozess, sei dünn mit dem Blumenbild eines unbekannten französischen Malers bemalt,und von diesem auf das Jahr 1910 datiert gewesen. Schaut man sich die Rückseite des »Else Lasker-Schüler«-Bildes an, so entdeckt man allerdings auch hier einen Spannrahmen ohne Gehrungsschnitt, keinen Keilrahmen.

Um aus dem Blumenbild eines Unbekannten das Gemälde von Léger zu zaubern, musste Beltracchi zunächst vorsichtig die alte Bemalung entfernen. Wer diese Fälschung heute mit der Rückseite gegen das Licht hält, erkennt das Riskante dieses Verfahrens: So dünn ist die Leinwand durch das Abschaben und -laugen des ursprünglichen Motivs geworden, dass das neue Bild durchscheint, als sei es auf ein Pergament gemalt worden. Die Beseitigung der Farben, sagt Beltracchi im Prozess, sei das Hauptproblem gewesen. Er wolle seine Technik aber nicht verraten, fügt er grinsend hinzu, um keine Gebrauchsanweisung für Nachahmer zu liefern. Fast alle Restauratoren, die in Ahlen, New York oder Paris Beltracchi-Fälschungen untersuchten, stießen dabei auf Schleifspuren an den Leinwänden. Solche Schleifspuren sind keine eindeutigen Hinweise auf eine Fälschung, denn zahlreiche Maler schliffen ihre Leinwände selbst ab, wenn sie mit dem Ergebnis ihrer Arbeit mal nicht so zufrieden waren oder einen neuen Wurf wagen wollten und sich dafür keine neue Leinwand leisten konnten oder wollten. Das Abschleifen alter, aber wertloser Gemälde ist allerdings auch eine altbekannte Fälschertechnik. Deshalb verwundert es schon, dass sich an den Schleifspuren auf fast allen Bildern der Sammlungen Knops und Jägers auch jene Restauratoren und Experten nicht störten, die gleich mit mehreren Beltracchi-Bildern in Berührung gekommen waren.

Die Farben für seine Fälschungen stellte Beltracchi selbst aus Pigmenten zusammen, oder er benutzte auf Märkten gekaufte alte Tuben. Bei der Recherche nach den richtigen Farben richtete er sich nach zwei Standardwerken zur Maltechnik, eins davon kommt aus Deutschland, das andere aus Frankreich. Bei dem deutschen Band handelt es sich pikanterweise ausgerechnet um das 1921 erstmals erschienene Standardwerk von Max Doerner, dem Namensgeber jenes Münchner Instituts also, das 2008 das falsche Weiß in Beltracchis »Rotem Bild mit Pferden« feststellt.

Wie konnte Wolfgang Beltracchi bei so viel Umsicht und Fachwissen ein zu modernes Weiß benutzen, das ihm und seinen Komplizen bei der Untersuchung des »Roten Bilds mit Pferden« schließlich zum Verhängnis wurde? Vor Gericht vermutete er selbst, dass verunreinigtes Material schuld gewesen sei: In einer niederländischen Zinkweißtube müssten sich auch Spuren von Titanweiß befunden haben. Auch das verräterische Phthalocyaninblau habe sich wohl nur in Spuren in einem von ihm gekauften Kobaltgrün befunden. Die üblichen naturwissenschaftlichen Untersuchungsverfahren der 80er- und 90er-Jahre, behauptet Beltracchi im Prozess, also Fluoreszenzuntersuchungen und Röntgenaufnahmen, hätten seine Bilder jedenfalls nicht decouvriert. Und auch Schnüffeln und Schnuppern – sonst eine beliebte Methode zur Fälschungserkennung – seien sinnlos gewesen. Schlechte Fälschungen riecht man nämlich – und zwar noch Monate, wenn nicht sogar Jahre nach ihrem Entstehen. Die frisch gemalten Bilder riechen dann merklich nach Öl, Terpentin und Firnis, obwohl sie angeblich bereits vor Jahrzehnten oder Jahrhunderten gemalt worden sind. Wolfgang Beltracchis Bilder aber rochen nicht, das war Teil seiner fast perfekten Technik, er trocknete sie nach eigener Aussage zuerst an der Luft, um sie dann in einem Trockenschrank beschleunigt altern zu lassen – zum Teil wohl sogar etwas zu lange. Als langwierig und kompliziert schilderte Beltracchi in seinem Geständnis diesen Trockenprozess, und auch als gefährlich, weil nachahmungswürdig. Deswegen wolle er auch nicht auf die Details des streng geheimen Beltracchi-Trocknungs-Verfahrens und das Funktionieren seines Trockenschranks eingehen – zum Schutze des Kunstbetriebs.

Alte Kataloge

Als die deutsche und die französische Polizei die großzügigen Beltracchi-Anwesen in Freiburg und in Mèze durchsucht, findet sie neben den Pinseln, Pigmenten, Bindemitteln und rostigen Nägeln auch eine umfangreiche Kunstbibliothek. Nach dem Prozess ärgern sich die Fahnder, dass sie die Bibliothek nicht als Tatmittel beschlagnahmen ließen, denn es waren ganz offensichtlich auch diese Werke, die Beltracchis Fälschungen so erfolgreich machten. Zu den Büchern und Katalogen, die Helene und Wolfgang Beltracchi im Laufe der Jahre zusammengetragen haben, zählen neben Standardwerken der Kunstgeschichte und Künstlermonographien auch originale und später nachgedruckte Kataloge wichtiger Kunstausstellungen aus der Zeit vor dem Zweiten Weltkrieg. Antiquariatsrechnungen belegen außerdem, dass sie Exemplare der von Alfred Flechtheim verlegten Zeitschrift »Der Querschnitt« bestellten, in denen der Kunsthändler regelmäßig auch über die Ausstellungen in seinen eigenen Galerien berichten ließ. Aus dem »Querschnitt« hätte man auch alte Galerieanzeigen ausschneiden und als Aufkleber für neue Bildrückseiten verwenden können.

Die Kataloge und Zeitschriften dienten der Fälscherbande als wesentlicher Fundus für ihre Taten. Man müsse als Fälscher nicht nur gut malen können, sagte Wolfgang Beltracchi im Prozess, sondern sich auch kunsthistorisch fortbilden und möglichst ein besserer Experte für das Werk des zu fälschenden Künstlers werden als dessen eigentlicher Experte. Zahlreiche der gefälschten Gemälde kamen nicht aus dem Nichts. Sie hatten tatsächlich einmal existiert, waren zu Beginn des 20. Jahrhunderts in Ausstellungen zu sehen gewesen und in deren Katalogen genannt – aber eben nicht abgebildet. Der Druck von Fotos war in den 1910er- und 1920er-Jahren technisch kompliziert und entsprechend teuer; viele Galerien, Museen und Kunstvereine verzichteten deshalb darauf. Wolfgang Beltracchi durchforstete die Werkverzeichnisse der Künstler der klassischen Moderne und gleichermaßen die alten Kataloge. Fand sich dort ein entsprechendes Bild, glich er es mit dem jeweils gültigen Werkverzeichnis ab. Fand sich dort der Hinweis, das Gemälde gelte als verschollen, war die Kombination perfekt: Es gab ein Werk, das nachweislich einmal ausgestellt worden war, also sicher existiert hatte, von dem aber niemand wusste, wo es nach dem Krieg, nach den Raubkunstzügen und »Säuberungsaktionen« der Nazis in den Museen und den privaten Sammlungen geblieben war und wie es genau aussah – es musste also nur wieder neu gemalt werden. Genau auf solche verschollenen Bilder konzentriert sich Wolfgang Beltracchi in seiner Fälscherzeit. Denn wenn seine Bilder nach ihrer angeblichen Wiederentdeckung dem Kunsthandel angeboten würden, so lautete sein Kalkül, würden auch die beauftragten Experten auf dieselben Kataloge stoßen, die er und seine Frau bei ihren Recherchen benutzt hatten, und so feststellen, dass es sich um namentlich dokumentierte Werke handelte. Oder wenigstens um solche, bei denen es eine hohe Wahrscheinlichkeit gab, dass sie sich einmal in einer angesehenen Galerie befunden hatten – so wie die verschollenen Max-Ernst-Gemälde aus der Flechtheim-Ausstellung von 1929. Das geringe Risiko, dass auch die Originale der von ihm neu gemalten und eigentlich verschollenen Bilder irgendwann wieder auftauchten, ging Beltracchi dabei bewusst ein.

Die Quelle Alfred Flechtheim bot sich, wie schon geschildert, aus mehreren Gründen besonders an. Gegen Ende der 20er-Jahre hatte die Inflation in Deutschland dazu geführt, dass es Flechtheims Unternehmen nicht sonderlich gut ging. Dazu kam der Umstand, dass sich schon längere Zeit vor der Machtübernahme der Nationalsozialisten in Deutschland ein antimodernistisches Klima ausbreitete. Flechtheim, ursprünglich Getreidehändler in Düsseldorf und dann einer der wichtigsten Vermittler moderner Kunst in Kaiserreich und Weimarer Republik, diente den Nationalsozialisten schon lange vor 1933 als Prototyp ihres antisemitischen Feindbildes und wurde als »Kunstjude« diffamiert. Die Weltwirtschaftskrise und die Inflation in Deutschland trugen ihrerseits dazu bei, dass viele Bilder, die Flechtheim von den Künstlern zum Verkauf überlassen worden waren, lange in dessen Galerie lagerten. Manche so lange, bis sie dem offiziellen Kunstgeschmack in Nazideutschland nicht mehr entsprachen und in der 1933 von Flechtheims Geschäftsführer Alex Vömel arisierten Galerie nur noch unter der Ladentheke verkauft werden konnten. Als Flechtheim im Mai 1933 über die Schweiz und Paris nach London flüchtete, musste er große Teile seiner Galeriebestände wie auch seiner bedeutenden Privatsammlung mit Werken von van Gogh und

Picasso, Braque und Léger zurücklassen. Ihr Verbleib ist in vielen Fällen bis heute ungeklärt. Wolfgang Beltracchi ließ einige von ihnen wieder auftauchen. Das jedenfalls glaubten bereitwillig verschiedene Experten, als ihnen seine Fälschungen als angeblich jahrzehntelang verschollene Originale vorgestellt wurden.

Die Tat

Beltracchi malte gerne neue Folgen für bereits vorhandene Bilderserien von Künstlern. Es gibt tatsächlich viele authentische Hafenansichten von André Derain aus Collioure, viele Waldbilder von Max Ernst, viele Stillleben von Marcoussis und sehr viele Pferdebilder von Heinrich Campendonk. Ein paar mehr würden da nicht sonderlich auffallen. Die Kataloge und Bücher dienten dabei nicht nur der Recherche für möglichst glaubhaft konstruierte Provenienzen, sie halfen dem Fälscher auch bei der Suche nach glaubhaften Motiven.

In seiner langen Aussage vor Gericht berichtete Wolfgang Beltracchi am Beispiel eines »Collioure«-Gemäldes des französischen Künstlers André Derain, wie er beim Fälschen vorgegangen war. In dem südfranzösischen Fischerort Collioure hatte Derain zusammen mit Matisse 1905 eine jener für die Künstlergruppe Fauves so wichtigen Malexkursionen verbracht. Beltracchi berichtete vor Gericht, wie er selbst zunächst die vorhandenen Kataloge gewälzt habe, um dort die fauvistischen Gemälde Derains zu studieren – denn nur die Bilder aus dieser frühen Schaffensphase des Künstlers, so Beltracchi, bringen viel Geld. Sodann suchte er nach einem passenden Spannrahmen in seinem Lager, dann brach er angeblich auf, um tatsächlich durch Collioure zu laufen, dort in den Gassen und am Strand nach einem Motiv für seine neue Fälschung zu suchen. Dem Spaziergang folgten Reisen zu Ausstellungen mit Derain-Gemälden aus Collioure – in einer Retrospektive in der Fondation de l'Hermitage in Lausanne traf er dabei im Frühjahr 2003 ausgerechnet auf eine von ihm selbst zehn Jahre zuvor gemalte Derain-Fälschung.

In Paris fand er schließlich das richtige Studienobjekt für den zu fälschenden Derain: Es ist ein Collioure-Bild aus der richtigen Zeit – ein Original, kein Beltracchi. Er notierte sich die Farbpalette und die Untermalung, studierte die Nuancen. Zurück in seinem Atelier, folgte dann, glaubt man dem Fälscher, stets so etwas wie eine Trancesitzung, in welcher er sich in den jeweiligen Künstler hineinimaginiert, um dann in dessen Geist zu malen. »Intuitiv« habe er verstanden, wie ein Künstler wie Derain malte, behauptet der Fälscher, als er vor Gericht seine Taten gestehen muss. Das Hineinversetzen kennt keine Grenzen: Kopierte er einen Linkshänder, so malte Beltracchi nach eigener Aussage dessen »neue Bilder« auch mit links. Er habe, so seine Selbstdarstellung im Gerichtssaal, Originale geschaffen, »ungemalte Bilder« eines Künstlers, die eigentlich in dessen Œuvre nicht hätten fehlen dürfen.

Wie einfach es dennoch gewesen wäre, Wolfgang Beltracchi zu entlarven, zeigen die materialtechnischen Untersuchungen, die 2008 und 2009 an Campendonk-Gemälden aus der Quelle Beltracchi in München und London vorgenommen wurden. Auch an der angeblichen Provenienzgeschichte der Bilder hätte sorgfältige Kunsthändler und Auktionatoren einiges verwundern müssen. Werner Jägers etwa, der vermeintliche Sammler, war in den 20er-Jahren schlicht zu jung, als dass er große Konvolute Avantgardekunst hätte aufkaufen können: Er war erst 1912 geboren worden. Ganz zu schweigen von den Widersprüchen zur Herkunft der Bilder, in die sich die Bilderlieferanten Helene Beltracchi, Jeanette S. und Otto Schulte-Kellinghaus zuweilen verstrickten, denn ihre Angaben waren nicht immer gut abgestimmt.

Beltracchis Erfolgsgeheimnis, der Grund dafür, dass er so spät erst entdeckt und bestraft wurde, basiert letztlich auf einem sehr simplen, aber kriminell klugen Trick. Die eiserne Grundregel von Beltracchis Methode war es, die Fälschungen stets zuerst von Experten begutachten zu lassen, bevor sie zum Verkauf angeboten werden. Anfangs holte Beltracchi die Expertisen wohl teilweise noch selbst ein. In einem Brief an Fanny Guillon-Laffaille, die Expertin für das Werk von Raoul Dufy, bittet er 1995 noch unter dem Namen Fischer um die Expertisierung eines Gemäldes mit angeblicher Herkunft aus der Sammlung Flechtheim. In dem Schreiben verweist er auch auf ein anderes Dufy-Gemälde, das Guillon-Laffaille bereits 1990 für ihn begutachtet und in ihren Catalogue raisonné aufgenommen habe. Auch 2007 kontaktiert er die Expertin noch einmal wegen eines angeblich neu aufgetauchten Bildes, ansonsten ließ Beltracchi solche Expertisen ausschließlich von seinen Komplizen einholen.

Lehnte ein Experte ein Gemälde ab, dann versuchten sie es teilweise über andere Mittelsmänner bei diesem Experten erneut. Im Fall eines gefälschten Purrmann-Gemäldes wartete Helene Beltracchi allerdings über zehn Jahre, bis die ablehnende Expertin gestorben war, bevor sie das Bild erneut für eine Auktion vorschlug – es nutzte in diesem Fall nichts, das Purrmann-Archiv ist gut sortiert, das Bild fiel wieder durch.

Wenn Helene Beltracchi, Jeanette S. und Otto Schulte-Kellinghaus Beltracchis Fälschungen in Galerien und Auktionshäusern anboten, geschah das in der Regel unter der Bedingung, dass die angeblichen Erbstücke vor einem Verkauf erst von den jeweiligen Experten begutachtet werden müssten. Auf diese Weise konnten die Betrüger jahrzehntelang unbemerkt agieren, denn erkannte ein Experte ein Bild einmal als Fälschung und lehnte eine Expertise ab, wurde es – wie auf dem Kunstmarkt üblich – meist einfach an die Einlieferer zurückgegeben. Es gibt bisher kein zentrales, allgemein gültiges Verzeichnis, in das zweifelhafte Bilder eingetragen werden. Und es kam bei einer Rücknahme nie zu einer Anzeige, schließlich war ja noch kein Geld geflossen, niemand geschädigt worden. Hatten die Bilder dann tatsächlich die Gutachten der jeweiligen Experten oder waren vor dem Verkauf sogar schon ins offizielle Werkverzeichnis aufgenommen worden, zweifelte niemand mehr an ihrer Echtheit.

Das Bestehen auf einem Gutachten vor dem Verkauf diente auch dazu, auf die Kunsthändler einen besonders seriösen Eindruck zu machen. Denn welcher Fälscher würde auf diese Weise von sich aus die potenzielle Entlarvung riskieren? Das ist ungefähr so, als bitte eine Geldfälscherin beim Bezahlen mit einem falschen Fünfzig-Euro-Schein den Kaufhauskassierer, er solle die Banknote doch bitte unbedingt und als Erstes unter eine Prüflampe halten.

Im letzten Jahrzehnt vor seiner Enttarnung schickte Wolfgang Beltracchi seine Gattin Helene, deren Schwester Jeanette oder Otto Schulte-Kellinghaus vor, wenn es darum ging, seine Fälschungen in Umlauf zu bringen, sie expertisieren und verkaufen zu lassen. Er selbst vermied es, auf dem Kunstmarkt in Erscheinung zu treten – angeblich, damit die Käufer und Vermittler keinen Zweifel schöpften, wenn ein Maler nebenbei mit unbekannten Meisterwerken handelte. Vielleicht wollte Beltracchi lieber im Hintergrund agieren, weil die Polizei in Deutschland 1996 schon einmal seine Spur aufgenommen hatte. Vielleicht aber schützte er sich auch nur ganz eigennützig und frühzeitig vor einer Strafverfolgung, weil er ahnte, dass das Fälscherglück irgendwann einmal zu Ende sein würde. Hätten die Polizisten nicht auch einige von Wolfgang Beltracchi selbst unterschriebene Quittungen für Zahlungseingänge gefunden, hätte man ihm wohl tatsächlich nur schwer eine Mitgliedschaft in der Betrügerbande nachweisen können.

Dafür, dass schließlich doch alle vier auf der Anklagebank landeten, gaben Helene und Wolfgang Beltracchi im Kölner Fälscherprozess indirekt dem Auktionshaus Lempertz in Köln die Schuld. Mehrfach beschwerten sich die beiden während ihren Einlassungen, dass sie sich eigentlich darauf verlassen hätten, dass ein renommiertes Unternehmen wie dieses ihrem Wunsch nach Expertisierung des Gemäldes »Rotes Bild mit Pferden« vor der Auktion nachgekommen wäre. Dass dem nicht so war, so das Ehepaar weiter, weil Henrik Hanstein die angebliche, nur ihm gegenüber gemachte mündliche Bestätigung durch Herbert Campendonk ausreichte, hätten sie erst nach der Auktion erfahren. Sie hätten sonst vorsichtshalber das Bild zurückgezogen und auf den Millionengewinn verzichtet. Dass ein Verkauf ohne Expertise nach der Versteigerung Fragen und Recherchen auslösen könnte, wäre zu riskant gewesen. Und genau so sollte es schließlich auch kommen. Lempertz-Chef Henrik Hanstein bestreitet allerdings, dass vor der Auktion eine Expertise bestellt worden sei.

Exkurs über die Originalität

Max Ernsts »La Horde«, so berichtete eine Mitarbeiterin der Sammlung Würth im Herbst 2010, sei stets eines der Lieblingsbilder der Museumsbesucher gewesen. Ist das Bild heute weniger schön, ergreifend oder anregend, nur weil man weiß, dass es nicht von Max Ernst, sondern von Wolfgang Beltracchi gemalt wurde? Sind es nicht dieselben Farben auf derselben Leinwand? Ist nicht letztlich das Bild wichtiger als die Frage, wer es gemalt hat?

Es sind nicht nur Anhänger postmoderner Theorien und Gegner des Originalitätswahns, die diese Frage mit Ja beantworten. Ulrich Krempel, der Direktor des Hannoveranischen Sprengel-Museums, berichtet, dass im September 2011 mehrere Bürger bei ihm angefragt hätten, ob sie ihm nicht das Bild »Katze in Berglandschaft« à la Heinrich Campendonk abkaufen könnten, jenes Bild also, das sich erst zu Prozessbeginn am Kölner Landgericht als Fälschung herausgestellt hatte. Das Bild, so diese potenziellen Käufer, sei doch genauso schön wie zuvor. Und die bunte Katze kann auch wirklich nichts dafür, dass sie von Wolfgang Beltracchi und nicht von Heinrich Campendonk gemalt wurde.

Was passiert mit einem Gemälde, wenn es als Fälschung entlarvt wird? »Die Bilder sind entblößt, ihre Aura ausgeknipst«, schrieb der in Berlin lehrende Kunsthistoriker Peter Geimer im Herbst 2010 in der Süddeutschen Zeitung und verwies damit auf Walter Benjamins Begriffe der »Zeugenschaft« und des »Schicksals« eines Kunstwerks. Denn es ist eben nicht nur die bunte Katze auf der Leinwand, welche die Bedeutung dieses Kunstwerks ausmacht, sondern auch die Erzählung davon, dass es von einem Künstler selbst gemalt wurde, der eine ganz eigene, unverwechselbare Formensprache für seine Bilder entwickelt hat. Zudem steht das Bild mit der Werkgeschichte seines Schöpfers, mit den vor und nach ihm entstandenen Gemälden in direkter Korrespondenz, vielleicht auch mit der Biographie des Künstlers. Das Bild steht zudem als Relikt auch für die Geschichte seines Wegs, seines Verkaufs durch Galeristen wie Alfred Flechtheim, die Jahre in Privatsammlungen und in öffentlichen Museen. Deshalb goutiert man an ihm nicht nur das Blaulila des Katzenschwanzes, man goutiert auch die Geschichte, der das Bild im Laufe der Zeit unterworfen war. Die Risse und Sprünge in der Farbschicht sind wie die Falten im Gesicht eines Greises, die von vergangenen Jahrzehnten zu erzählen scheinen. Es ist die sich in den Rissen und Provenienzgeschichten manifestierende Echtheit, derentwegen Menschen ein Museum besuchen. Und es ist auch genau diese Echtheit, wegen der sich ein Sammler normalerweise ein Gemälde kauft.

Wenn sich nun herausstellt, dass die Risse und Sprünge auf dem Kunstwerk künstlich sind, dass die Geschichte der Vorbesitzer des Bildes mit der Absicht erfunden wurde, den Betrachter über die Echtheit des Bildes zu täuschen, dann fehlt dem Bild ein wesentlicher Bestandteil seiner Bedeutung, dann fehlt ihm seine Autorität. Um es auf die Literatur zu übertragen: Es ist ein wenig so, als hätte man statt einem von Kafka selbst geschriebenen Manuskript eines vor sich, das irgendjemand vom Original abgeschrieben hat. Im Ersteren stecken all die Mühe, der Schweiß und die Qualen, die mit einer Entstehung einhergingen, beim Zweiten fehlen diese Komponenten ganz. Und deshalb hängt man sich vielleicht einen falschen Campendonk als dekoratives Element in sein Esszimmer. Man wird aber nicht ansatzweise den Preis dafür bezahlen, den man für einen echten zu begleichen bereit wäre.

Der Mitarbeiter eines Auktionshauses berichtete, dass ihn bei der Präsentation von zwei Bildern durch Helene Beltracchi erstaunt habe, wie achtlos, wie respektlos diese mit den vermeintlichen Meisterwerken umging. Achtlos nicht nur wegen der Millionenwerte, sondern achtlos vor allem auch gegenüber dem Gegenstand und damit gegenüber der Geschichte dieses Kunstwerks, das einst zur privaten Sammlung eines der wichtigsten Galeristen der Moderne gehört haben sollte, eines Mannes, der später vor den Nazis fliehen musste und im Exil starb. Eines Kunstwerks, das Helene Beltracchis Großvater einst vor den Kriegswirren und Bombardierungen extra in die Eifel gerettet haben soll. Es ist eben diese Lüge, die dem Bild seine Würde nimmt.

Wirft man heute einen nüchternen Blick auf die Fälschungen von Wolfgang Beltracchi, so fragt man sich bei einigen der Bilder, wie diese ob ihres mangelhaften Stils überhaupt bei Experten bestehen konnten. Diese Erkenntnis birgt einen interessanten Aspekt der Fälschungen: Sie können als Teststreifen dienen, als Objekte, anhand derer wir zwar nichts über den Stil und die Intention des gefälschten Künstlers, dafür aber umso mehr über die heutigen Erwartungen und Wünsche an dessen Kunst lernen können. »Wie die Originale«, schreibt Peter Geimer in der Süddeutschen Zeitung, »so sind auch ihre Fälschungen äußerst zeitgebunden. Was den Fälscher eines Tages schließlich entlarvt, ist die Geschichtlichkeit seines Blicks. Das Karikaturhafte der gelungenen Fälschung, das sich meist erst im Rückblick zeigt, ist also auch ein Zeugnis für die Veränderlichkeit des Sehens.«

Ob sich Wolfgang Beltracchi dieser Bedeutung seiner Fälschungen für eine Kunstwissenschaft auf der Suche nach Seh-Moden bewusst ist, bleibt fraglich. Was er – wie viele andere Begabte auch – konnte, war, den Stil bestimmter Maler täuschend ähnlich zu imitieren. Was er – wie kaum ein anderer – konnte, war, einen eigenen Weg zu entwickeln, wie er seine Fälschungen glaubwürdig machte und sie vermarktete. Er ist also eher ein Werbe- und Vertriebsstratege, ein Verpackungskünstler als ein Künstler. Denn was er bisher nicht entwickelte, war ein eigener künstlerischer Stil, der als interessante Neuerung in die Kunstgeschichte eingehen würde.

Davon zeugt auch eine Website, das »Beltracchi Project«, die Wolfgang Beltracchi in Kooperation mit seinem langjährigen Freund Manfred Esser Anfang 2012 ins Internet gestellt hat. Was dort an Kunst zu sehen ist, wird wohl kaum in die Kunstgeschichte eingehen, eher in die Annalen des schlechten Geschmacks.

Esser betreibt in Bergisch Gladbach ein Fotostudio und arbeitet als sogenannter People-Fotograf. Bei seinen fotografischen Portraits, so heißt es auf der Internetseite, gehe es ihm um Glaubwürdigkeit und Authentizität. Und eben diese Fotografien übermalt Beltracchi nun. Unter dem Menüpunkt »Beltracchi Geschichte« findet sich auf derselben Seite eine Kurzbiografie des Fälschers: Wolfgang Beltracchi habe »über 35 Jahre hinweg Bilder im Stile bekannter Maler gemalt und sie zusammen mit seiner Frau Helene Beltracchi als Werke jener Künstler in den internationalen Kunstmarkt geschleust«. Der Abriss endet mit dem Hinweis, dass aus strafrechtlicher Sicht Beltracchis Bilder zwar als Fälschungen zu bezeichnen seien: »Aus künstlerischer Sicht handelt es sich bei jedem Gemälde dennoch um ein eigenständiges, originales Werk.«

Beltracchis Freund Manfred Esser hat – ausweislich seiner Referenzliste – die großen Prominenten alle schon vor der Kamera gehabt: von Mario Adorf und G.G. Anderson über Jürgen Drews und Matthias Reim bis zu den »Jungen Zillertalern« und den »Zipfelbuben«. Vor Essers Kamera posierte Ende 2011 auch Wolfgang Beltracchi – wahlweise im schwarzen Glattleder- oder auch im Pelz-Jackett. Die Fotografien des gelockten und bärtigen Fälschers, der an einen Dürer in Persianerjacke erinnert, wurden auf große Leinwände aufgetragen, die Beltracchi dann wiederum im Stile seiner Max-Ernst-Fälschungen mit Motiven à la »La Horde« bemalte. Das Ergebnis sind Motiv-Collagen, über deren künstlerischen Wert sich sicher streiten lässt. »Aus der Symbiose von Malerei + Fotografie«, so heißt es auf der Internetseite zu den Bildern, entstünde eine »kreative Spannung«, in welcher sich »die Entwicklung der Malerei des vergangenen Jahrhunderts auf kontemporäre Weise ausdrückt. (…) Die Frage ›Was ist ein Original?‹ wird aufs Neue gestellt.« Die Antwort ist: reiner Kitsch.

7

»Leute, die wissen, was für mich gut ist«

Als der berühmte Kunsthistoriker die Galerie am Berliner Kurfürstendamm wieder verlässt, ist der mit ihm befreundete Kunsthändler Dieter Brusberg nicht sehr glücklich. Dabei hatte der Tag so gut angefangen. Es ist ein Samstag im Frühjahr 1999, wird sich Brusberg später erinnern, und die Sonne scheint. In der Berliner Nationalgalerie ist die große Max-Ernst-Retrospektive zu sehen, die anschließend noch ins Münchner Haus der Kunst weiterwandert. Knapp 200 Arbeiten aus allen Schaffensphasen des deutschen Dadaisten und Surrealisten hat Kurator Werner Spies zusammengetragen. Seit vielen Jahren schon ist er der weltweit gefragteste Experte für das Werk von Max Ernst. 1966 hatte Spies den Maler, Grafiker und Plastiker in Frankreich kennengelernt. Zehn Jahre lang, bis zu Ernsts Tod im April 1976, wird er sein Begleiter bleiben, grundlegende Bücher über ihn veröffentlichen, maßgebliche Ausstellungen über ihn verantworten. Spies habe »das uneingeschränkte Vertrauen« seines Vaters erworben, beschreibt Ernsts Sohn Jimmy später in seiner Autobiografie das symbiotische Verhältnis zwischen den beiden Männern, die fast auf den Tag genau 46 Lebensjahre trennen. Spies wird am 2. April 1976 sogar anstelle von Jimmy Ernst mit in die Krypta des Krematoriums auf dem

Pariser Friedhof Père Lachaise hinabsteigen, um zu sehen, wie der Sarg mit dem toten Maler ins Feuer geschoben wird, und später dessen Witwe Dorothea Tanning darüber berichten.

Vorher war es ein gegenseitiges Geben und Nehmen, das beide vereinte: Werner Spies lebte seit 1960 in Paris und hatte dort als Literaturagent und Lektor bedeutende Autoren wie Samuel Beckett, Alain Robbe-Grillet, Marguerite Duras und Nathalie Sarraute kennengelernt. Nach seiner Bekanntschaft mit Max Ernst trug der studierte Kunsthistoriker, Philosoph und Romanist wesentlich dazu bei, dass der schon 1922 nach Paris emigrierte Künstler, den die Nationalsozialisten 1937 als »entartet« diffamierten, trotz seines häufig redundanten Spätwerks nach dem Krieg auch in Deutschland als einer der führenden Vertreter der Moderne zu gelten begann. Spies' Verdienste um den Künstler und seine weltweite Rezeption sind unbestritten. Umgekehrt lieferte der Künstler dem Kunsthistoriker nicht nur das Thema für seine Dissertation; Spies wurde in den Folgejahren auch zum maßgeblichen, international gefragten Interpreten von Ernsts Werk, das er in vielen Ländern der Welt zeigen konnte. Ohne ihn und seine Kontakte ist es bis heute kaum möglich, eine bedeutende Ernst-Retrospektive zusammenzustellen. Und Spies entscheidet ab 1975 auch maßgeblich über echt und falsch: Gemeinsam mit dem Kunsthistoriker-Ehepaar Sigrid und Günter Metken gibt er seither das offizielle Werkverzeichnis Max Ernsts heraus, von dem bislang sieben Bände erschienen sind.

In seinen Erinnerungen, die 1984 unter dem Titel »Nicht gerade ein Stilleben« erschienen sind, beschreibt Jimmy Ernst aus seiner Sicht aber auch die negativen Begleitumstände in den letzten Lebensjahren seines Vaters. Im Frühjahr 1975 hatte Max Ernst einen Schlaganfall erlitten, der ihn ans Bett fesselte und dazu führte, dass er seine Wohnung in der Rue de Lille in Paris nicht mehr verlassen konnte. Jimmy Ernst hatte damals das

Gefühl, dass er, der Erbe seines Vaters, dort nicht mehr gern gesehen war – und dass dieses Gefühl nicht vom schwer kranken Max Ernst ausging:

»Ich war bestürzt, dass ich davon aus der Zeitung erfuhr. Ich hatte schon seit einiger Zeit bemerkt, dass der Kreis um meinen alternden Vater mir gegenüber nicht gerade mitteilsam war, aber ich fragte mich, welchen Nutzen sich jemand davon versprechen konnte, dass er mich in Unkenntnis hielt. Es möge genügen, wenn ich hier sage, dass dies die Einleitung zu einer lang währenden Episode sein sollte, die zu den Grimmschen Märchen über die Habgier gehörte. Es war erniedrigend für mich, dass ich den Besuch am Krankenbett meines Vaters damit erklären musste, dass ich sowieso in Paris sei, um kommende Ausstellungen meiner Arbeiten in Europa vorzubereiten und vor allem um seine große Ausstellung im Grand Palais zu sehen.«

Nie habe die Entourage zugelassen, schreibt Jimmy Ernst weiter, dass er mit seinem Vater allein sein konnte. Nur beim allerletzten Besuch sei das möglich gewesen: »Ich war diesmal lange geblieben und küsste ihn zum Abschied. Er rief mich noch einmal zurück, als ich die Tür öffnete. ›Weißt du, jetzt sind eine Menge Leute um mich herum, die wissen, was für mich gut ist. Ich freue mich, dass wir einmal allein sein konnten. Viele Konferenzen … Papiere zum Unterschreiben. Sie sagen mir, was drinsteht. Ich kann unterschreiben, wenn sie mir die Hand führen. Ich bin mir sicher, mit dir hat das nichts zu tun. Mach dir keine Sorgen.‹ Als ich zur Tür ging, hörte ich ihn sagen: ›Kommst du morgen wieder? … und denk daran: Ich liebe dich, Jimmy.‹« Zu einem nächsten Treffen aber kam es nicht mehr: »Telefonisch wurde mir mitgeteilt, weitere Besuche würden ihn vermuten lassen, dass er dem Tode nahe sei. Ich ging ein paarmal unten am Haus vorbei, blickte zu den Fenstern der Wohnung hinauf und hörte immer wieder diese letzten, fast geflüsterten Worte. Ich fragte mich, warum er fünfundfünfzig Jahre gebraucht hatte, um sie mir zu sagen.«

Wertsteigerung

In der Berliner Galerie von Dieter Brusberg hat sich Werner Spies im Frühjahr 1999 mit einem Gast angesagt. Brusberg hatte seine Galerie 1958 in Hannover gegründet und war mit ihr 1982 nach Berlin umgezogen. Max Ernst zählte schon früh zu den Künstlern, die der Galerist, Jahrgang 1935, vertritt. 1972 veröffentlichte Brusberg bereits ein erstes Verzeichnis des graphischen Œuvres. Ob er in der Galerie einen Mann treffen dürfe, der ihm ein Bild von Max Ernst zeigen wolle, hat Werner Spies Brusberg gefragt. Der Galerist, der den Experten seit vielen Jahren kennt, sagt selbstverständlich zu. Der angekündigte Gast, den Dieter Brusberg nach eigenem Bekunden nicht kennt, kommt als Erster. Ob sich der Mann mit dem schütteren weißen Haar, der unter dem Arm ein in Packpapier eingeschlagenes Gemälde trägt, namentlich vorstellt, kann der Galerist später nicht mehr sagen. Er erinnert sich nur noch daran, dass der Besucher wohl gesagt habe, er komme aus Krefeld.

Es ist Otto Schulte-Kellinghaus, der an diesem sonnigen Samstagvormittag zum ersten Mal versucht, für ein gefälschtes Max-Ernst-Gemälde die für einen Verkauf notwendige Expertise zu erhalten. Der damals 56-Jährige weiß, dass diese Bestätigung nur von Werner Spies kommen kann. Deshalb hat er den Experten um ein Treffen gebeten und von ihm einen Termin in Berlin bekommen. In einem handschriftlichen Brief schrieb Schulte-Kellinghaus am 22. Februar 1999 an den »sehr geehrten Herrn Spieß (sic)«, er habe dessen Adresse von seinem Freund, dem Pariser Galeristen Jean-François Aittouarès: »Ich habe ein Gemälde von Max Ernst aus der Sammlung meines Großvaters, der mit Alfred Flechtheim befreundet war.«

Schulte-Kellinghaus schickt Spies ein Dia und Foto des Gemäldes und weckt auf diese Weise das Interesse des Experten. Es ist dasselbe Prinzip, das schon bei zahlreichen anderen gefälschten Gemälden funktioniert hat.

Otto Schulte-Kellinghaus ist hinter den Kulissen der Logistiker der Bande. In Dutzenden Fällen hat der gelernte Chemielaborant erst den Kontakt zu den maßgeblichen Experten und dann zu Galeristen hergestellt, die anschließend Fälschungen nach Künstlern wie André Derain, Heinrich Campendonk, Jean Metzinger, Émile-Othon Friesz, Fernand Léger, Kees van Dongen, Louis Marcoussis, Oskar Moll und immer wieder nach Max Ernst in Umlauf bringen. »Ich wusste, welcher Experte was macht«, beschreibt Wolfgang Beltracchi das gemeinsame Vorgehen später im Prozess. »Es gibt ein Verzeichnis, in dem alle Experten stehen. Und dann ist Otto dahin gefahren und hat über die Jahre Kontakte aufgebaut.« So unauffällig agierte der Kurier des Fälschers dabei, dass er der Polizei zunächst als Tatbeteiligter gar nicht ins Auge stach. Erst als verschiedene Zeugen wie Werner Spies seinen Namen nannten und dieser sich dann auch auf den Kontoauszügen von Wolfgang Beltracchi wiederfand, begannen die Ermittler, sich für den älteren Herrn aus Krefeld zu interessieren, und nahmen schließlich auch ihn fest.

Eine der häufigsten Anlaufstellen ist für Schulte-Kellinghaus die Galerie von Jean-François Aittouarès in der Rue des Beaux-Arts in Paris. Die Kunsthandlung zählt nicht zu den bedeutendsten in der französischen Hauptstadt. Sie vertritt zeitgenössische Maler und Grafiker, bietet aber auch Werke von Klassikern der Moderne wie Fautrier, Marquet, Miró und Picasso und von Künstlern des 20. Jahrhunderts an, die vor allem in Frankreich einen Markt haben. Einige von ihnen – wie Friesz und Marcoussis – zählen auch zum Repertoire von Wolfgang Beltracchi. Aittouarès' Tochter Odile verantwortet zudem das Werkverzeichnis für Émile-Othon Friesz. Später, so wird der Galerist in seiner Vernehmung durch die Polizei zu Protokoll geben, trifft er auch dreimal Helene Beltracchi: »Sie kam nur aus Neugier, nicht um etwas zu kaufen oder zu verkaufen.« Ein- oder zweimal habe Wolfgang Beltracchi sie begleitet.

Schneidermeister Knops

Als Schulte-Kellinghaus in Berlin das große Bild aus seiner Packpapierhülle befreit hat, ist Dieter Brusberg spontan begeistert. Zufällig sucht er gerade nach Bildern, auf denen Max Ernst seine Phantasiewälder gemalt hatte; zufällig bewahrt er am selben Tag ein anderes Waldbild in den Räumen seiner Galerie auf – und nun liegt ein weiteres Gemälde aus dieser Motivserie vor ihm auf dem Tisch. »Für mich stellte sich überhaupt nicht die Frage der Urheberschaft«, sagt er später bei seiner Vernehmung durch die Polizei aus. »Ich fand das Bild wunderbar. Der Herr sagte, dass das Bild aus einer Sammlung aus dem Rheinland käme. Zu dem Gemälde gäbe es komplizierte Erbschaftsangelegenheiten, die einen schnellen Verkauf verhindern würden. Der Herr sagte, dass erstmal durch Herrn Spies bestätigt werden müsse, dass es sich um ein Werk von Max Ernst handelt.«

Als Werner Spies wenig später in der Galerie Brusberg am Kurfürstendamm eintrifft, sieht auch er sich in den gut beleuchteten Räumen das Gemälde mit den fast zu bunten blau-grün-roten Formen, die an Bäume erinnern, und der roten Ringsonne darüber an. Es ist das erste Mal, dass Werner Spies von Schulte-Kellinghaus ein angebliches Bild von Max Ernst vorgelegt wird. Er hört, welche Geschichte Otto Schulte-Kellinghaus zur Herkunft des Gemäldes erzählt: Sein Großvater, der Krefelder Schneidermeister Wilhelm Knops, habe das Bild in der Galerie von Alfred Flechtheim gekauft. Seitdem sei das wertvolle Werk, von dem nicht einmal eine Abbildung in der Öffentlichkeit bekannt war, im Besitz seiner Familie geblieben. »Aus stilkritischer Sicht hatte ich an diesem Werk keinerlei Bedenken«, gibt Spies später zu Protokoll. »Ehrlich gesagt, war ich glücklich, ein bislang unbekanntes Werk von Max Ernst entdeckt zu haben.«

Tatsächlich hatte Flechtheim vom 2. März bis Ostern 1929 zunächst in Berlin und im Mai dann auch in seiner Düsseldorfer Galerie eine Ausstellung mit Arbeiten von Max Ernst gezeigt. Zu dieser Ausstellung war ein Katalog erschienen, der zwar die rund 50 ausgestellten Werke – darunter auch Waldbilder – auflistete, aber nur wenige von ihnen auch abbildete. Viele dieser Gemälde sind deshalb heute nicht mehr klar zu identifizieren. Und tatsächlich gab es auch den Schneidermeister Wilhelm Knops, den Großvater von Otto Schulte-Kellinghaus. Der allerdings war kein Kunstsammler, gab sein Enkel später im Prozess zu: »Der hatte eine Beinverletzung und hat immer nur am Tisch gesessen und genäht.«

Werner Spies weiß von der historischen Max-Ernst-Ausstellung, als er im Frühjahr 1999 in der Galerie von Dieter Brusberg das angeblich 1926 gemalte Waldbild »La Forêt« begutachtet. »Von Max Ernst habe ich persönlich erfahren, dass er bei Flechtheim viele Werke in der Ausstellung hatte und einige durch die damalige politische Situation nicht zurückerhalten hatte«, erinnert er sich viele Jahre später bei seiner Vernehmung. »Meine Intuition war, dass es sich bei dem vorgelegten Werk möglicherweise um eines aus dem damaligen Fundus handeln könnte.«

Und diese Intuition genügt dem Experten, der im Laufe der Jahrzehnte Tausende von Max-Ernst-Werken gesehen und Hunderte als Fälschungen aus dem Œuvre ausgeschieden hat, auch diesmal. Etwa eine halbe Stunde dauert die Begutachtung des Forêt-Bildes in der Galerie Brusberg. Werner Spies betrachtet die Motivseite und entscheidet dann, dass es sich um ein wiedergefundenes Original von der Hand Max Ernsts handelt. Was die Herkunft des Gemäldes angeht, vertraut er einzig auf das, was ihm Otto Schulte-Kellinghaus über seinen Großvater und Alfred Flechtheim erzählt hat, und auf das, was er selbst über die bei Flechtheim zurückgelassenen Max-Ernst-Werke weiß. Einen Beleg für die Schneidermeister-Knops-aus-Krefeld-Geschichte lässt er sich nicht vorlegen, er hält sie auch so für plausibel.

Und der erfahrene und mit den Usancen des Kunstmarktes seit Langem vertraute Experte bittet auch nicht um eine naturwissenschaftliche Begutachtung des Gemäldes, die klären könnte, ob keine erst nach dem angeblichen Entstehungsjahr 1926 auf den Markt gekommenen Pigmente verwendet wurden und die Leinwand jenen entspricht, die Max Ernst verwendet hatte. Der Rückseite eines Bildes, so sagt er später der Polizei, messe er keine Bedeutung bei, Aufkleber seien manipulierbar.

Als die Begutachtung beendet ist und Werner Spies ein positives Urteil in Aussicht gestellt hat, wendet er sich nach Brusbergs Erinnerung direkt an Otto Schulte-Kellinghaus: »Werner Spies sagte zu dem Herrn, dass man das Weitere später im Hotel besprechen könne. Ich war verwundert, wo doch Werner Spies um die Besichtigung in meiner Galerie gebeten hatte, um den Herrn eben nicht in einem Hotel treffen zu müssen. Ich fühlte mich etwas touchiert, dass man jetzt ohne mich weitersprechen wollte.«

Natürlich hat sich Dieter Brusberg als Galerist Hoffnungen gemacht, das Forêt-Gemälde möglicherweise gleich von seinem Besitzer erwerben zu können. Die Max-Ernst-Retrospektive in der Nationalgalerie hat die Aufmerksamkeit für den Künstler noch einmal gesteigert und seine Preise erhöht. Ein unbekanntes, marktfrisches Bild aus einer der bekanntesten Werkgruppen des Surrealisten wäre für jeden Kunsthändler eine lohnende, gewinnversprechende Investition. »Ich war schon etwas sauer«, erinnert sich Brusberg noch zwölf Jahre später bei seiner Zeugenvernehmung. »Ich konnte es aber auch verstehen, weil es ja der Kontakt von Werner Spies war.« Der schreibt nach der Besichtigung eine Expertise, die Otto Schulte-Kellinghaus erhält und über die der Kunsthistoriker der Polizei in seiner Vernehmung im Oktober 2010 sagt: »Ich wurde dafür nicht bezahlt. Das wäre auch nicht legitim gewesen, weil ich damals noch Direktor eines Museums in Paris war.« Von 1999 bis 2000 leitete Spies das »Musée National d'Art Moderne«, eine Abteilung im Pariser Centre Georges Pompidou, und war dort für die Präsentation der Sammlungen zuständig.

Über die Genfer Kunsthandelsgesellschaft Interart S.A. und deren Anteilseigner Daniel Malingue erwirbt im September 2001 der angesehene New Yorker Kunsthändler Richard Feigen das Gemälde mit der Malingue-Inventarnummer 1814 – für 2325000 Millionen Dollar. Überwiesen wird der Betrag auf ein Konto bei der Pariser Bank Odier Bungener Courvoisier. Mit einem Aufschlag von 175000 Dollar reicht es Feigen dann an eine New Yorker Privatsammlerin weiter, zu der er nur verrät, sie sei »eine der bedeutendsten Sammlerinnen der Vereinigten Staaten«. Von April bis Juli 2005 leiht sie das Gemälde auf Bitten von Werner Spies für die von ihm verantwortete Max-Ernst-Retrospektive im Metropolitan Museum of Art in New York aus und lässt es im Katalog farbig abbilden. Für weitere Ausstellungen in Stockholm und Kopenhagen ab September 2008 stellt sie es dann nicht mehr zur Verfügung. Zu diesem Zeitpunkt prozessiert die maltesische Firma Trasteco bereits gegen das Kölner Auktionshaus Lempertz wegen des Fälschungsverdachts bei Campendonks »Rotem Bild mit Pferden« aus der Quelle Beltracchi. Das falsche Forêt-Bild hat Richard Feigen inzwischen zurückgenommen. Sollte er sein Geld von Malingue zurückbekommen, dann würde der Grand Old Man der New Yorker Kunstwelt dennoch seine Kommission von 175000 Dollar verlieren, wahrscheinlich auch die angefallene Umsatzsteuer in Höhe von 215625 Dollar.

Immer neue Bilder

Für Werner Spies und Otto Schulte-Kellinghaus hingegen soll die erste Begegnung in Berlin der Beginn einer wunderbaren Freundschaft werden, die sich über Jahre hinzieht und beiden Seiten ansehnliche Geldsummen einträgt. Insgesamt sieben angebliche Max-Ernst-Gemälde werden Schulte-Kellinghaus und Helene Beltracchi in den folgenden fünf Jahren Werner Spies zur Begutachtung vorlegen. Meist finden diese Bilderschauen in Galerien statt. Einmal fährt Spies sogar eigens nach Südfrankreich, um sich im Hause der Beltracchis ein besonders großformatiges und deshalb schwer transportables Bild anzusehen.

Die nächste Begegnung findet im Winter 2001 oder Anfang 2002 statt. Gleich zwei mit »Max Ernst« signierte Gemälde hat Otto Schulte-Kellinghaus diesmal in die Pariser Galerie des seit Langem mit Werner Spies befreundeten Kunsthändlers Marc Blondeau, des ehemaligen Direktors des Auktionshauses Sotheby's in Frankreich, gebracht. Im Prozess wird Wolfgang Beltracchi später aussagen, dass die Bilder schon rund ein Jahr früher entstanden seien – im Atelier unter dem Dach seines Hauses in Frankreich, das immer abgeschlossen wurde, wenn Beltracchi arbeitete. Max Ernst zu fälschen, sei nicht einfach gewesen: »Man brauchte viele Arbeitsschritte und Materialien. Der hat ja fast nie mit dem Pinsel gemalt.« Den Auftrag, beide Werke zu verkaufen, gibt er Schulte-Kellinghaus erst später.

»La Mer« heißt das eine – ein im Motiv zweigeteiltes Hochformat mit wie gekämmt wirkenden Wellenmustern unter einer ockerfarbenen Sonnenscheibe. »La Horde« ist das andere Bild betitelt – ein großes Querformat mit einer amorphen Figurengruppe, das, wie schon das in Berlin präsentierte Forêt-Gemälde, zu einer prominenten Werkserie von Max Ernst passt. Die Geschichte der Herkunft – Schneidermeister Knops aus Krefeld – ist Spies bereits bekannt. Er und Blondeau sind begeistert von den unbekannten Werken, die beide das Etikett der Sammlung Flechtheim auf der Rahmenrückseite haben. Erneut erhält Otto Schulte-Kellinghaus Spies-Expertisen, die ihr Autor selbst so beschreibt:

»Bei der Originalvorlage der Bilder bitte ich die Leute um Übergabe von zwei Schwarz-Weiß-Bildern und einem Farbbild. Wenn ich zu der Überzeugung komme, dass es sich um ein authentisches Werk handelt, vermerke ich dies auf der Rückseite eines der schwarz-weißen Bilder, meist in französischer Sprache. Aus dem Text ergibt sich, dass ich das Werk in das Werkverzeichnis aufnehmen werde. Diese Fotoexpertise händige ich dem Besitzer aus. Das zweite schwarz-weiße Bild und das Farbbild gelangt in die Archive. Wenn eine Fotoexpertise von mir verloren geht, fertige ich kein Zweitexemplar an.«

Kein Vergleich also zu den ausführlichen Gutachten, die beispielsweise Andrea Firmenich für Campendonk oder Aya Soika für Pechstein aufwendig recherchierten und dann zu Malweise, Bildgeschichte und häufig auch technischem Zustand schreiben. »L'œuvre reproduite va figurer dans le catalogue raisonné Max Ernst qui paraît sous ma direction. (Das abgebildete Werk wird in das von mir verantwortete Werkverzeichnis aufgenommen.)«, lautet in der Regel Spies' Echtheitsbescheinigung (siehe Bildteil). Einen »Ritterschlag, der Millionen wert ist und die Werke marktfähig macht«, nennt die Frankfurter Allgemeine Zeitung diesen Satz.

Zum Teil scheint Spies seine handschriftlichen Fotoexpertisen auch keinesfalls sofort an die Besitzer der untersuchten Bilder ausgehändigt zu haben. Der spätere Besitzer des Gemäldes »La Mer« zum Beispiel, der 2011 verstorbene niederländische Unternehmer Willem Cordia (»Triton Collection«), erhält das von Spies beschriftete Foto zu diesem Bild erst mehrere Jahre nach dem Kauf auf Anfrage. Galerist Waring Hopkins, bei dem Cordia das Gemälde im Sommer 2002 für 800 000 Euro gekauft hatte, bittet um Entschuldigung: Er habe die Expertise versehentlich seit der Erstellung 2002 in der Schublade liegen lassen. Tatsächlich ergaben kriminaltechnische Untersuchungen aber, dass der Fotoausdruck auf einem Farbdrucker erstellt wurde, der erst Jahre später auf den Markt kam, und also auch erst dann von Werner Spies beschriftet worden sein konnte.

Konten in Zürich und Andorra

Diese wenigen Zeilen allerdings, die aus einem unbekannten Gemälde ein gesuchtes Original von Max Ernst werden lassen, bringen vielen Menschen viel Geld ein – nicht zuletzt Werner Spies selbst. »La Mer« und »La Horde« gehen für zusammen 1 067 143 Millionen Euro an Marc Blondeau, dessen Unternehmen inzwischen nach Genf umgezogen ist und dort als »Blondeau Fine Art Services« (BFAS) residiert. Das Geld wird auf ein Nummernkonto überwiesen, das Otto Schulte-Kellinghaus bei der Schweizer Großbank UBS in Zürich eingerichtet hat. 687 240,17 Euro leitet Otto Schulte-Kellinghaus an Wolfgang Beltracchi weiter, der Rest ist seine Provision für insgesamt drei Bilder. Beim Erwerb der beiden Gemälde hilft Blondeau eine Gesellschaft mit Namen »Gemstone Holdings Limited« in Hongkong, die auch als offizielle Besitzerin der Werke fungiert. 2002 zeigt die Pariser Galerie Hopkins-Custot beide Gemälde im Auftrag und in Kommission von Blondeau an ihrem Stand auf der angesehenen Kunstmesse »The Armory Show« in New York. Von dort nehmen beide Bilder unterschiedliche Wege. »La Mer« – angeblich 1925 entstanden und 74 mal 61 Zentimeter groß – kauft in New York der in Belgien lebende, niederländische Unternehmer Willem Cordia, den die Zeitungen seines Heimatlandes als den »König des Rotterdamer Hafens« bezeichnen und das US-Fachmagazin ARTnews zu den 200 bedeutendsten Kunstsammlern der Welt rechnet. Er bezahlt dafür 800 000 Euro und zeigt das Bild in Museumsausstellungen in Den Haag, Stockholm, Humlebæk und Rom. »La Horde« – auf 1927 datiert und 65 mal 81 Zentimeter groß – findet in einem französischen Regisseur und Schauspieler einen Käufer. Er bezahlt im Mai 2002 für das Bild 900 000 Euro, leiht es eine Zeit lang ans Privatmuseum der Fondation Maeght im südfranzösischen Saint-Paul-de-Vence aus und verkauft es schließlich im April 2005 an die Genfer Kunsthandelsgesellschaft Interart. Zwei Jahre später bieten drei Eigentümer – darunter das Auktionshaus selbst – das Gemälde mit einem Schätzpreis von inzwischen stolzen 3,5 Millionen Pfund – umgerechnet rund 6,6 Millionen Dollar – bei Christie's in London an. Dort findet das völlig überbewertete Bild aber am 20. Juni 2006 keinen Käufer. Erst nach der Auktion vermittelt es der Agent Daniel Amara über die Gesellschaft Artvision S. A. an den baden-württembergischen Schraubenverkäufer und Großsammler Reinhold Würth. Der Milliardär hat für seine Sammlungen von Kunst des Mittelalters bis zur Gegenwart rund ein Dutzend Museen und Kunsthallen an Standorten seines Unternehmens in Belgien, Dänemark, Deutschland, Italien, den Niederlanden, Norwegen, Österreich, der Schweiz und Spanien gegründet. Für den vermeintlichen Max Ernst »La Horde«, der die Würth-Inventarnummer 11302 erhält, überweist seine Stiftung netto rund 4,4 Millionen Dollar. Anschließend wird das Bild unter anderem in der Kunsthalle Würth in Schwäbisch Hall und im Museum der Moderne in Salzburg gezeigt. Im Kunstbeirat der Sammlung Würth sitzt Werner Spies.

In regelmäßigen Abständen folgen weitere gefälschte Max-Ernst-Gemälde aus Beltracchi-Produktion, die – meist durch Otto Schulte-Kellinghaus – Werner Spies als angebliche Wiederentdeckungen vorgestellt werden und auf die der Experte ausnahmslos hereinfällt.

2002 fordert Wolfgang Beltracchi Schulte-Kellinghaus auf, Spies ein Bild mit Vogelmotiv zu zeigen, das etwa anderthalb Jahre zuvor in Frankreich entstanden ist. Vorher habe er von der alten Leinwand das Venedig-Motiv eines unbekannten Künstlers abgekratzt, behauptet der Fälscher später. Am 24. Juli 2002 stellt Werner Spies sein standardisiertes Fotozertifikat aus – mit falschem Datum allerdings. Statt 1927, wie auf dem Bild zu lesen ist, schreibt der Experte 1929 auf die Rückseite der Aufnahme. Über die Galerie Aittouarès wird das 81 mal 100 Zentimeter große Bild am 14. Oktober 2004 für 1,2 Millionen Euro an eine Pariser Sammlerin verkauft. Als ihr das falsche Entstehungsdatum auf der Bestätigung auffällt, schreibt Spies kurzerhand einfach ein neues Zertifikat – was sind schon zwei Jahre Unterschied.

Im Frühsommer 2003 schlägt Werner Spies seinem Freund Marc Blondeau dann telefonisch ein Treffen im Lagerhaus einer Spedition in Brüssel vor. In Anwesenheit von Otto Schulte-Kellinghaus begutachtet er dort das Gemälde »Vogel im Winterwald« und stellt dafür am 3. Juli eine Fotoexpertise aus. Unmittelbar danach kauft Marc Blondeau auch dieses Bild – für 500 000 Euro. Der Zwischenfinanzierer, der den Betrag auf das Konto von Wolfgang Beltracchi bei der Crèdit Andorrà überweist, ist diesmal eine Gesellschaft mit Namen Saskia Art Consulting, Inc. im Steuerparadies Tortola auf den British Virgin Islands. Wenig später reicht Blondeau das Bild an einen französischen Medienunternehmer weiter. Dieser leiht es Ende 2009 für eine Ausstellung aus, die der mit Werner Spies befreundete Regisseur Peter Schamoni für das Westfälische Landesmuseum in Münster organisiert hat.

Ebenfalls 2003 geht es um ein Werk mit dem Titel »Tremblement de Terre«, das sich Spies in der Pariser Galerie Aittouarès ansieht: 60 mal 73,5 Zentimeter groß, mit auffallend weißer Signatur und Datierung auf 1925, mit Anklängen an Ernsts Frottage-Technik und wieder wie gekämmt aussehenden parallel verlaufenden Wellenlinien in der unteren Bildhälfte unter einem diesmal dunklen Sonnenring. Auf der Rückseite klebt ein Etikett der legendären Berliner Galerie »Der Sturm« von

Oben: Gefälschtes Foto mit gefälschten Bildern – Helene Beltracchi posierte als eigene Großmutter, die beiden Werke zwischen Léger und Ernst sind nach wie vor nicht identifiziert.

Unten: Gruppenbild mit Dame – Auch das Foto mit Fälschungen nach van Dongen, Pechstein und Léger entstand im Beltracchi-Haus in Südfrankreich.

Oben: Gleiche Frau, andere Legende – Dieses ebenfalls gefälschte Foto sollte die Herkunft eines Dufy-Gemäldes aus einer Privatsammlung in Ostberlin dokumentieren.

Unten: Avantgarde im halben Dutzend – Um die Herkunft des Léger-Gemäldes aus der Sammlung Flechtheim zu beweisen, wurde aus gerahmten Kopien eigens eine Galeriewand simuliert.

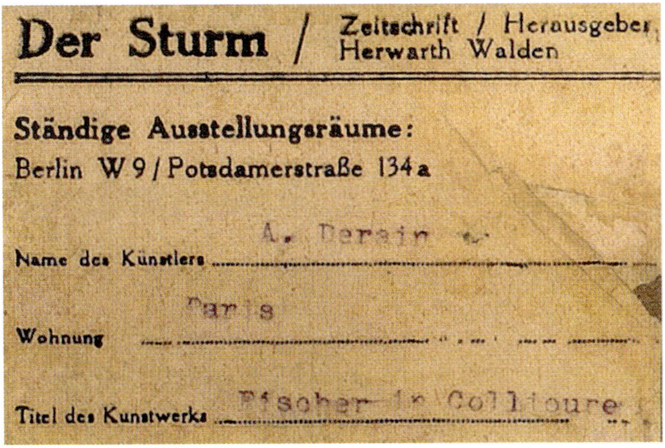

Geschichtsklitterung – Auf der Rückseite zahlreicher Beltracchi-Fälschungen klebten nachgeahmte Etiketten angesehener Sammlungen und Galerien aus Kaiserreich und Weimarer Republik – hergestellt als Linolschnitte oder mit Gummistempeln.

Rekordbild ohne Expertise – Das Heinrich Campendonk zugeschriebene »Rote Bild mit Pferden« wechselte 2006 im Kölner Auktionshaus Lempertz für 2,8 Millionen Euro den Besitzer – ohne dass die maßgebliche Expertin es vorher untersuchte.

Letzter Versuch – Als die Beltracchi-Bande im Sommer 2010 das angebliche Léger-Stillleben für sechs Millionen Euro nach Skandinavien verkaufen wollte, schnappte die Falle zu, und die Polizei nahm die vier mutmaßlichen Betrüger fest.

Enorme Preissteigerung – Die Marcoussis-Fälschung »Portrait Alfred Flechtheim« wurde den Fälschern für 200 000 Mark abgekauft und nach vier Jahren für 470 000 Euro weiterverkauft.

Höchste Wertsteigerung – 1,7 Millionen Euro zahlte ein Galerist für die Fälschung »La Forêt II« an die Beltracchi-Bande. Für sieben Millionen Dollar landete es schließlich bei einem Privatsammler in den USA.

Einträglich für beide Seiten: »Oiseaux«, angeblich von Max Ernst, wurde durch eine knappe handschriftliche Expertise (siehe die Seite gegenüber) auf der Rückseite eines Fotos 1,2 Millionen Euro wert.

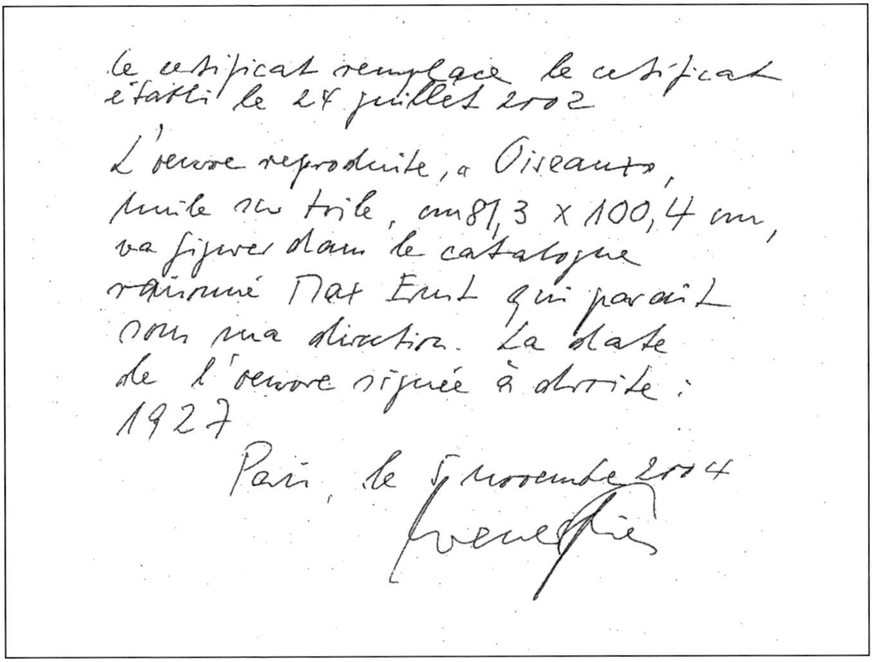
ce certificat remplace le certificat
établi le 24 juillet 2002
L'œuvre reproduite, « Oiseaux »,
huile sur toile, cm 81,3 x 100,4 cm,
va figurer dans le catalogue
raisonné Max Ernst qui paraît
sous ma direction. La date
de l'œuvre signée à droite :
1927
Paris, le 5 novembre 2004

Der Max-Ernst-Experte Werner Spies kassierte für Expertisen und Vermittlungsdienste von Fälschern und Händlern mindestens 400 000 Euro.

Widersprüche – Er habe nie kopiert, sondern immer selbst erfunden, behauptete Wolfgang Beltracchi vor Gericht. Tatsächlich gleicht sein »Radfahrer« (unten) frappierend der originalen Version des Malers Jean Metzinger in der Peggy Guggenheim Collection in Venedig (oben).

Originale und Fälschungen – Für »Leuchtturm in Collioure« (unten) könnte sich Wolfgang Beltracchi von dem Original André Derains »Hafen in Collioure« aus der Staatsgalerie Stuttgart (oben) inspiriert haben lassen.

Aus Zeichnungen werden Gemälde – Die Beltracchi-Fälschung »Matisse beim Malen« (unten) entstand offenbar nach der Zeichnung Derains mit gleichem Motiv, die sich heute im Metropolitan Museum of Art in New York befindet (oben).

Zwei Meister malen Postkarten – Für das angebliche Gemeinschaftswerk von Braque und Friesz fand 2005 eigens eine Ausstellung statt. Der maßgebliche Experte für Braque erkannte sofort, dass es sich um eine Fälschung handelte, seine für Friesz zuständige Kollegin – eine Galeristentochter – hatte mit dem Gemälde keine Probleme.

Warum die naturwissenschaftliche Untersuchung lohnt: Das Berliner Rathgen-Forschungslabor stellte beim Blick durch das Digitalmikroskop fest, dass sich ein altersbedingtes Craquelé (kleine Risse in der Gemäldeoberfläche) im angeblich 1927 entstandenen Max-Ernst-Gemälde »La Horde« nur in der Grundierung befindet, nicht aber in der eigentlichen Malschicht. Diese füllt die darunterliegenden Risse teilweise auf. In der Malschicht ist dagegen das Pigment Phthalocyaninblau nachweisbar, das 1927 noch gar nicht auf dem Markt war.

F. Otto Schulte-Kellinghaus

Krefeld, 18.12.06

Lieber Herr Werner Spies,

Sammlung Knops.

Mein Großvater, mütterlicherseits, Schneidermeister aus Krefeld.
Er hatte jüdische Bekannte und kaufte viele Bilder über Flechtheim.

Die Sammlung besteht aus rheinischen Expressionisten wie Helmut Macke, Nauen, Campendonk und Max Ernst sowie französischer Malerei wie André Lhote, Othon Friesz, Marcoussis, Laurencin, Herbin, Dufy, Derain und Metzinger.

Ich erhielt nach dem Tod meiner Eltern Anfang der 80er Jahre Pakete mit den Bildern. Burkhard Leismann (Expert H. Macke) seit 13 Jahren Direktor im Kunstmuseum Ahlen kennt die Sammlung

Mit freundlichen Grüßen

D-47809 Krefeld Weiden 90 Tel. +49 (0) 21 51/6 79 78 Fax +49 (0) 21 51/61 57 34

Lügenlegende – mit diesem Brief überzeugte Otto Schulte-Kellinghaus Werner Spies mit der Legende, die von ihm angebotenen Werke stammen aus der früh zusammen getragenen Kunstsammlung seines Großvaters – die es allerdings nie gab.

Der heilige Wolfgang – Schon während des Kölner Prozesses verharmlosten viele Medien Beltracchi als »Filou« oder »Eulenspiegel«, er selbst präsentiert sich bis heute gern als Genie (Fotomontage: Monopol), das das Werk großer Künstler nur ergänzte.

Herwarth Walden. Das Bild ist leicht beschädigt und muss restauriert werden. Aittouarès kauft es nach der Begutachtung für 900 000 Euro über eine 1999 offenbar von ihm gegründete Briefkastenfirma namens Arfinart LLC in Cheyenne/Wyoming in den USA. Das Gemälde wird im Zollfreilager am Genfer Flughafen eingelagert und dann 2004 durch die Pariser Galerie Cazeau-Béraudière erst im Frühjahr auf der vornehmen »European Fine Art Fair« in Maastricht und dann im Herbst auf der »Biennale des Antiquaires« in Paris angeboten. Dort kauft es am 14. Oktober 2004 der Investor und Sammler Louis J. K. J. Reijtenbagh für seine Gesellschaft Monte Carlo S. A. Der 1946 geborene Bauernsohn und ehemalige Hausarzt aus dem westholländischen Almelo schaffte es durch Finanzinvestitionen, ein Privatvermögen in Höhe zwischen 600 Millionen und einer Milliarde Euro anzusammeln. Vom Erbe seiner Eltern kaufte und verkaufte er ab Ende der 80er-Jahre Anteile an Firmen, die in Schwierigkeiten geraten waren. Seine Familie lebt im karibischen Steuerparadies Tortola. Reijtenbagh unterhielt neben seinem Landgut »Caterheyde« im vornehmen Antwerpener Vorort Brasschaat auch Wohnsitze in Monaco und in New York. In seinem Apartment im Trump Tower an der Fifth Avenue hingen Gemälde von Rembrandt und van Gogh neben Bildern von Cuyp, Picasso, Monet, Appel und Modigliani und Skulpturen von Giacometti und Moore – im Versicherungswert von rund 60 Millionen Dollar.

Im März 2009 meldete Reijtenbaghs »Plaza Group« in Manhattan Bankrott an. Niederländische Medien verglichen seine Aktivitäten damals mit denen des amerikanischen Börsenbetrügers Bernard Madoff. Die Anteilseigner der Ölfirma Petroplus warfen Reijtenbagh vor, er habe 40 Millionen Euro an Dividenden unterschlagen. Der belgische Fiskus wartete auf mehr als 30 Millionen nicht gezahlter Einkommenssteuer, und die Bank Crédit Suisse forderte mindestens 340 Millionen Dollar zurück und beschuldigt den Investor des Betrugs. Der niederländischen ABN Amro Bank sprach ein Amsterdamer Gericht

2009 das Rembrandt-Bildnis zu, das Reijtenbagh seit 2005 vergeblich zu verkaufen versucht hatte. Die JPMorgan Chase Bank erhob in den USA gerichtlich Anspruch auf jene 27 Kunstwerke, mit denen Reijtenbagh dort seine Verbindlichkeiten abgesichert hatte.

Das angebliche Max-Ernst-Gemälde »Tremblement de Terre« gehörte nicht dazu. Reijtenbagh liefert es zu einer Auktion bei Sotheby's in New York ein, wo es am 4. November 2009 für 1142500 Dollar einen neuen, unbekannten Besitzer findet. Der allerdings gibt das Bild an das Auktionshaus zurück, als sich herausstellt, dass es sich ebenfalls um eine Beltracchi-Fälschung handelt – und Sotheby's wendet sich an Reijtenbagh, um den Auktionserlös einzufordern. In Frankreich hat der einstige Milliardär deshalb Ende 2010 vor der 6. Kammer des Zivilgerichts Nanterre Klage gegen Werner Spies und den Galeristen Jacques de la Béraudière erhoben. Spies' deutscher Anwalt, Peter Raue, kommentiert diesen Versuch, seinen Mandanten für die finanziellen Folgen seiner Fehlurteile haftbar zu machen, mit den Worten: »Die Klage entbehrt jeder rechtlichen Grundlage. Es gibt keinen Paragraphen, auf den sich die Forderung des Klägers stützen könnte.« Und sein französischer Kollege Jean-Pierre Spitzer ergänzt, die Fotoexpertisen des Kunsthistorikers seien nach französischem Recht »keine Expertise im juristischen Sinne«.

Besuch in Mèze

Helene Beltracchi lernt Werner Spies erst im Januar 2004 kennen. Diesmal hat Otto Schulte-Kellinghaus ihm von einem Gemälde berichtet, das nicht aus der Sammlung seines Großvaters, sondern aus der eines befreundeten Ehepaars stammt. Was Schulte-Kellinghaus nicht erzählt: Schon acht Monate zuvor hatte er im »Institut d'Art, Conservation et Couleur« der

Pariser Expertin Sylvaine Brans eine wissenschaftliche Analyse dieses weiteren Gemäldes aus der Forêt-Serie in Auftrag gegeben, für das sechs Pigmentproben entnommen und untersucht wurden. Das Ergebnis, das die Wissenschaftlerin in ihrem elfseitigen Bericht vom 4. April 2003 zusammenfasst, ist vernichtend: Sie findet mit dem Blaupigment Phthalocyanin einen Bestandteil, den es im angeblichen Entstehungsjahr des Bildes noch nicht gab. Den Bericht stellt die Polizei 2010 in der Wohnung von Otto Schulte-Kellinghaus in Krefeld sicher. Warum diesmal erst eine naturwissenschaftliche Untersuchung stattfand, bevor das Bild dem maßgeblichen Experten vorgelegt wird, ist nicht geklärt. Das entlarvende Ergebnis aber hält die Betrügerbande nicht davon ab, das Werk weiter anzubieten. Schließlich genügt Spies der optische Eindruck.

Weil das Gemälde mit 98 mal 132 Zentimetern recht groß ist, bitte man den Kunsthistoriker um eine Besichtigung vor Ort: Es befinde sich in Mèze in Südfrankreich. Spies fährt mit dem Zug nach Montpellier, wo ihn Otto Schulte-Kellinghaus und Helene Beltracchi mit dem Auto abholen und in die rund 30 Kilometer entfernte »Domaine des Rivettes« fahren. Schon im Auto, so sagt Helene Beltracchi später im Prozess vor dem Kölner Landgericht aus, wird über das Bild gesprochen. Spies und Schulte-Kellinghaus hätten sich bereits so gut gekannt, dass sie sich mit Du ansprachen. Dass das Gemälde angeblich aus der Sammlung ihres Großvaters, des Kölner Unternehmers Werner Jägers, stammt, erzählt Helene Beltracchi dem Gast aus Paris erst, als es ihm im Haus gezeigt wird. Wolfgang Beltracchi selbst sitzt zu diesem Zeitpunkt ganz bewusst in einem Café in der Nähe. Ihm soll Spies gar nicht erst begegnen. Ganz begeistert sei der Experte gewesen, erinnert sich Helene Beltracchi später. Und er habe schon nach kurzer Zeit angekündigt, dass er das Bild als echten Max Ernst anerkennen werde. Als die Hausherrin den Gast anschließend durch das großzügige Anwesen führt, fällt Spies in einem der anderen Räume ein weiteres Gemälde auf. In einer bunten, orientalisch anmutenden Landschaft mit Mond und Sternen sitzt eine Frau mit schwarzem Pagenkopf: die expressionistische Dichterin Else Lasker-Schüler. »Sehr interessant« habe Spies das Werk gefunden, erinnert sich Helene Beltracchi. Sie erklärt, es handele sich um ein Bild von Heinrich Campendonk. »Eines meiner schönsten Bilder« wird ihr Mann das Gemälde später nennen, von dem es vorher nur den Titel gab: »Else Lasker-Schüler gewidmet«.

Auch das große Waldbild (siehe Bildteil), das Wolfgang Beltracchi schon 1998 oder 1999 gemalt haben will, wird nicht naturwissenschaftlich untersucht, der Augenschein genügt. Hätte man es beispielsweise geröntgt oder unter eine UV-Lampe gelegt, wären vielleicht Spuren jenes ovalen Engelsbildes sichtbar geworden, das sich laut Wolfgang Beltracchi zuvor auf der Leinwand befunden haben soll. So aber passt das Wald-Gemälde, das er nun sieht, für Werner Spies genau zu dem kleineren Bild aus der gleichen Motivreihe, das ihm fünf Jahre zuvor in der Galerie Brusberg vorgelegt worden war. »Geradezu begeistert« sei der Ernst-Kenner gewesen, heißt es übereinstimmend in den Erinnerungen von Helene Beltracchi und Otto Schulte-Kellinghaus. Was folgt, ist das Übliche: die Expertise des Experten, anschließend ein gemeinsames Essen auswärts, Werner Spies fährt noch am selben Tag wieder ab – und beteiligt sich anschließend aktiv an der Vermarktung des Bildes, indem er seinen Freund Marc Blondeau informiert.

Nach dem Hinweis von Spies auf ein neues unbekanntes Bild aus der bekannten Quelle besucht im März 2004 auch Marc Blondeau das Ehepaar Beltracchi in Mèze. Ihn holen Helene Beltracchi und Otto Schulte-Kellinghaus am Flughafen ab, um gemeinsam zur Domaine zu fahren. Das Bild steht dort auf einer Staffelei hinter einem Bett in einem Schlafzimmer im Erdgeschoss. Nach einer langen Besichtigung (»Er konnte sich gar nicht losreißen.«) und einem Gespräch über das Gemälde und seine Geschichte einigt man sich auf einen Kaufpreis von 1,7 Millionen Euro und darauf, dass Schulte-Kellinghaus das Gemälde ins Zollfreilager in Genf bringen soll. Als Blondeau den Betrag auf Wolfgang Beltracchis Konto in Andorra überweist, faxt dieser ihm am 19. November 2004 eine selbstunterschriebene Empfangsbestätigung und leitet 200 000 Euro auf ein Schweizer Konto von Schulte-Kellinghaus weiter.

Anschließend wechselt das Gemälde mehrfach den Besitzer. Dass sein Wert dabei ständig steigt, liegt auch daran, dass Werner Spies schon bald für eine prominente Museumspräsentation sorgt. Zunächst erwirbt eine Firma mit Namen Salomon Trading LLC, die wieder in Cheyenne im US-Bundesstaat Wyoming sitzt, das Bild für 2,5 Millionen Dollar. Dann übernimmt es die Pariser Galerie Cazeau-Béraudière, die schon mehrfach in den Handel mit gefälschten Beltracchi-Ernsts verwickelt war, und bietet es im März 2005 auf der European Fine Art Fair in Maastricht an. Dort findet sich ein Käufer, der das Gemälde aber nach drei Monaten an die Galerie zurückgibt. Der Mann habe es »zu dunkel« gefunden und »nicht lesen« können, begründet er den Schritt gegenüber Jacques de la Béraudière. Eigentlich ist ein Gemälde damit für den Kunstmarkt zunächst einmal für eine längere Zeit verbrannt. Es war öffentlich angeboten worden, und Marktinsider wissen, dass es verkauft worden war. Taucht es dann innerhalb kürzerer Zeit doch wieder am Kunstmarkt auf, gehen Händler in der Regel davon aus, dass der Kunde entweder nicht bezahlen konnte oder aber mit dem Bild etwas nicht stimmt. In jedem Fall aber ist durch die Rücknahme und das erneute Anbieten der Preis gesunken.

Genau zu jenem Zeitpunkt kommt deshalb eine Leihanfrage von Werner Spies gelegen, der das Bild für echt erklärt hatte und an seiner Vermarktung beteiligt war. Dass er dafür sogar eine erhebliche Summe Geld kassierte, ahnten Nicht-Insider zu diesem Zeitpunkt noch nicht.

Aufwertung in Brühl

Werner Spies bittet darum, das große Forêt-Gemälde als Leihgabe für das Max Ernst Museum in Brühl zu bekommen. Er war an der Gründung des Hauses in der Geburtsstadt des Künstlers beteiligt und hat nun einen Beratervertrag, der auch das Kuratieren von Ausstellungen einschließt. Von Frühjahr bis Sommer 2006 lässt der Kunsthistoriker das Bild mehrere Monate lang im Großen Saal des kurz zuvor eröffneten Museums zeigen. Leihgeberin ist die Galerie Cazeau-Béraudière. »Das ist eine gute Werbung«, begründet Galerist Philippe Béraudière später die vermeintliche Großzügigkeit, »speziell für uns.«

Einen Monat nach dem Abtransport aus Brühl bietet das Unternehmen das durch die Museumshängung nobilitierte Bild dann ab 15. September auf der Biennale des Antiquaires im Grand Palais in Paris für sechs Millionen Euro zum Kauf an. Zunächst findet es keinen Käufer. Noch im selben Monat erwirbt es dann aber über die Firma Hanna Graham Associates, Inc. in Nassau auf den Bahamas und deren Genfer Tochtergesellschaft Diva Fine Arts S.A. der New Yorker Verleger und Sammler Daniel Filipacchi für sieben Millionen Dollar.

In Paris freut man sich offenbar über die satte Gewinnsteigerung. Wenige Wochen nach dem Verkauf schenken die Galeristen Jacques de la Béraudière und Philippe Cazeau überraschend dem Max Ernst Museum ein kleines Mehrfachportrait auf hellem Grund, angeblich ein Selbstbildnis des Künstlers von 1934. Von einer »Hommage an Werner Spies« ist in Pressemitteilungen die Rede – »für seinen Einsatz und seine Verdienste um das Werk des Surrealisten«. Ob die generösen Pariser Kunsthändler dafür eine Spendenquittung erhalten, wird nicht bekannt gegeben. Und Museumsleiter Achim Sommer widerspricht vehement dem Verdacht, sein Haus könne dafür benutzt worden sein, Preise für Max-Ernst-Bilder durch deren museale Präsentation in die Höhe zu treiben.

Auch über die Pariser Galerie Hopkins-Custot kam mindestens eine von Spies für echt befundene Max-Ernst-Fälschung (»La Mer«) in Umlauf – deren Käufer sich bei der Galerie beschwerte, nachdem sich das Bild als Fälschung erwiesen hatte. Und auch sie erhält anschließend in Brühl Gelegenheit, auf sich aufmerksam zu machen. Im November 2010 werden dort auf Anregung von Werner Spies Arbeiten des französischen Künstlers Sam Szafran ausgestellt, den die Galerie Hopkins-Custot vertritt. Leihanfragen für diese Ausstellung wurden auch von Mitarbeitern des staatlich finanzierten Deutschen Forums für Kunstgeschichte in Paris gestellt, das eine von Werner Spies ins Leben gerufene Max-Ernst-Forschungsstelle unterhält. Im Vorwort zum Katalog wird den Galeristen Waring Hopkins und Stéphane Custot mehrfach für die Zusammenarbeit gedankt; bei verschiedenen Bildern werden sie zwar nicht auf den Wandschildern in der Ausstellung, aber im Katalog als Quelle der Leihgabe genannt. Seriöse Museen aber – und seien sie noch so klein – machen sich nicht zu Interessenvertretern von Kunsthändlern, sie sind kein Marktplatz.

Über Jahre hinweg arbeitet Werner Spies – angeblich, ohne sich dessen bewusst zu sein – dem Kunstfälscher Wolfgang Beltracchi und seinen Helfern in die Hände, indem er ein halbes Dutzend falscher Max-Ernst-Gemälde aus den angeblichen Sammlungen Werner Jägers und Wilhelm Knops für echt erklärt. Dass er dabei nicht sorgfältig gehandelt habe, weist Spies bis heute zurück. Und er dementiert zunächst auch, dass er für diese Expertisen außergewöhnlich hohe Beträge erhalten habe. Im Oktober 2010 berichtet die »Süddeutsche Zeitung« (SZ): »Erst später, nachdem Werner Spies die Gutachten erstellt hatte, hat Otto S.-K. ihn gefragt, ob er vielleicht einige der Max-Ernst-Arbeiten an Sammler vermitteln könne. Und das hat Spies dann auch getan. Von dem damaligen Kaufpreis hat er eine Vermittlungsprovision bekommen. Sie habe ausnahmslos im einstelligen Prozentbereich gelegen.« Das klingt nach nicht viel. Zu diesem Zeitpunkt liegen auch noch keine Gutachten vor, die Fälschungen belegen, und auch Werner Spies geht davon aus, dass er es mit Originalen zu tun hatte, wie die SZ berichtete: »›Für mich ist zunächst sekundär, was hinten draufklebt‹, sagt Werner Spies. Alle Bilder, die er begutachtet hat, hält er für Werke aus der Hand von Max Ernst, noch immer. Es seien ›autonome Schöpfungen‹. Es gebe ›keinen einzigen stilkritischen Hinweis‹ auf die Unechtheit eines dieser Bilder. Spies legt eine Kopie des Bildes ›La Forêt‹ auf den Tisch, fährt mit dem Finger die Linien nach. Sehen Sie nur, sagt er. Dann ›La Mer‹. Dann ›La Horde‹, das im Juni 2006 bei Christie's für 3,5 Millionen Pfund angeboten und im Nachverkauf von der deutschen Sammlung Würth erworben wurde. Spies sagt: ›Virtuos ist das, aus einem Guss, kein einziger Reuezug‹, keine Stelle also, an der der Künstler sich selbst korrigiert hätte.«

Ein halbes Jahr später ergeben die Ermittlungen und zusätzliche Untersuchungen dann aber eindeutige Hinweise auf Fälschungen. Als auch weitere Einzelheiten über Spies' Verflechtungen an die Öffentlichkeit kommen, muss er sich nun gegenüber der »Frankfurter Allgemeinen Zeitung« erklären, für die er seit Jahrzehnten als Kunstkritiker tätig ist. Nach einem Gespräch mit Redakteuren des Blattes erscheint dort am 15. Dezember 2010 ein Artikel mit der Überschrift »Am Pranger stehen die Falschen«. Darin heißt es unter anderem:

»Das hohe Renommee, das Spies, der von 1997 bis 2000 Direktor des Centre Pompidou in Paris war, weltweit als Kunsthistoriker genießt, machte ihn in dieser Causa schnell zur willkommenen Zielscheibe mancher, die durchaus ein Interesse daran haben mögen, von ihrer eigenen Verantwortlichkeit in der unguten Affäre notdürftig abzulenken durch den Hinweis auf sein – zunächst doch mutmaßliches – Fehlurteil: Wenn selbst ein Mann wie Spies irrt …, so der Tenor. Das nahm mitunter Züge vom notorischen Glashaus an, aus dem indes besser keiner mit Steinen wirft. Dabei war doch anstandshalber erst einmal abzuwarten, was die Analysen der Institute ergeben würden, die vom Berliner Landeskriminalamt damit beauftragt worden sind, die verdächtigen Gemälde wissenschaftlich zu untersuchen. Nach Informationen dieser Zeitung liegen jetzt erste Ergebnisse vor: Tatsächlich besagen sie, dass von den etwa sechs Bildern, die Werner Spies im Laufe von vier, fünf Jahren aus angeblichen Jägers-Beständen als Werke von Max Ernst vorgelegt wurden, die beiden, die analysiert wurden, Fälschungen sind. Spies, mit dieser Gewissheit konfrontiert, äußerte sich gegenüber dieser Zeitung dazu: In vierzigjähriger Arbeit habe er das verstreute Œuvre seines Freundes Max Ernst in einem Werkverzeichnis zusammengetragen, das inzwischen acht Bände umfasst. In dieser Zeit habe er allein an die vierhundert ihm angetragene Arbeiten als falsch zurückgewiesen, über die er auch ein Verzeichnis führe. (...) Endlich gibt es nach Informationen dieser Zeitung dafür, dass Werner Spies außer dem üblichen Honorar für seine Gutachten – über das er sich der ›Süddeutschen Zeitung‹ gegenüber schon vor einigen Wochen offen geäußert hat – noch Provisionen erhalten haben sollte, nach dem Stand der Ermittlungen keinerlei Hinweise. Unfeinen Unterstellungen ist also der Boden entzogen.«

Auch diese Darstellung hält nicht lange, als in weiteren Artikeln der Name von Werner Spies mit Geldzahlungen für Bilderverkäufe in Verbindung gebracht wird. Was er den FAZ-Redakteuren im ersten Gespräch als Grundlage für diese gedruckte Unschuldsvermutung erzählt hatte, konnte nicht der ganzen Wahrheit entsprochen haben. Deshalb gibt es ein zweites Gespräch und einen zweiten Artikel in der Frankfurter Allgemeinen Zeitung. Darin muss Spies im Juni 2011 einräumen, er habe für mindestens sechs der begutachteten und anschließend von Marc Blondeau verkauften Werke Geld erhalten – von dem befreundeten Kunsthändler, aber auch von Helene und Wolfgang Beltracchi selbst, gegen die inzwischen seit Monaten ermittelt wird und die seit zehn Monaten in Untersuchungshaft sitzen. In der FAZ wird zum ersten Mal auch wenigstens eine Teilsumme genannt:

»Dabei zahlte Blondeau eine Provision pro verkauftes Bild an Spies, deren Höhe Spies auf Nachfrage nicht kommentieren möchte. Zusätzlich zur Provision von Blondeau erhielt Spies eine weitere Provision für jedes verkaufte Bild, das er vermittelte, von den Beltracchis in einer Höhe von sieben bis acht Prozent des Verkaufserlöses – insgesamt allein von den Beltracchis vierhunderttausend Euro, zuzüglich einer unbekannten Summe von Blondeau.«

»Unüblich viel Geld«

Das sei »selbst für einen Spitzengutachter unüblich viel Geld«, kommentiert die Zeitung sehr ehrlich und nun ohne falsche Rücksichtnahme das Verhalten ihres langjährigen Autors, »und die Verquirlung von gutachterlicher Tätigkeit und üppiger Entlohnung für die Öffnung der Zugänge ins Kunstmarktsystem ist problematisch, auch wenn Spies besten Gewissens davon ausging, sensationelle Originale, und keine Fälschungen, auf den Markt zu bringen – und, wie er betont, über die Beteiligung am Erstverkauf hinaus nicht an den enormen Wertsteigerungen der angeblichen Meisterwerke bei den zahlreichen Weiterverkäufen beteiligt wurde.« Die Zeitung versucht zugleich eine Ehrenrettung des Mannes, der für das »Projekt Moderne« und die Akzeptanz moderner Kunst in Deutschland und Europa so viel getan hat: »Warum nimmt jemand wie Werner Spies Geld aus praktisch allen an diesem Handel irgendwie beteiligten Händen? Vielleicht, weil er, der über Jahrzehnte auch sein privates Geld und unendliche Zeit darauf verwand, das offizielle Werkverzeichnis zu Ernst zu erstellen und herauszugeben, es angemessen fand, dann wenigstens an der Vermittlung eines Ernst zu verdienen.«

Wie viel Werner Spies an den Beltracchi-Fälschungen tatsächlich verdient hat, lässt sich auch heute nur erahnen. Die

»Zeit« und der Deutschlandfunk konnten aber im Januar 2012 aus Bankunterlagen zu jenem Konto bei der Bank Crèdit Andorrà, über das Wolfgang Beltracchi die Einnahmen aus den Verkäufen seiner Fälschungen kassierte und von dem aus er auch die Honorare an den deutschen Kunsthistoriker überwies, wenigstens einige der Transaktionen rekonstruieren.

Am 1. Juli 2003 erwirbt der Kunsthändler Marc Blondeau mithilfe eines Zwischenfinanziers auf den Britischen Jungferninseln für 500 000 Euro das Gemälde »Vogel im Winterwald«. Drei Tage später überweist Beltracchi von seinem Konto Nr. 9C0982 bei der Crèdit Andorrà den Betrag von 40 181,04 Euro – fast genau acht Prozent des Kaufpreises – auf ein Konto mit der Bezeichnung »Imperia«. Gut anderthalb Jahre später, im November 2004, transferiert Beltracchi diesmal 136 565,04 Euro auf das Imperia-Konto. Knapp zwei Wochen vorher hat Marc Blondeau ein weiteres angebliches Max-Ernst-Gemälde für diesmal 1,7 Millionen Euro gekauft, nämlich das später in Brühl ausgestellte große Forêt-Bild. Wieder entspricht die Zahlung ziemlich genau acht Prozent des Gemäldepreises. Auf die Frage, ob dieses Konto ihm gehöre und die Beträge versteuert wurden, verweigerte Werner Spies auf Anfrage der Autoren zunächst eine Antwort. Später teilte sein Berliner Anwalt Peter Raue mit, das Konto Imperia sei bei einer Schweizer Bank geführt worden. Inzwischen existiere es aber nicht mehr: »Dahinter verbirgt sich keine Firma, in der Schweiz kann man einem Konto einen Namen geben.« Zur Frage, ob die auf diesem Konto eingegangenen Beträge versteuert worden seien, wollte sich Raue im Januar 2012 weder gegenüber der »Zeit« noch der »Süddeutschen Zeitung« äußern.

Es ist nicht das erste Mal, dass der habilitierte Kunsthistoriker Spies durch seine Expertisen juristische Probleme bekommen könnte. Das amerikanische Magazin ARTnews berichtete im Mai 2010, dass Werner Spies 2002 für eine Fotobestätigung zu einer Picasso-Bronze rund 100 000 Dollar gezahlt wurden. Am 19. Oktober 2004 zertifizierte auch der Künstlersohn

Claude Ruiz-Picasso die vermeintliche Echtheit. Die Plastik »Tête de Fernande«, die für sechs Millionen Dollar an den US-amerikanischen Verleger Samuel I. Newhouse verkauft worden war, stellte sich später allerdings als Surmoulage heraus – als Abguss von einem Abguss, als Kopie einer Kopie. Das Geld an Spies floss damals laut US-Gerichtsakten über einen Galeristen in New York. Dieser Galerist teilte gegenüber der »Zeit« mit, er dürfe sich zu dem Fall nicht mehr äußern: Die Geschichte sei sehr verwickelt und im Grunde unlogisch. »Aber wenn viel Geld im Spiel ist«, so der Galerist, »ist Logik nicht unbedingt das Wichtigste.«

Auch das angeblich von Campendonk gemalte Lasker-Schüler-Porträt, das Werner Spies bei der Hausbesichtigung in Mèze sah, findet schließlich einen Käufer. Marc Blondeau erwirbt auch dieses Bild – angeblich ohne das Wissen von Werner Spies, wie dieser zunächst gegenüber der FAZ behauptet. Offensichtlich hatte das Ehepaar Beltracchi den angeblichen Campendonk noch nicht für den Verkauf vorgesehen, denn er war der Werkverzeichnis-Autorin Andrea Firmenich noch nicht zur Expertise vorgelegt worden. Trotzdem verkauft man es über Otto Schulte-Kellinghaus im März 2005 für 590 000 Euro an den Pariser Händler, der es dann neun Monate später dem schwäbischen Unternehmer Reinhold Würth für 830 000 Euro weiterreicht. Dem Ankauf musste vorher der Kunstbeirat der Sammlung Würth zustimmen, und in diesem Gremium saß, wie die FAZ süffisant dokumentierte, »neben Peter-Klaus Schuster und anderen renommierten Kunsthistorikern Werner Spies – der, wie er jetzt auf Nachfrage dieser Zeitung einräumte, hierauf eine weitere Provisionszahlung der Beltracchis erhielt«. Als Andrea Firmenich unmittelbar danach endgültig von dem begründeten Fälschungsverdacht gegen mehrere Bilder mit der Jägers/Beltracchi-Provenienz erfährt, versucht sie an einem Samstag, dem 18. September 2010, die in der Sammlung Würth Verantwortlichen telefonisch zu erreichen. Sie will warnend auf die ihr inzwischen bekannten andere Werke aus der gleichen Quelle hinweisen, die unter Fälschungsverdacht stehen. Drei Tage zuvor aber war die »Landschaft mit Figuren und Vogel« bereits von der Polizei in Künzelsau beschlagnahmt worden.

Widersprüche

Fast sieben Jahre nach der ersten Begegnung bei der Bildbegutachtung in der Galerie Brusberg am Berliner Ku'damm kommt Werner Spies noch einmal auf die Provenienzgeschichten zurück, die ihm von Otto Schulte-Kellinghaus und Helene Beltracchi zu den angebotenen Max-Ernst-Gemälden erzählt worden waren. Er bittet beide, die Geschichte ihrer Bilder für ihn aufzuschreiben – als Vorbereitung für die offizielle Aufnahme ins Werkverzeichnis.

»Mein Großvater, mütterlicherseits, Schneidermeister aus Krefeld«, schreibt zunächst Otto Schulte-Kellinghaus am 18. Dezember 2006 handschriftlich (siehe Bildteil) an den »lieben Herrn Werner Spies, ... hatte jüdische Bekannte und kaufte viele Bilder bei Flechtheim. Die Sammlung besteht aus rheinischen Expressionisten Helmut (sic) Macke, Nauen, Campendonk und Max Ernst sowie französischer Malerei wie André Lhote, Othon Friesz, Marcoussis, Laurencin, Herbin, Dufy, Derain und Metzinger. Ich erhielt nach dem Tod meiner Eltern Anfang der 80er-Jahre Pakete mit den Bildern.«

14 Tage später erhält Werner Spies auch einen Brief von Helene Beltracchi aus Mèze. »Hiermit möchte ich Ihre Frage nach der Herkunft meiner Bilder beantworten«, schreibt sie ihm. »In meinem Besitz befinden sich unter Anderen (sic) Bilder aus der Vorkriegszeit. Es handelt sich um Rheinische Expressionisten wie Campendonk, Pechstein, Nauen, Mense, Ernst und franzö-

sische Maler wie Braque, Derrain (sic), Dufy, Marcoussis, Friez (sic), Loth (sic) und andere. Diese Bilder sind den jeweiligen Experten bekannt.

Die Gemälde wurden von meinem Großvater mütterlicherseits, Werner Jägers, Ende der 20iger und Anfang der 30iger erworben. Er war mit Alfred Flechtheim gut bekannt, der Ausstellungsräume in der Nähe eines der großväterlichen Geschäftsgebäude besaß. Dort erstand er einige wichtige Werke für seine Sammlung. Andere Bilder brachte er von seinen Paris-Reisen mit nach Deutschland. Da während des Nationalsozialismus ein Grosteil (sic) seiner Sammlung als ›Entartete Kunst‹ für die Großmutter nicht mehr präsentierbar war, der Großvater sich aber nicht davon trennen wollte, wurden die Bilder auf ein Anwesen in der Eifel untergebracht (sic). Dort wurden auch Kunstwerke aus dem Besitz anderer Familienangehöriger, welche in die Vereinigten Staaten auswanderten, gelagert.

Die Ehe der Großeltern überstand die NS-Zeit nicht und wurde 1947 endgültig geschieden. Alle Kunstwerke blieben im Besitz des Großvaters. Einige Jahre vor seinem Tot (sic) übergab der Großvater einen Teil seiner Sammlung an mich und meine Schwester. Alle diese Werke befanden sich immer im Familienbesitz.

Ich möchte darauf hinweisen, dass keines der Bilder auf illegale Weise in die Sammlung gelangten (sic), sie stammen weder aus jüdischem Besitz, noch sind sie mit Hilfe nationalsozialistischer Machenschaften in den Besitz der Familie gelangt.«

Zwei bis auf die Namen fast identische Provenienzgeschichten erreichen Werner Spies im Abstand von nur wenigen Tagen. Beide beziehen sich auf die gleichen Künstler, von beiden Sammlungen hat er aber zuvor noch nie etwas gehört. Unterschiedlich sind nur die Namen der beiden Männer, die sie zusammengetragen haben sollen. Und trotzdem erregt selbst diese Ansammlung von Zufällen nicht das Misstrauen des erfahrenen Experten. Sie werfen zu diesem Zeitpunkt für ihn noch nicht einmal Fragen auf. Erst spät gesteht er sich und der Öffentlichkeit ein, dass er auf die Fälscherbande hereingefallen ist.

Der Skandal um die gefälschten Bilder aus den erfundenen Sammlungen Werner Jägers und Wilhelm Knops ist für Werner Spies eine Tragödie. Der Papst der Max-Ernst-Forschung hat sich als fehlbar erwiesen. Er hat sich auf sein vermeintlich gutes Auge und auf seinen jahrzehntelang geschulten Instinkt verlassen – und mindestens sieben Mal versagt. Die Verdienste des Kunsthistorikers Werner Spies um die Vermittlung und Interpretation der Moderne bleiben unbestritten. Sein Ruf als Experte aber ist beschädigt – auch wenn ihm niemand unterstellt, er habe die Fälschungen absichtlich nicht erkannt. Dafür gibt es keinen Beweis.

Vor allem aber – und das ist neben der fachlichen die menschliche Seite der Tragödie – sind es zu einem großen Teil langjährige Bekannte und Freunde von Werner Spies und einige der diskretesten und reichsten europäischen Privatsammler, die durch seine falschen Expertisen um hohe Summen geschädigt werden: Richard Feigen, einer der angesehensten Galeristen der New Yorker Kunstwelt. Willem Cordia, dessen Sammlung Weltrang hat. Louis Reijtenbagh, der inzwischen gegen Spies in Nanterre klagt. Jérôme Seydoux, der die Max-Ernst-Forschungsstelle und das dort geführte Werkverzeichnis am Deutschen Forum für Kunstgeschichte in Paris ebenso fördert wie Daniel Filipacchi und Reinhold Würth. Dem Kunstbeirat der Sammlung Würth sitzt Werner Spies inzwischen nicht mehr vor. Ohne dass es darüber eine offizielle Mitteilung gab, hat Christoph Becker, der Direktor des Kunsthauses Zürich, den Posten übernommen. Bislang ungeklärt ist auch die Herkunft von fünf weiteren Max-Ernst-Gemälden in der Sammlung Würth, die in den vergangenen Jahren angekauft wurden – angeblich ohne Beteiligung des Ernst-Experten Spies. Irgendwie muss es auch so gelungen sein, marktfrische unbekannte Bilder zu finden, die bislang nicht im Werkverzeichnis gelistet waren und aus allen Schaffensphasen zwischen 1925 und 1973 stammen. Über die Herkunft dieser zum Teil sehr flach gemalten Werke und die Frage, ob sie ins Werkverzeichnis aufgenommen werden und wer die Echtheit bescheinigte, wollen weder die Sammlung Würth noch Werner Spies Angaben machen. »Es ist allerdings schon merkwürdig«, kommentiert ein deutscher Museumsdirektor, »wie viele unbekannte Ernst-Bilder auf einmal überall auftauchen.«

Unverständlich bleibt auch, was für eine unbeteiligte Öffentlichkeit wie mehrfache Versuche wirken muss, den durch seine Fehlurteile verursachten materiellen Schaden durch merkwürdige Angebote wiedergutzumachen. Die Möglichkeit der Selbstdarstellung für Galeristen im Max Ernst Museum in Brühl zum Beispiel. Oder die Anträge auf finanzielle Unterstützung eines Ankaufs für dieses Museum, die 2010 bei der Kulturstiftung der Länder in Berlin und bei der Kunststiftung des Landes Nordrhein-Westfalen in Düsseldorf eingingen. Erworben werden sollte ein Gemälde von Max Ernst mit dem Titel »Surrealisme«: große gelbe und rote Farbflächen, die der Künstler auf Holz gemalt hatte, darüber das Wort »Surrealisme«. An der Echtheit des Bildes gab es diesmal keinen Zweifel. Der Preis von einer bis 1,2 Millionen Euro allerdings erschien den Stiftungen für dieses Bild, bei dem es sich um die Vergrößerung eines ursprünglichen Plakatmotivs handelte, deutlich zu hoch.

Werner Spies habe das Bild gefunden, hieß es nach Informationen aus einer der beteiligten Stiftungen zu dem Förderantrag. Und der Max-Ernst-Experte habe auch den geforderten Preis als angemessen bezeichnet. Auch der Name des Verkäufers sei genannt worden, an den der Millionenbetrag zu zahlen gewesen wäre: Es handelte sich um den New Yorker Verleger Daniel Filipacchi, der vier Jahre zuvor für das gefälschte große Forêt-Gemälde sieben Millionen Dollar bezahlt hatte – auf der Grundlage einer Expertise von Werner Spies, der nun vorschlug, dem getäuschten Sammler ein Bild abzukaufen. Als die Stiftungen den geforderten Preis als zu hoch ablehnten, wurde der Förderantrag wieder zurückgezogen.

8
Internationale Dimensionen

Dazu, dass es im August 2010 schließlich zur Verhaftung des Ehepaars Beltracchi und von Jeanette S. und später auch von Otto Schulte-Kellinghaus kam, haben eine Reihe von Ermittlern beigetragen – in privatem wie in öffentlichem Auftrag. Es brauchte allerdings einige Zeit, bis den verschiedenen Mitspielern überhaupt klar wurde, dass sie am selben Puzzle arbeiteten und die vielen über Monate gesammelten Einzelteilchen tatsächlich alle zum selben Bild gehörten. Da ist der Kunsthistoriker Ralph Jentsch in Rom, der schon im Oktober 2008 als Erster hellsichtig seine Zweifel an den merkwürdigen Galerie- und Sammlungsaufklebern auf der Rückseite des »Roten Bildes mit Pferden« mit Campendonk-Signatur geäußert hatte. Sie blieben zunächst folgenlos – auch er selbst beschäftigt sich nicht weiter damit. Erst Anfang 2010 beginnt Jentsch, systematisch nach weiteren Werken mit verräterischen Aufklebern und unklarer Herkunft zu suchen, in Datenbanken zu recherchieren und mit Händlern, Sammlern und Auktionshäusern zu sprechen. Und er soll nicht der Einzige bleiben. Da ist seine Berliner Kollegin Aya Soika, die damals noch am inzwischen erschienenen Werkverzeichnis der Gemälde des deutschen Expressionisten Max Pechstein arbeitet. Auch sie weiß im Frühjahr 2010, dass mit der angeblichen Sammlung Jägers etwas nicht in Ordnung sein kann. Im Herbst 2008 war die Kunsthistorikerin vom Kölner Auktionshaus Lempertz um eine Echtheitsbestätigung für das angebliche Pechstein-Gemälde mit der Seine-Brücke gebeten worden und hatte die Anfrage an die Enkel des Malers weiter geleitet. Was folgte, waren unschöne Brief- und E-Mail-wechsel mit dem Kunsthaus, in denen Angaben über die Herkunft des Werks gemacht wurden, die sich später als falsch erweisen sollten. Im März 2010 informiert Ralph Jentsch dann Aya Soika über seine bisherigen Erkenntnisse. Er hat bei seinen Recherchen inzwischen herausgefunden, dass seit spätestens Mitte der 90er-Jahre verschiedene Werke mit dem ominösen Flechtheim-Aufkleber am Kunstmarkt aufgetaucht waren, die alle nicht sehr überzeugend wirkten.

Bei Jentsch war damals längst die Erkenntnis gereift, dass es sich nicht um Einzelfälle handeln kann. Hier waren offenbar ein oder mehrere Täter am Werk, die ganz gezielt gefälschte Bilder mit immer derselben, möglicherweise ebenfalls gefälschten Herkunftsangabe unter die Sammler und Investoren gebracht und dafür viel Geld kassiert haben. Jentsch hat inzwischen Kontakt zu zahlreichen anderen Kunstexperten in internationalen Galerien und Auktionshäusern aufgenommen und von diesen Kollegen, die ihm als anerkanntem Experten für das Werk von George Grosz vertrauen, erfahren, dass auch sie Bilder mit dem Flechtheim-Aufkleber und anderen Etiketten (siehe Bildteil) gesehen haben. Er hat sich im Wilhelm-Lehmbruck-Museum in Duisburg das »Portrait Alfred Flechtheim« von Louis Marcoussis zeigen lassen, das ihn wegen des Motivs interessierte, dessen im Internet gegebene Provenienzangaben und stilistische Ausführung bei ihm aber Fragen aufwarfen. Auf der Rückseite entdeckt er das fragwürdige Flechtheim-Label. Der »Fall Jägers«, wie Jentsch die Ereignisse für sich selbst fortan nennt, hat eine internationale Dimension bekommen.

Und Jentsch kann auch aus stilistischen Gründen inzwischen eine Reihe weiterer Bilder benennen, die mit hoher Wahrscheinlichkeit den noch immer unbekannten Fälschern zuzuordnen sind. »Diese Fälschungen«, wird er später in einem Interview mit dem Deutschlandfunk sagen, »sind eigentlich alle so gemacht, wie ein Künstler eben nicht arbeitet. Ein Künstler entwickelt ein Bild und malt daran. Der Fälscher dieser Arbeiten hingegen hat seine Bilder wie jemand gemalt, der einen Weihnachtsbaum dekoriert. So ungefähr: Da fehlt noch ne Kerze und da noch ein bisschen Lametta, und da kann man noch ne Kugel hinhängen. So sind diese Fälschungen aufgebaut – Campendonk wie Derain wie Léger.«

Diskrete Gesellschaft

Dass so viele Kollegen – darunter auch der Forschungsdirektor eines großen internationalen Auktionshauses – Jentsch ihre Informationen geben, verdankt sich seiner ausgezeichneten Vernetzung und dem guten Ruf, den er in der Branche hat. Und trotzdem gleicht es doch auch einem Wunder.

Gegen die in Jahrhunderten eingeübte und immer vehement verteidigte Diskretion im internationalen Kunsthandel ist das Schweizer Bankgeheimnis ein löchriger Käse. Kein Detektiv, kein Journalist und kein Sammler würde es unter normalen Umständen jemals schaffen, einem Galeristen den Namen eines Verkäufers oder Käufers zu entlocken. Ihre Bezugsquellen schützen Händler und Auktionatoren schon aus einem einzigen, völlig banalen Grund: Sie wollen der Konkurrenz nicht einmal den Hauch eines Anhaltspunktes dafür geben, woher sie selbst ihre marktfrischen Werke erhalten. Sollte bekannt werden, dass sich ein Großsammler X oder eine Investorin Y von ihrer Kollektion trennen wollte, würde augenblicklich ein erbitterter Kampf um deren Vermarktung beginnen – schließlich sind im Kunsthandel für tatsächliche (oder, wie der Fall Beltracchi zeigt, auch nur vermeintliche) Top-Werke Gewinnmargen von mehreren Hundert Prozent üblich, von denen andere Branchen nur träumen können. Um die ganz wichtigen Bilder zu bekommen, sind vor allem die Auktionshäuser dabei sogar bereit, auf diese satten Einkünfte aus den Provisionen der Einlieferer zu verzichten – aus Prestigegründen. Der Käufer einer der wertvolleren Beltracchi-Fälschungen kann davon berichten, was für ein Angebot ihm für ein echtes Bild gemacht wurde.

Er erhielt in seinem Wohnhaus Besuch einer Delegation eines großen Londoner Auktionshauses. Die Experten waren eigentlich gekommen, um sich ein ganz anderes Bild anzusehen, über dessen Verkauf der Sammler nachdachte. An einer Wand des geräumigen Wohnzimmers entdeckten sie dann aber das großformatige Bildnis einer Orientalin von Kees van Dongen. Weil die Händler wussten, dass es für dieses Gemälde auf jeden Fall einen Käufer geben würde und dass genau solch ein Bild in der bevorstehenden nächsten Auktion noch fehlte, überredete man den Besitzer zu folgendem Deal: Er sollte nicht nur den Verkaufserlös des Gemäldes erhalten; dazu würde das Auktionshaus auf die sonst übliche Gebühr von zehn bis 15 Prozent verzichten, die ein Verkäufer üblicherweise als Kommissionsgebühr nach einer Auktion zu zahlen hat.

Und man war sogar bereit, von der Gebühr, die der Käufer ebenfalls an das Unternehmen zu zahlen haben würde, noch einmal drei Prozent an den Verkäufer zu überweisen. Der Sammler sagte zu. Das Auktionshaus schmückte mit der Orientalin den Titel des Auktionskatalogs, schickte das Bild vor seiner Versteigerung für Vorbesichtigungen rund um die Welt und erreichte auf diese Weise bei seinen Kunden eine enorme Aufmerksamkeit. Und tatsächlich erzielte das Van-Dongen-Gemälde, in dessen Qualität seit Jahren nichts Vergleichbares auf den Markt gekommen war, einen neuen Rekordpreis für diesen Künstler. Dafür verzichtete das Unternehmen zwar auf einen Teil des Erlöses. Anders aber wäre es wahrscheinlich nicht gelungen, den Sammler zum Verkauf zu überreden.

Schwarzes Geld für bunte Bilder

Ein enormes Interesse an Diskretion im Kunsthandel haben aber auch die Käufer. Dabei spielen zum einen berechtigte Sicherheitsinteressen eine Rolle. Wer ein Werk noch aus Liebe zur Kunst – und nicht als Investmentobjekt – kauft, möchte damit auch in den eigenen vier Wänden leben. Kunst aber ist in den vergangenen Jahrzehnten auch Objekt des Begehrens internationaler Krimineller geworden. Dabei gibt es einen Zusammenhang zwischen dem Aufstieg des internationalen Kunstmarktes und dem des professionellen Kunstdiebstahls.

Dass seit dem Marktboom Ende der 1980er-Jahre mit Rekordpreisen jenseits der magischen 100-Millionen-Dollar-Grenze die Zahl der professionell ausgeführten Kunstdiebstähle kontinuierlich anstieg, hat auch geopolitische Gründe. Seit dem Fall des »Eisernen Vorhangs« nach 1989 spielen professionell organisierte Banden vor allem aus Osteuropa eine immer größere Rolle. Kunstwerke dienen dort seither dem organisierten Verbrechen als Zahlungsmittel oder als Instrument zur Geldwäsche. Wer groß in den europäischen Drogenhandel einsteigen will, kann das dafür notwendige Heroin in der Türkei inzwischen durchaus auch mit einem Porträt von Gabriel Metsu bezahlen – so tatsächlich geschehen: Das Bild stammte aus einem der vier Einbrüche in die »Beit Collection« im irischen Landsitz Russborough House. Oder ein Vermeer-Bild dient, auch diesen Fall hat es gegeben, als Absicherung eines Kredites, der benötigt wurde, um Anteile an einer Briefkastenbank in St. Johns auf der Karibikinsel Antigua zu erwerben. Über diese Bank sollten dann Beutegelder aus anderen Verbrechen gewaschen werden.

Das Interesse an größtmöglicher Diskretion im internationalen Kunsthandel haben viele Sammler aber auch ohne diese kriminelle Bedrohung von außen. Traditionell spielen nämlich in dieser Branche Schwarzgeld und Geldwäsche eine nicht unerhebliche Rolle. Verstärkt wurde dies ab 2009 maßgeblich durch das auf massiven Druck von außen veränderte Verhalten vor allem von Großbanken in der Schweiz. Die Großbanken dieses Landes hatten sich nach Ende des Zweiten Weltkriegs verstärkt zu Geldparkplätzen jener Großverdiener aus aller Welt entwickelt, die ihr Vermögen vor dem Zugriff der Steuerbehörden des eigenen Landes schützen wollten. Zu ihnen zählten nicht allein Diktatoren und Anti-Demokraten wie Jean-Claude Duvalier (Haiti), Ferdinand Marcos (Philippinen), Muhammad Husni Mubarak (Ägypten), Charles Taylor (Liberia), Baschas Hafiz al-Assad (Syrien) oder Muammar Muhammad Abdassalam Abu Minyar al-Gaddafi (Libyen). Auch Unternehmer aus aller Welt nutzten das Schweizer Bankgeheimnis für ihre Zwecke – darunter prominente wie unbekannte Kunstsammler.

Im März 2009 hatte die Bundesregierung in Bern dann aber auf Druck der Organisation für wirtschaftliche Zusammenarbeit und Entwicklung (OECD) und der G-20-Staaten eine erweiterte Amtshilfe bei Steuerdelikten beschlossen. Die US-Finanzbehörden hatten Schweizer Großbanken damit gedroht, deren amerikanische Filialen zu schließen, falls sie nicht bei der Suche nach Steuerhinterziehern kooperieren würden. Nach der erzwungenen Bereitschaft der Schweiz kündigten innerhalb kürzester Zeit auch Österreich, Luxemburg, Liechtenstein, Monaco und die Kanalinseln an, sich entsprechend zu verhalten. Fast zeitgleich kam die Wirtschaftskrise. Im April 2009 schätzte der Internationale Währungsfonds (IWF) die Summe aller Verluste, die weltweit durch die globale Banken-, Finanz- und Wirtschaftskrise entstanden waren, auf vier Billionen US-Dollar.

Ein New Yorker Großgalerist bestätigte damals, dass sich viele US-Amerikaner durch beide Ereignisse regelrecht dazu gezwungen gesehen hätten, innerhalb kürzester Zeit enorm viel Geld in Europa auszugeben. Am Rande der jedes Jahr ebenfalls im Frühjahr in Maastricht stattfindenden »European Fine Art Fair« (TEFAF) bestätigten mehrere andere führende New Yorker Kunsthändler, dass der Grund dafür weder psychologischer noch ästhetischer Natur war, wie damals zahlreiche Marktbeobachter behaupteten – sondern in der Angst vor systematischen Bankkontrollen in der Schweiz und im Wegbrechen krisensicherer Anlageformen begründet lagen.

Der Kunstmarkt garantierte noch immer mehr als stabile Preise. Trotz weltweiter Krise und Bankenpleiten schloss die TEFAF in jenem Jahr mit einem Rekordergebnis. Schon als im Februar 2009, acht Monate nach dem Tod von Yves Saint-Laurent, in Paris drei Tage lang 733 Kunstwerke aus der Sammlung des Modeschöpfers und seines Lebensgefährten Pierre Bergé versteigert wurden, überboten sich die internationalen Sammler und trieben im Pariser Grand Palais Bild nach Bild in unerwartete Preisregionen. Ein 1911 entstandenes Blumenstillleben von Henri Matisse erzielte 32,1 Millionen Euro, den bis dahin höchsten Preis, der jemals für ein Werk des Franzosen gezahlt worden war. Für eine nicht gegenständliche »Komposition mit Blau, Rot, Gelb und Schwarz« von Piet Mondrian zahlte ein unbekannter Käufer 19,2 Millionen Euro. Trotz globaler Wirtschaftskrise war in der Presse von einer »Jahrhundertauktion« die Rede. Der Gesamterlös von rund 375 Millionen Euro war damals der höchste jemals für eine Privatsammlung in Europa erzielte Preis. Er floss an eine von Saint-Laurent und Bergé gegründete Aids-Initiative und an eine Stiftung für den Erhalt des Œuvres des Modeschöpfers.

Campendonk in Hollywood

Durch die gemeinsamen Recherchen von haupt- und ehrenamtlichen Ermittlern tauchen auch in den Wochen und Monaten nach der Inhaftierung der Hauptverdächtigen immer mehr potenzielle Fälschungen aus der angeblichen Sammlung Jägers auf. Ralph Jentsch ist inzwischen unter anderem auf eine »Südliche Landschaft« von Hans Purrmann, ebenfalls auf den »Radfahrer« von Metzinger und auf die beiden bei Lempertz versteigerten Pechstein-Gemälde gestoßen, auf die er bereits Aya Soika aufmerksam gemacht hat. Er findet Gemälde von Heinrich Nauen und Carlo Mense, für die die Bonner Kunsthistorikerin Klara Drenker-Nagels Expertisen ausgestellt hat, und weitere von Heinrich Campendonk, die Andrea Firmenich expertisiert hat. Eines von ihnen landet zwischenzeitlich sogar im Wohnzimmer von Hollywood-Star Steve Martin. Die 45 mal 45 Zentimeter große »Landschaft mit Pferden«, angeblich 1915 gemalt, hatte der Schauspieler im Juli 2004 für umgerechnet 700 000 Euro in der Galerie Cazeau-Béraudière in Paris gekauft. Schon nach anderthalb Jahren trennt er sich wieder von dem Bild mit Flechtheim- und Schames-Etiketten. Er lässt es bei Christie's einliefern und am 6. Februar 2006 versteigern. Bei der Auktion in London kauft eine Schweizer Galerie das Bild für umgerechnet nur rund 500 000 Euro. Steve Martin scheint dieser Betrag zu genügen, sonst hätte er mit dem Auktionshaus ein höheres Limit vereinbart. Über die Gründe für den relativ schnellen Verkauf, bei dem er ein Minus von fast 200 000 Euro machte, wollen der Schauspieler und sein Management keine Aussage machen.

Auch über ein angebliches Derain-Gemälde, das den Malerkollegen Henri Matisse an der Staffelei zeigt und das nach einer Zeichnung kopiert wurde, die sich heute im Metropolitan Museum of Art befindet (siehe Bildteil), erfahren die Ermittler aufschlussreiche Details. Sie geben tiefen Einblick in die Mechanismen des Kunstmarktes. Ursprünglich hatte die Beltracchi-Bande das Gemälde im Februar 2005 zum Weiterverkauf an den Kunsthändler Marc Blondeau übergeben. Man kannte sich vom Besuch des Galeristen ein knappes Jahr zuvor auf der »Domaine des Rivettes« in Mèze, und Blondeau hatte sich als zuverlässiger und gewinnbringender Partner beim Verkauf der gefälschten Max-Ernst-Bilder erwiesen. Diesmal aber scheitert er. Ein Käufer, der bereit wäre, die von den Beltracchis als Minimum geforderte eine Million Dollar zu bezahlen, lässt sich nicht finden. Deshalb wendet man sich erneut an den langjährigen zuverlässigen Helfer Jean-François Aittouarès, der das Bild im Zollfreilager Genf seinem Londoner Kollegen James Roundell von der angesehenen Londoner Galerie Dickinson präsentiert. Der hochgewachsene Brite mit dem akkuraten Seitenscheitel ist nicht nur bereit, eine Million zu bezahlen; er überweist schließlich drei – und verkaufte das Bild wenige Wochen später für mehr als das Doppelte, 6,5 Millionen Dollar weiter an die Familienstiftung des Bohrmaschinenproduzenten Martin Hilti in Liechtenstein. Roundell saß damals auch in dem Beirat der Hilti-Collection, der in Ankaufsfragen berät. Für den Verkauf des Derain hatte er 2,2 Millionen Euro als Provision für sich aufgeschlagen. Inzwischen wurde er aufgefordert, das Gremium zu verlassen.

»Lupenreine« Berglandschaft

Zu den Letzten, die noch auf eine mutmaßliche Beltracchi-Fälschung hereinfallen, als der Fälschungsskandal schon längst die Medien erreicht hat und die Betrüger bereits seit Monaten in Untersuchungshaft sitzen, zählt die Fritz-Behrens-Stiftung mit Sitz in Hannover. Sie übergibt im Januar 2011 das vermeintliche Heinrich-Campendonk-Gemälde »Katze in Berglandschaft« als Leihgabe an das dortige Sprengel-Museum. Museumsdirektor Ulrich Krempel war an Auswahl und Ankauf beteiligt und drückte den Preis von über zwei auf eine Million Euro. Dafür lobte ihn Stiftungsgeschäftsführer Matthias Fontaine bei der Übergabe und attestierte »kaufmännisches Geschick«. Man wisse um die Probleme mit Campendonk und der Sammlung Jägers, hatten beide bei der Präsentation ihrer

Neuerwerbung selbstsicher betont. Deshalb habe man geprüft: Die Provenienz des Bildes sei »lupenrein«.

Sehr weit kann die Prüfung nicht gegangen sein. Zwar gab es keine äußeren Anzeichen, die auf eine Fälschung hindeuteten. Anders als die unter den Jägers-Fälschungen auffallend zahlreich vertretenen anderen Campendonk-Werke weist das Hannoveraner Bild weder eine französische Rahmung noch die gefälschten Etiketten angesehener Galerien der 1910er-Jahre auf. Und es hatte unter der Nummer 439 auch Eingang ins 1989 erschienene Campendonk-Werkverzeichnis gefunden. Doch die Behrens-Stiftung hatte das Gemälde vom angesehenen Münchner Galeristen Raimund Thomas erworben, der bestätigt, dass er das Bild »Anfang der 90er-Jahre, vielleicht 1993« in der Leonard Hutton Gallery in New York erworben hatte: »Bei einer so seriösen Adresse geht man natürlich davon aus, dass der Sorgfaltspflicht Genüge getan wurde.« Eine Anfrage bei Ingrid Hutton in New York hätte aber auch das Sprengel-Museum alarmieren können: »Wir haben das Kunstwerk 1986 von Otto Schulte-Kellinghaus erworben«, bestätigt die Galeristin auf Anfrage und nennt neben dem Preis – 25 000 Dollar – zwei weitere Werke, die sie für jeweils 12 000 Dollar von dem Deutschen übernommen hat: eine »Landschaft« (46,5 × 32 cm) von Wladimir Bechtejew und eine »Landschaft bei Orbroich« (50 × 64,5 cm) von Helmuth Macke. Schulte-Kellinghaus aber ist einer jener vier, die zum Zeitpunkt der »lupenreinen« Bildpräsentation bereits in Untersuchungshaft sitzen und deren Namen durch die Medien gehen, als man in Hannover stolz den vermeintlichen Campendonk präsentiert.

In einem kleinen Ausstellungskatalog der Londoner Galerie »CDR Fine Art Limited« mit dem Titel »German Expressionism« finden die Ermittler weitere fragwürdige Werke. Von November bis Dezember 1986 hatte der deutsche Galerist Claus Runkel 64 Gemälde, Zeichnungen, Plastiken und Druckgrafiken ausgestellt – darunter auch zwei Bilder von Heinrich Campendonk: »Rote Kuh vor Häusern« und »Gelber Akt mit Reh in Berglandschaft«. Die »Rote Kuh« findet über zwei Auktionen bei Christie's in London 1987 und 2006 und über einen Zwischenfinanzierer in Taiwan schließlich in eine belgische Privatsammlung. Den »Gelben Akt« erwarb dem Vernehmen nach über eine Galerie in Essen ein deutscher Sammler. Das Kuh-Bild wurde 2007 im Stadtmuseum von Penzberg gezeigt. Beide gelten heute als mögliche Werke von Wolfgang Fischer-Beltracchi.

Natürlich sind gerade diese frühen Fälle längst strafrechtlich verjährt – bei einfachem Betrug schon nach fünf, bei schwerem, bandenmäßigem Betrug nach zehn Jahren. Trotzdem interessieren sich die Ermittler auch für diese Bilder, weil sie ihnen einen Eindruck davon vermitteln, wie lang schon und mit welch hoher krimineller Energie die in Untersuchungshaft sitzenden Verdächtigen hohe Summen ergaunert haben. Im Kölner Prozess im Herbst 2011 werden all diese Recherchen kaum zur Kenntnis genommen werden. Auf das Urteil haben sie wenig Auswirkung.

Bilderlisten und Negative

Weitere Hinweise auf jüngere wie auf ältere Fälschungen finden sich bei den Durchsuchungen der Beltracchi-Wohnung in Andorra und den beiden Anwesen in Freiburg und in Mèze in Südfrankreich – dort allerdings mit einiger Verspätung erst im September 2010, weil es den deutschen Kunstfahndern ja nicht gelang, die französische Justiz während der dortigen Gerichtsferien zur Ausstellung des notwendigen richterlichen Durchsuchungsbeschlusses zu bewegen. In Mèze findet die Polizei unter anderem Fotonegative, auf denen bislang unbekannte Gemälde wie ein kubistisches Stillleben, angeblich von Henri Hayden, und eine Baumlandschaft in Giverny, angeblich von

Theodore Earl Butler, zu sehen sind. Letzteres steht auf dem Foto auf einer geöffneten Weißweinkiste und lehnt gegen eine unverputzte Ziegelwand.

Auf einem der sichergestellten Computer aus der Villa in Freiburg können Experten die Stichworte rekonstruieren, nach denen über die Internet-Suchmaschine Google gesucht worden war. Darunter finden sich auch eine Reihe von Künstlernamen. Und im Apartment in Andorra la Vella liegt in einem Schrank, was später intern als die »Andorra-Liste (siehe Anhang)« zitiert werden wird: ein dreiseitiger, handschriftlich ergänzter Computerausdruck mit insgesamt 47 Werken – die Nr. 37 fehlt – sowie deren technischen Daten und jenen Orten, an denen Beltracchi sie gekauft haben will. Das Dokument trägt in der Handschrift von Wolfgang Beltracchi die Bezeichnung »Beltracchi«, das Datum 20.03.95 und den Hinweis »Aufbewahrungsort: Wohnung, Leihgaben bei Bekannten, Westfalenbank Düsseldorf«. Recherchen zufolge sollte die Aufstellung der Absicherung eines Darlehens bei der Westfalenbank in Düsseldorf dienen. Eine anhängende vierte Seite enthält die Gegenüberstellung der summierten angeblichen Ankaufspreise (DM 157 117) mit den angeblichen Verkaufswerten im Jahr 1994 (DM 1 589 000).

Einige der Bilder wurden nachweislich von Wolfgang Beltracchi und seinen Helfern als aus den Sammlungen Jägers oder Knops stammend angeboten und verkauft. Bei ihnen stimmt die in der Liste angegebene Herkunft also zweifelsfrei nicht: So gibt das Papier etwa für das angeblich 1946 entstandene »Stilleben« von Oskar Moll an, es sei 1976 im »Antikhandel Berlin« für 3500 Mark gekauft worden. 24 Jahre später stellt es Otto Schulte-Kellinghaus aber der Expertin Dorothea Salzmann als Werk aus der Sammlung seines Großvaters Wilhelm Knops vor. Für Werke von Moise Kisling, Raoul Dufy, Henri Edmond Cross und Hans Purrmann gibt die Andorra-Liste als Provenienz Auktionen in Frankreich an. Überprüfungen der französischen Polizei ergaben jedoch, dass keine dieser Versteigerungen jemals stattgefunden hat. Offenbar handelt es sich deshalb um weitere von Wolfgang Beltracchi gemalte Fälschungen, von denen zahlreiche bislang weder identifiziert noch lokalisiert sind. Bei einigen in der Liste aufgeführten Werken – etwa von Joseph Beuys, Herbert Zangs oder befreundeten zeitgenössischen Künstlern – besteht allerdings durchaus auch die Möglichkeit, dass es sich um angekaufte Originale handelt. Beltracchi reagierte auf Nachfragen zu diesen Bildern nicht.

Kontakte gibt es seit Frühsommer 2011 von Polizeiseite aus auch zu jenen Auktionshäusern, von denen man inzwischen weiß, dass Mitglieder der Beltracchi-Bande dort als Einlieferer von Kunstwerken auftraten. Während Sotheby's lange die Zusammenarbeit hinauszögert und erst im Sommer 2011, kurz vor Beginn des Kölner Prozesses und nach Androhung von Durchsuchungen der Unternehmenszentrale in London, dazu bereit ist, übermitteln Christie's und Lempertz relativ schnell Listen jener Werke, die sie von den inhaftierten Betrügern oder ihren Helfern erhalten hatten.

Auch im Berliner Auktionshaus Villa Grisebach wird man fündig. Dort waren schon in den 90er-Jahren Gemälde von Heinrich Campendonk eingeliefert worden, die zwar die künstlerische Handschrift von Wolfgang Fischer-Beltracchi tragen, ihm aber bislang nicht konkret als Fälschungen nachgewiesen wurden. Und dort hatte nun Otto Schulte-Kellinghaus auch das Gemälde eingeliefert, das vom deutschen Maler Oskar Moll stammen sollte. Von der Witwe des Werkverzeichnis-Autors, Dorothea Salzmann, hatte er die Zusicherung erhalten, dass das »Stilleben mit Früchteschale, Orangen und Palmenblättern« als Werk aus dem Jahr 1946 in den Catalogue raisonné aufgenommen werde. Ihr erzählte Schulte-Kellinghaus wiederum, er habe das Bild von seinem Großvater, dem Kunstsammler Wilhelm Knops, geerbt, der in Kontakt zu Alfred Flechtheim stand. Die Angaben werden ungeprüft übernommen. Die Legende vom Kunst sammelnden Schneidermeister aus Krefeld ist damit neben der angeblichen Sammlung Werner Jägers als Quelle für unbekannte oder verschollene Kunstwerke etabliert. Sie wird auch beim Verkauf der gefälschten Max-Ernst-Gemälde noch gute Dienste leisten. Das Bild von Oskar Moll findet allerdings trotzdem keinen Käufer.

Dass alle Kunstwerke auf jener Liste, die Lempertz bei einer polizeilichen Durchsuchung der Geschäftsräume und des Außenlagers im August 2010 übergibt und die insgesamt zwölf Arbeiten enthält, tatsächlich Fälschungen sind, ist nicht erwiesen. Die Zusammenstellung führt beispielsweise das in einer 100er-Auflage vertriebene Kastenobjekt »Celtic Multiple« von Joseph Beuys auf, das Helene Beltracchi im Juli 1992 bei Lempertz einlieferte und bei dem sich eine Fälschung kaum gelohnt hätte. Auch drei Gemälde des Krefelder Malers Herbert Zangs (1924–2003) müssen keine Fälschungen sein. Otto Schulte-Kellinghaus wird später im Prozess aussagen, dass er mit Zangs befreundet gewesen sei. Möglicherweise erwarben er oder das Ehepaar Beltracchi Bilder von ihm und verkauften sie später wieder. Als Helene Beltracchi die drei Gemälde im März 1998 bei Lempertz einlieferte, lebte der Künstler noch und hätte dem Verkauf von Fälschungen im nahen Köln widersprechen können.

Die möglichen Originale könnten allerdings auch der Tarnung von Fälschungen gedient haben. Am selben Tag wie die drei Zangs-Werke brachte Helene Beltracchi auch das angeblich von Raoul Dufy stammende Gemälde »Le Casino Marie-Christine de Sainte-Adresse« zu Lempertz, das die Polizei inzwischen – unter anderem wegen des einschlägigen Flechtheim-Aufklebers auf der Rückseite – als Fälschung nach einem Original im Museum von Le Havre betrachtet. Und gemeinsam mit dem Beuys-Multiple wurde auch eine »Kubistische Komposition« von Georges Valmier eingeliefert, an deren Echtheit es erhebliche Zweifel gibt.

Außerdem fehlen auf der Lempertz-Liste möglicherweise solche Werke mit Beltracchi-Provenienz, die nicht unmittelbar von Helene Beltracchi oder ihrer Schwester Jeanette S. eingeliefert wurden. Es gab inzwischen nämlich auch mindestens eine mutmaßliche Beltracchi-Fälschung, die von ihrem wahrscheinlich gutgläubigen neuen Besitzer weiterverkauft wurde. Das Bild steht deshalb auch nicht auf der Lempertz-Liste mit Beltracchi-Einlieferungen, schließlich gab es für dieses Gemälde mit dem Titel »Sitzender Mann mit Blume« keinen Hinweis auf eine entsprechende Quelle. Dass mit dem Werk etwas nicht stimmte, hätte man trotzdem merken können.

Mann mit Blume

Das Heinrich Campendonk zugeschriebene und auch in dessen Werkverzeichnis abgebildete Gemälde »Sitzender Mann mit Blume« war zunächst im November 1991 im Berliner Auktionshaus Villa Grisebach mit einem Schätzpreis von 340 000 bis 380 000 Mark – ohne Sammlungsetiketten und ohne Jägers-Legende – angeboten worden, hatte dort aber keinen Käufer gefunden. Später erwarb es ein Arzt, der es dann im Dezember 1996 bei Lempertz in Köln wieder verkaufte. Sein neuer Besitzer lieh das Bild dann 2007 zu einer Campendonk-Retrospektive im Stadtmuseum von Penzberg aus.

Weder im Auktionshaus Villa Grisebach in Berlin noch bei Lempertz in Köln war aufgefallen, dass dies das einzige Bild in seinem Œuvre gewesen wäre, das Heinrich Campendonk mit »HC« statt nur mit dem Anfangsbuchstaben seines Nachnamens monogrammiert hätte. Und niemand schaute genau auf die Zeitungsaussschnitte, mit denen das Motiv collagiert worden war. Zwar schrieb Lempertz im Auktionskatalog: »Hier sind sogar die äußeren Voraussetzungen der Entstehung geheimnisvoll: Die sonst nirgendwo in seinem Werk zu beobachtende Verwendung von Zeitungspapier zu einer Collage im Bild; die Verwendung von belgischen Zeitungen, die den Zusammenhang mit dem befreundeten Dichter Paul van Ostaijen nahelegt – den er aber erst 1919 kennenlernte.« Zu einer genaueren Untersuchung führten all diese durchaus bemerkten Widersprüche aber nicht. Erst dem niederländischen Kunsthistoriker Peter van Beveren fällt schließlich im Rahmen seiner Recherchen zum Beltracchi-Skandal auf, dass im ganz rechts aufgeklebten Zeitungsausschnitt der Schriftzug des »Touring Club de Belgique« (T.C.B.) zu erkennen ist. Auch in einem anderen Ausriss in der Bildmitte tauchen die Buchstaben T.C.B. auf und darunter die Seitenzahl 370. Ein Anruf beim Archivar des belgischen Automobilclubs ergibt dann, dass die Ausgabe des Clubbulletins mit dieser fortlaufenden Seitenzahl aber erst lange nach 1918 erschienen war. Campendonk konnte die ausgerissenen Seiten also keinesfalls für ein Bild verwendet haben, das mit 1918 datiert war.

Selbst für die vollkommen ungeklärte Herkunft des Gemäldes gab Lempertz im Auktionskatalog von 1996 eine Erklärung, die an Dürftigkeit und Schlichtheit kaum zu überbieten war: »Geheimnisvoll ist auch die Herkunft dieses Bildes, das vor einigen Jahren aus dem Nichts auftauchte und bisher völlig unbekannt war: Es muss von irgendjemandem sehr geschätzt worden sein, der die Freude daran mit niemandem teilen, es niemals ausstellen wollte.« Und niemand bemerkte in Köln offensichtlich auch, dass nur vier Tage zuvor bei Sotheby's in London ein fast identisches Campendonk-Gemälde unter dem Titel »20 Minuten vor 1 Uhr« für 110000 Pfund versteigert worden war – diesmal mit glaubhafter Provenienz aus der Sammlung von Paul van Ostayen, wie üblich nur mit »C« monogrammiert und datiert auf das Jahr 1922, als Campendonk seinen belgischen Freund tatsächlich auch schon kennengelernt hatte. Inzwischen wurde das bei Lempertz versteigerte Bild vom Doerner-Institut als Fälschung bestätigt.

Auf einem anderen Bild hingegen – dem wohl bislang absurdesten aus mutmaßlicher Beltracchi-Produktion – blieb Jean-François Aittouarès sitzen, obwohl auch diesem großformatigen Gemälde nicht nur von seiner Tochter Odile die Echtheit bescheinigt worden war. Das Gemälde war auch prominent in einer Ausstellung präsentiert worden – in der französischen Provinz zwar, aber immerhin. Es war das perfekte Bild für diese Ausstellung.

2005 widmete das Museum des kleinen südfranzösischen Städtchens Lodève den Malern Georges Braque und Émile-Othon Friesz eine Schau, in der die Zusammenarbeit der beiden Künstler dokumentiert werden sollte. Kuratorin Maïthé Vallès-Bled konnte dafür mit einer Sensation aufwarten: einem völlig unbekannten Bild aus Privatbesitz, das Braque und Friesz zusammen gemalt hatten. Die beiden gehörten Anfang des 20. Jahrhunderts der Künstlergruppe der Fauves an, zu denen auch Henri Matisse, Raoul Dufy, André Derain und Kees van Dongen gezählt wurden. Paarweise unternahmen die Mitglieder der »Wilden« damals häufig gemeinsam Malausflüge, um sich gegenseitig zu inspirieren – und so waren auch Friesz und Braque im Juni 1906 gemeinsam nach Antwerpen gereist. Sie lebten und arbeiteten dort bis September zusammen, saßen am Hafen von Antwerpen und malten das Wasser, die Schiffe und die Kirchen in leuchtend bunten Farben. Die damals entstandenen Bilder hängen heute in großen privaten und öffentlichen Sammlungen. Einige waren 2005 auch in Lodève zu sehen.

Gezeigt wurde dort auch jene wundersame, angeblich im Antwerpen-Sommer gemeinsam bemalte große Leinwand, auf der sich neben- und übereinander gleich neun kleine Hafenszenen von Friesz und Braque tummeln. »Souvenir de Anvers« steht in der Mitte der Leinwand, nach Art jener beliebten Postkarten, auf denen die Abbildungen gleich mehrerer Sehenswürdigkeiten zu sehen sind. Das kollaborativ entstandene Bild wirkte wie ein Vorgriff auf noch zu malende Meisterwerke – oder wie ein Inventar bereits geschaffener. Auf jeden Fall aber schien es sich um ein Schlüsselwerk dieser Künstlerfreundschaft zu handeln. Und es kam noch besser: Auf der Rückseite der Leinwand fand sich – wie ein gemalter Beleg für die Authentizität – ein Doppelbildnis der beiden Maler. So materialisierte sich in der beidseitig bemalten Leinwand die Essenz einer sich gegenseitig befruchtenden Künstlerfreundschaft. Das Bild war eine unerhörte, skurrile Sensation – und damit entsprechend teuer.

Inzwischen bleibt davon allerdings nicht mehr viel übrig. Denn auch dieses Gemälde trägt auf der Rückseite den berüchtigten Flechtheim-Aufkleber. Und es überzeugt auch auf der Vorderseite nicht sonderlich. Bei dem angeblichen Gemeinschaftswerk von Braque und Friesz ging der Fälscher nicht besonders sorgfältig vor. Für sieben der neun von beiden Künstlern in erstaunlich identischen Farben gemalten Bildchen lassen sich gar zu exakte Vorbilder finden. Für die mit »Othon Friesz« signierte kleine Landschaftsskizze oben rechts stammt diese Vorlage samt Landungssteg allerdings von dem anderen Maler, von Georges Braque – und sie entstand nicht im Sommer im belgischen Antwerpen, sondern im Herbst des Jahres rund 1000 Kilometer südlich im französischen Mittelmeerort L'Estaque. Umgekehrt lieferte die Vorlage für die Hafenszene in der Mitte rechts – signiert mit Braques Namen – Othon Friesz, und das schon 1905. Auch in ihrer französischen Heimatsprache scheinen sich die beiden Maler nicht gut ausgekannt zu haben: In der Mitte des Bildes steht »Souvenir de Anvers«, korrekt wäre »Souvenir d'Anvers« gewesen. Der rückseitige Aufkleber der Frankfurter Galerie Posen & Schames wirft weitere Fragen auf. 1906, als das Gemeinschaftsgemälde von Braque und Friesz entstanden sein soll, existierte diese Kunsthandlung nämlich schon gar nicht mehr – wie sollte sie also jemals mit diesem Werk gehandelt haben können?

Selbst ohne diese chronologischen Schnitzer – Werke aus drei Jahren und von zwei weit voneinander entfernten Orten auf einer Leinwand und der Aufkleber einer bereits geschlossenen Galerie – hätte das Gemeinschaftswerk (siehe Bildteil) schon 2005 in Lodève Fragen aufwerfen müssen. Bei der Kuratorin – vor allem aber bei den beiden Autoren des Werkverzeichnisses von Émile-Othon Friesz, darunter der Tochter von Jean-François Aittouarès. Der Verfasser des Braque-Werkverzeichnisses hatte das Bild nämlich bereits 2001 gegenüber Aittouarès zur Fälschung erklärt.

Im Dezember des Jahres hatte Jean-François Aittouarès das Gemälde in Kommission genommen und einem Mindestverkaufspreis von fünf bis sechs Millionen Francs (umgerechnet 850 000 bis eine Millionen Euro) zugestimmt. Würde er diese Summe erzielen, sollte der Galerist die Hälfte davon erhalten. Verkaufsversuche scheint es durchaus gegeben zu haben. Schon im Juli 2004 wendet sich nämlich der Ahlener Museumsdirektor Burkhard Leismann an Quentin Laurens, den Braque-Experten, Sohn des Bildhauers Henri Laurens und Inhaber der traditionsreichen Galerie Louise Leiris. Auch der deutsche Kunsthistoriker bittet, wie drei Jahre zuvor bereits der Galerist Jean-François Aittouarès, um Auskünfte zum »Souvenir de Anvers«. Auch ihm habe er, so erinnert sich Laurens, mitgeteilt, dass die mit Braque signierten Miniaturen auf dem Gemeinschaftsbild nicht von der Hand des Malers stammen. Bei der Ausstellung 2005 in Lodève, rund 50 Kilometer vom Beltracchi-Wohnort Mèze gelegen, gehörte dieses wie zahlreiche weitere der dort gezeigten Gemälde noch dem Galeristen. Erneut erhält damit im Fall Beltracchi eine Museumsausstellung den Charakter einer Verkaufsveranstaltung. Als er davon erfährt, schaltet Laurens einen Anwalt ein. Er lässt die Auslieferung des Katalogs, in dem das strittige Gemälde auf sechs Seiten mit zahlreichen Detailaufnahmen als authentisches Werk von Braque und Friesz präsentiert wird, verhindern. Seit Bekanntwerden der Beltracchi-Affäre ist das Buch zum gesuchten Sammlerobjekt geworden. Inzwischen gilt mindestens ein weiteres darin abgebildetes Gemälde von Émile-Othon Friesz als zweifelhaft.

Die Versuche, die 73 mal 100 Zentimeter große Gemeinschaftsleinwand zu vermarkten, gehen trotzdem weiter – mit geringem Erfolg allerdings. Noch im Juni 2009 weist Burkhard Leismann bei einem Treffen auf der Kunstmesse Art Basel trotz aller Zweifel an dem merkwürdigen Postkartenbild eine in Hollywood tätige deutsche Galeristin auf die bereits oben beschriebenen Werke von Derain und Léger, um deren Expertisierung und Verkauf er sich kümmert, und auch auf ein Bild von Warhol und einen »Braque/Friesz« hin. Als die Händlerin einige Monate später nachfragt, was aus den Bildern geworden sei, antwortet Leismann ihr am 14. September 2009 per E-Mail:

»Sowohl zu Derain und Leger (sic) als auch zu Warhol und Braque/Friesz kann ich mitteilen, dass entsprechende Expertitisierungsverfahren (sic), respektive konservatorische Begutachtungen zurzeit noch laufen, die noch nicht abgeschlossen sind. Von den Eigentümern bin ich angewiesen, die entsprechenden Untersuchungsergebnisse abzuwarten, bevor ein Verkaufsangebot erstellt wird.«

Zu einem Verkauf kommt es allerdings wohl nicht. Als er 2011 nach dem Verbleib des absurden Postkarten-Bildes befragt wird, sagt Jean-François Aittouarès aus, er sei sich nicht sicher. Es könne durchaus sein, dass er das Bild noch habe.

Dass Aittouarès und seine Kollegen gelegentlich den Überblick über die eigenen Bestände verlieren, mag zunächst verwundern – schließlich geht es um enorme Werte und hohe Ankaufssummen. Die allerdings werden, wie die Recherchen zum Fall Beltracchi zum ersten Mal umfangreich belegen, gar nicht immer von den Galerien selbst bezahlt. In vielen Fällen strecken Zwischenfinanzierer oder Subfirmen die Gelder vor. Häufig sitzen sie steuergünstig in außereuropäischen Offshore-Finanzplätzen oder in den USA. Einige Beispiele für die bei folgenden Bildern jeweils involvierten Firmen:

- Heinrich Campendonk, »Landschaft mit Pferden«: Arfinart Limited, Cheyenne/Wyoming, USA
- Émile-Othon Friesz, »Paysage (La Ciotat)«: Won Tak Trading Development Ltd., Wanchai, Hongkong
- Max Ernst, »La Horde«: Gemstone Holdings Limited, Hongkong

  An diesem Bild halten, als es 2006, letztlich erfolglos, bei Christie's in London versteigert werden soll, neben dem Auktionshaus selbst (25 Prozent) auch die Schweizer Gesellschaften Arthema SA und Glentaner SA jeweils Anteile von 37,5 Prozent.
- André Derain, »Bateaux à Collioure«: Serrano Finance and Trade SA, Wickhams Bay, Tortola, British Virgin Islands

  An diesem Bild halten, als es 2007 bei Christie's in London versteigert wird, neben der New Yorker Galerie C&M Arts LP auch die beiden Etablissements Royal und Estema mit Sitz in Vaduz Anteile. Diese steuerbegünstigte, auch »Anstalt« genannte Unternehmensform gibt es nur in Liechtenstein.
- Max Ernst, »La Mer«: Gemstone Holdings Limited, Hongkong
- Max Ernst, »Vögel«: Arfinart Limited, Cheyenne/Wyoming, USA
- Max Ernst, »La Forêt II«: Salomon Trading LLC, Cheyenne, Wyoming, USA, und Hanna Graham Associates, Inc., Nassau, Bahamas
- Max Ernst, »Vogel in Winterlandschaft«: Saskia Art Consulting, Inc., Tortola, British Virgin Islands

9
Vor dem Gesetz

Als am 1. September 2011 der Prozess gegen Wolfgang und Helene Beltracchi, Otto Schulte-Kellinghaus und Jeanette S. vor dem Kölner Landgericht beginnt, wird für die Prozessbeobachter schnell ein gelbes Paket zum Symbol für das Verfahren. Während fast aller Verhandlungstage liegt es gut sichtbar hinter den Richtern ganz oben auf einem Rollregal, mit dem auch die restlichen gut 8000 Seiten Ermittlungsakten in den Saal im Erdgeschoss geschoben werden. Den leuchtend gelben Pappkarton und die Aktenordner darunter fasst während der öffentlichen Verhandlungen niemand an, obwohl sie alles enthalten, was das Kunstdezernat 454 des Berliner Landeskriminalamtes innerhalb eines langen Jahres voller Überstunden zum Fall der erfundenen Kunstsammlungen Jägers und Knops zusammengetragen hat. Bankunterlagen aus dem Ausland enthalte das Paket, erklärt der vorsitzende Richter irgendwann einmal. Es seien aber wohl dieselben, die man schon kenne.

Der Prozess war mit Spannung erwartet worden. Alle großen Medien des Landes hatten ausführlich über den Fall Beltracchi berichtet, und eine interessierte Öffentlichkeit verfolgte mit atemloser Spannung, wie im Laufe der Ermittlungen immer weitere Details zur Dreistigkeit der potenziellen Täter und zur

Sorglosigkeit der betrogenen Sammler und Händler ans Tageslicht kamen. Schadenfreude wurde nur in wenigen Beiträgen geäußert. Die Mehrheit der Berichterstatter hatte früh erkannt, dass hier kriminelle Taten zu beurteilen sein würden: Über einen längeren Zeitraum hin war neben wirtschaftlichem auch großer immaterieller Schaden entstanden, der das Œuvre zahlreicher bedeutender Künstler beschädigt hatte.

Wegen des großen Medieninteresses waren zusätzliche Stühle vor die Zuschauerbänke gestellt worden. Links davon die Plätze für die Angeklagten, rechts für die Staatsanwaltschaft, an der Stirnseite die erhöhte Richterbank mit den Akten dahinter: abgewetzte Holztische, ausgetretener Teppichboden und eine Lautsprecheranlage, die gerade erneuert werden sollte, aber noch nicht erneuert worden war. Vor allem für die Zuschauer in den hinteren Reihen war deshalb vieles, was vorne verhandelt wurde, auch akustisch nur schwer zu verstehen.

Der Blick für das Schöne

Wolfgang Beltracchi hatte damit keine Probleme. Von seinem Platz aus, nahe neben der Richterbank, konnte er aus den gegenüberliegenden Fenstern sehen. Sein Blick fiel auf Bäume mit goldenem Herbstlaub, auf die grauen Betonparkhäuser des Justizzentrums und auf den blauen Himmel darüber. Über ein Jahr lang hatten er und seine Frau in Köln in Untersuchungshaft gesessen. Otto Schulte-Kellinghaus war später festgenommen, Jeanette S. früher wieder aus der Haft entlassen worden. Wie sehr die Trennung vor allem dem Ehepaar Beltracchi zugesetzt hat, belegen die seitenlangen Briefe, die sich die beiden regelmäßig gegenseitig schrieben. Der Grund ihrer Inhaftierung wird nur selten angesprochen – beide sind sich der Tatsache bewusst, dass ihre Korrespondenz von den Justizbehörden mitgelesen wird. Die gegenseitigen Liebeserklärungen aber, der übermächtige Wunsch, Zeit miteinander und mit den Kindern verbringen zu können, zeugen von keinerlei Kalkül. Hier sind zwei Liebende getrennt, die diese Trennung kaum aushalten. Irgendwann, schreibt Wolfgang Beltracchi einmal seiner Frau, werde man wieder vereint sein. Man dürfe bis dahin nur den Blick für das Schöne nicht verlieren.

Als Wolfgang Beltracchi am 1. September 2011 in den Kölner Gerichtssaal geführt wird, sieht der 60-Jährige jünger aus, tritt selbstsicher auf, hat ein spöttisches Lächeln auf den Lippen und eine gesunde Farbe im Gesicht. Er trägt ein weißes Hemd mit offenem Kragen unter einem grauen Jackett und begrüßt die anwesenden Journalisten freundlich mit: »Alle zusammen, wie schön!« Während der 13 Monate in Untersuchungshaft hat er zu den Vorwürfen, die das LKA Berlin und die Staatsanwaltschaft Köln in der Anklageschrift zusammengetragen haben, eisern geschwiegen. Noch weiß niemand, ob der Mann mit den schulterlangen grauen Haaren und dem Richelieu-Bart der gesuchte Fälscher ist, ob er Helfer hatte, ob er ihre Namen nennen wird. Noch ist Wolfgang Beltracchi für die Öffentlichkeit nur ein erfolgloser Kunstmaler, dessen Verwandte gefälschte Kunstwerke in Umlauf gebracht haben sollen. Was Anklage, Verteidigung und Gericht aus den Aktenordnern und den Unterlagen im gelben Paket längst wissen, dass Wolfgang Beltracchi selbst mindestens drei Quittungen für verkaufte Fälschungen unterschrieben hat, dass über seine Konten jahrelang Millionenbeträge flossen, dass es zahlreiche Briefe, E-Mails, abgehörte Telefonate und andere Beweise für seine Täterschaft gibt, ahnt im Publikum noch niemand.

Als der Angeklagte zwischen seinen Anwälten Christian Rode und Reinhard Birkenstock Platz nimmt, winkt er Bekannten im Zuschauerraum zu. Dass sich Wolfgang und Helene Beltracchi fortan zu Beginn jedes Verhandlungstages umarmen, küssen und zärtlich über die Haare streichen werden, werten einige

Prozessbeobachter als Schauspiel, als kalkulierte Gesten, die Mitleid erregen sollen. Wer hingegen einige der Briefe kennt, die sich das Ehepaar geschrieben hat, ahnt, dass diese Einschätzung nicht stimmt und dass hier neben dem Geld das zweite Motiv für die jahrzehntelangen Betrügereien von Wolfgang und Helene Beltracchi liegen könnte: im Wunsch, die eigene Liebe unbelastet von materiellen Sorgen leben zu können. 1996, als ihr Mann in Berlin als Zeuge in einem Kunstfälschungsprozess gesucht wird, verlassen beide mit ihren Kindern Deutschland – auf der Flucht, aber auch auf der Suche nach dem Glück. »Jetzt aber gut«, blafft Beltracchi irgendwann die Dutzenden Fotografen und Kameraleute an, die ihn und seine Frau minutenlang fotografieren, filmen und anblitzen. Und wieder scheint es, als wolle er damit vor allem seine Frau beschützen.

Otto Schulte-Kellinghaus, inzwischen 68, wirkt weit weniger selbstsicher, als er vor die Richterbank geführt wird. Er geht schleppend, trägt ein weißes Hemd mit schwarzer Weste und hält in der Hand einen Leinenbeutel, der ihn durch den gesamten Prozess begleiten wird. Jeanette S. betritt den Gerichtssaal als zwar angeklagte, aber freie Frau und nimmt neben ihrem Anwalt in der hintersten Reihe der Anklagebank Platz.

Schweigen

Fast scheint es, als habe Wolfgang Beltracchi auf diesen Auftritt gewartet. Viel ist über ihn geschrieben, viel gemutmaßt worden. Einigen Medien waren – wahrscheinlich von beteiligten Rechtsanwälten, die inzwischen auch zivilrechtliche Klagen vorbereiteten oder abwehren mussten – größere Teile der Ermittlungsunterlagen zugespielt worden. Andere hatten in der Vergangenheit der Angeklagten recherchiert, von Fischer-Beltracchis mutmaßlicher Verwicklung in frühere Kunstfälschungsfälle erfahren, mit Nachbarn in Südfrankreich gesprochen, die wenig Schmeichelhaftes erzählten.

Dass es kaum etwas zu leugnen gab, muss Wolfgang und Helene Beltracchi zu diesem Zeitpunkt längst klar gewesen sein. Zu erdrückend waren die Beweise und Indizien, die das LKA-Dezernat 454 in den vergangenen Monaten zusammengetragen hatte. Für sie konnte es nur noch darum gehen, die sicher zu erwartende Strafe so gering wie möglich zu halten. Ihre Anwälte – Helene Beltracchi wird unter anderem vom Freiburger Strafrechtler Ferdinand Gillmeister vertreten – haben dafür schon früh eine Strategie entwickelt. Schweigen heißt zunächst die goldene Devise: keinerlei Äußerungen zu den Vorwürfen – während der Vernehmungen in der Haft nicht und bis auf Weiteres auch nicht vor der 10. Großen Strafkammer des Kölner Landgerichts.

Dazu allerdings bietet der erste Verhandlungstag auch gar keine Gelegenheit. Wie zu Beginn jedes Strafverfahrens gehört er der Staatsanwaltschaft, die den Angeklagten die zur Last gelegten Taten öffentlich vortragen muss. 281 Seiten umfasst die Anklageschrift, die allen Beteiligten auch digital vorliegt. Rund zwei Stunden liest Staatsanwältin Kathrin Franz daraus vor. Nicht jedes Detail, aber die wesentlichen Vorwürfe werden deutlich: Mindestens zehn Jahre lang sollen Wolfgang Beltracchi, Helene Beltracchi, Otto Schulte-Kellinghaus und Jeanette S. gefälschte Kunstwerke in Umlauf gebracht, damit zahlreiche Händler, Sammler und Investoren geschädigt und eine Summe erwirtschaftet haben, die die Staatsanwaltschaft mit mindestens 8,3 Millionen Euro angibt. Gewerbsmäßiger Bandenbetrug lautet der Vorwurf.

Kathrin Franz, eine zierliche junge Frau mit blonden Haaren, weiß, dass die kriminellen Aktivitäten zumindest des Ehepaars Beltracchi und von Otto Schulte-Kellinghaus weit über diese zehn Jahre hinausgehen. Sie hat den LKA-Recherchen entnommen, dass schon Mitte der 80er-Jahre mutmaßliche Fälschungen nach Campendonk, Bechtejew und Macke bei der New Yorker Galerie Hutton eingeliefert worden waren. Betrug aber verjährt in Deutschland nach fünf, schwerer Betrug nach zehn Jahren. Ziel der Staatsanwältin ist es deshalb, vor Gericht nachzuweisen, dass jede der Taten von mindestens drei Angeklagten gemeinsam begangen wurde. Nur dann spricht das Strafgesetzbuch nämlich von »bandenmäßigem Betrug«, nur dann können die Strafen höher als bei einfachem Betrug liegen, und nur dann dürfen Fälle berücksichtigt werden, die bis zu zehn Jahre zurückliegen. Andernfalls hätte die Verjährung nicht erst 2000, sondern schon 2005 eingesetzt.

Prozesstaktik

Vierzehn Fälle hat das Landeskriminalamt für diese zurückliegenden zehn Jahre bis zur Anklageerhebung ausermittelt. Als das Kölner Verfahren beginnt, wissen die Kommissare in Berlin aber längst, dass sie Wolfgang Beltracchi und seinen Helfern weit mehr gefälschte Werke zuordnen können. Sie werden im Kölner Verfahren allerdings keine Rolle spielen – weil diese Fälle zu lange zurückliegen oder weil wegen schleppender Amtshilfe im Ausland noch nicht alle Beweise vorliegen. Als Kathrin Franz gegen Ende des Prozesses auch nur versucht, auch die weiteren Fälle anzusprechen, um für die Findung einer angemessenen Strafe das Ausmaß und die Dauer der kriminellen Energie der Angeklagten zu verdeutlichen, verhindern das deren Anwälte, indem sie die Juristin wie ein kleines Mädchen abblitzen lassen.

Auch am zweiten Prozesstag, dem 21. September 2011, äußern sich die vier Angeklagten nicht zur Sache, sondern nur zur Person. Wolfgang Beltracchi erzählt von seinem Vater, dem Kirchenmaler Wilhelm Fischer, von der abgebrochenen Schulkarriere, dem Kunststudium in Aachen, den Drogenerfahrungen in den 70er-Jahren auf Hausbooten in Amsterdam und in Hippie-Kommunen (»Sex, Drugs und Rock'n'Roll«), Reisen durch Nordafrika, der Geburt des Sohnes 1988, der Trennung von dessen Mutter 1991 und der Liebe zu seiner zweiten Frau Helene: »Das Leben davor scheint mir heute weit entfernt, verlorene Jahre.«

Helene Beltracchi spricht von ihrer Ausbildung, von verschiedenen Arbeitsplätzen, vom Handel mit Jugendstillampen und Möbeln, die in den 80ern sehr gefragt gewesen seien, und von der Stelle als Produktionsassistentin in einer Werbefilmfirma, in der sie Wolfgang Fischer kennenlernt: »Ich habe sofort mein bisheriges Leben aufgegeben und meinen Lebensgefährten verlassen.« Hochzeit 1992, gemeinsame Tochter ein Jahr später, dann das Leben im Wohnmobil und eine Zeit lang auch auf Guadeloupe, im Haus eines Freundes auf einer Bananenplantage. Schließlich der Umzug nach Mèze und später der Hausbau in Freiburg – angeblich, weil sich die Tochter auf der Schule in Südfrankreich unterfordert fühlte. Als Helene Beltracchi von ihrer Familie zu sprechen beginnt, bricht sie zum ersten Mal in Tränen aus, spricht davon, dass sie hofft, ihre wunderbare Ehe nach dem Prozess weiterführen zu können: »Mein Mann ist ein sehr, sehr lieber Mann. Ohne ihn hätte ich das alles nicht geschafft.«

Auch Jeanette S., die ein Jahr ältere Schwester, erzählt von der Kindheit mit vier Geschwistern in einfachen Verhältnissen. Vor allem die Mutter habe die Kinder immer bestärkt, ihnen Selbstbewusstsein vermittelt. Mit Helene und deren Familie habe Familie S. regelmäßig den Sommerurlaub in Südfrankreich verbracht.

Otto Schulte-Kellinghaus schließlich beschreibt sich selbst als Mann mit vielfältigen Lebensstationen: Bäckersohn, Chemielaborant, Gastronom in Ägypten, Hotelpächter, Werkzeugvertrieb, Galvanikunternehmen – und schließlich Impresario für eine Gruppe von Kleinkünstlern, die er an Stadtfeste und Märkte vermittelte. Für Kunst habe er sich immer schon interessiert, sagt er dann, und in der Galerie einer Bekannten auch Ausstellungen organisiert. Der Krefelder Maler Herbert Zangs sei sein Freund gewesen, und irgendwann habe Schulte-Kellinghaus die Künstlergemeinschaft »Narah« gegründet. »Irgendwie war ich nie richtig erfolgreich mit den Künstlern«, fasst er dieses Engagement zusammen. Deshalb habe er ab 2004 auf Ibiza gearbeitet, mit zwei Musikproduktionen (»Reggae und House«) viel Geld verloren – und nun lebe er von 700 Euro Rente wieder in Deutschland. Von seinem Konto bei der UBS in Zürich erzählt Schulte-Kellinghaus nicht. Und als ihn Richter Wilhelm Kremer nach seinem Großvater, dem Schneidermeister Wilhelm Knops, fragt, ist ihm auch nicht mehr zu entlocken als: »Der hat immer am Tisch gesessen und genäht.« Ob der Opa denn Kunst gesammelt habe, hakt der Richter nach. »Da sagen wir noch nichts zu«, fährt Rechtsanwalt Rainer Pohlen dazwischen und schlägt anschließend vor, alle Verfahrensbeteiligten – Anklage, Verteidigung und Strafkammer – sollten sich doch nach der Sitzung einmal zusammensetzen, um über das weitere Vorgehen zu beraten. Das Wort vom »Deal« macht zum ersten Mal die Runde.

Der Deal

Wie weit das, was im Juristendeutsch »Verständigung« heißt und nach der Strafprozessordnung erlaubt ist, allerdings gehen würde, ahnt zu diesem Zeitpunkt noch niemand. Noch gehen die Prozessbeobachter davon aus, dass das Kölner Landgericht die Gelegenheit nutzen werde, in diesem historischen Prozess nicht nur zu den unmittelbaren Taten, sondern auch zum strukturellen Hintergrund, der sie erst möglich gemacht hatte, Klarheit und Transparenz zu schaffen und auf diese Weise indirekt auch nach weiteren Schuldigen neben den Angeklagten zu suchen. Dutzende weiterer Zeugen – darunter prominente Kunsthändler und Experten – sollten gehört werden. Dafür waren bereits Verhandlungstermine bis in den März 2012 angesetzt worden. Dass an diesem sonnigen Septembernachmittag hinter den Kulissen ein Kompromiss ausgehandelt wird, der den Kölner Kunstfälscherprozess viel schneller beenden wird, zeigt sich erst sechs Tage später, am dritten Verhandlungstag.

Helene Beltracchi trägt einen schwarzen Rock zu rosafarbener Bluse. »Gut siehste aus«, begrüßt sie ihr Mann – Jeans, weißes T-Shirt, graues Jackett – und nimmt sie in den Arm. Beide wissen, dass dies ihr großer Tag sein wird – der Tag der Geständnisse und der Selbstdarstellung. Was hinter den Kulissen ausgehandelt wurde, erläutert Richter Wilhelm Kremer nach einer kurzen Unterbrechung: Seine Kammer sei in einem Gespräch außerhalb der Hauptverhandlung um einen Vorschlag gebeten worden, wie eine Verständigung nach § 257 Abs. b und c der Strafprozessordnung aussehen könne. Geeinigt habe man sich mit Anklage und Verteidigung schließlich auf Folgendes:

Gegen »geständige Einlassungen in wesentlichen Zügen«, die »die Hintergründe der Taten erhellen«, und im Hinblick auf die »unterschiedliche Einbindung« der vier Angeklagten schlägt die Kammer für Wolfgang Beltracchi eine Haftstrafe nicht über sechs, für Helene Beltracchi nicht über vier, für Otto Schulte-Kellinghaus nicht über fünf Jahren und für Jeanette S. eine Haftstrafe nicht über zwei Jahren zur Bewährung vor. Außerdem sollen die 954 000 Schweizer Franken vom Beltracchi-Konto bei der UBS in Zürich an die Gerichtskasse Köln überwiesen werden und Jeanette S. 10 000 Euro an eine gemeinnützige Einrichtung zahlen. Eine Haftverschonung und offener Vollzug seien denkbar, denn bei Geständnissen entfalle die Verdunkelungsgefahr. Diese Geständnisse müssten dann allerdings umfänglich sein, also nichts verschweigen. Nach kurzer

Beratungspause stimmen alle Anwälte für ihre Mandanten und die Staatsanwaltschaft dem ausgehandelten Deal zu.

»Ungemalte Bilder«

Noch am selben Nachmittag um 13 Uhr beginnt dann der große Auftritt des Wolfgang Beltracchi. In einer Einlassung, der er selbst den Titel »Ungemalte Bilder« gibt, kündigt er an: »Ich werde mich jetzt also hier um Kopf um Kragen reden.« Und dann folgt der Satz, auf den Ermittler und Journalisten seit Monaten gewartet haben: »Alle Bilder, um die es hier geht, habe ich selbst gemalt.« Ein Raunen geht durch den Saal. Wolfgang Beltracchi blickt kurz von seinem Manuskript auf und lächelt. Dann fährt er fort und erzählt von dem Erweckungserlebnis, das 1965 eine gelungene Picasso-Kopie nach dem Kalenderblatt »Mère et enfant« für ihn bedeutet habe. Von den Flohmärkten, auf denen er zehn Jahre später Kopien nach fremden Meistern und aufgehübschte Werke und von den Ausstellungen, bei denen er eigene Bilder verkauft habe: »Beide künstlerische Leben liefen parallel.« Das eingenommene Geld habe er so schnell wieder ausgegeben, wie er es einnahm.

Beltracchi hält im Kölner Gerichtssaal auch eine kleine Vorlesung in Gemäldekunde. Zu Anfang des 20. Jahrhunderts, berichtet er über die Ergebnisse seiner sorgfältigen Fälschungsvorbereitungen, sei die Farbpalette der Maler sehr beschränkt gewesen. Es habe zum Beispiel nur wenige Rottöne, meist auf Zinnoberbasis, gegeben. Er selbst habe das hochgiftige Metalloxid Mennige verwendet.

Mit diesem und weiterem Grundwissen aus einem alten französischen Buch über Malerei, das um die Jahrhundertwende erschienen war, begann Beltracchi sein Handwerk: »Am Anfang stand immer die Beschäftigung mit dem Künstler und seiner Zeit. Man muss Experte für den Maler werden, den man malen will.« Deshalb habe er sich vor jedem Bild Literatur zum entsprechenden Künstler gekauft: »Ich habe überwiegend Bilder von Künstlern gemalt, die mich berührt haben«, behauptet Beltracchi, nur um kurz darauf einzugestehen: »Man muss wissen, wie der Kunstmarkt funktioniert und wo die Gier am größten ist.« Max Ernst zum Beispiel habe ihn gereizt, weil der Maler aussah wie Beltracchis Vater – aber auch, weil ihm die Werke des Surrealisten aus den Jahren 1925 bis 1930 »machbar« erschienen.

Beltracchis Geständnis ist voller Widersprüche. Er habe nie kopiert, betont er mehrfach im Laufe seines Vortrags im Kölner Landgericht: »Ich habe immer versucht, ein bisschen besser zu malen als die Künstler selbst. Ich malte die Gemälde, die im Œuvre der Künstler eigentlich nicht fehlen durften.« Die Selbstaussage gleicht erstaunlich der eines anderen Fälschers. Der italienische Steinmetz und Bildhauer Alceo Dossena (1878–1937) hatte nach dem Ersten Weltkrieg Plastiken hergestellt, die führende Experten in Gutachten als angebliche Meisterwerke der griechischen und römischen Antike expertisierten. Später kamen sie unter anderem ins Metropolitan Museum of Art in New York und ins Museum of Fine Arts in Boston. Als der Betrug auffiel, weil ein Händler Dossena nicht am Verkaufserlös beteiligen wollte, flog der Skandal auf. »Ich habe nie kopiert, immer nur rekonstruiert«, verteidigte sich Dossena mit ähnlichen Worten wie gut 80 Jahre später sein Kölner Kollege Beltracchi: »Und so sind aus meiner Hand Plastiken hervorgegangen, die es wahrhaft verdienen, ebenso geschätzt zu werden wie echte Donatellos, Verocchios …«

Tatsächlich gibt es eine Reihe von mutmaßlichen und bewiesenen Beltracchi-Fälschungen, die nichts anderes sind als relativ flache Kopien nach anderen Werken: den »Radfahrer« nach Metzinger zum Beispiel, dessen Vorbild in der Peggy Guggenheim Collection in Venedig hängt. Oder den »Akt mit Katze«

à la Pechstein. Im Brücke-Museum in Berlin gibt es dazu ein – mehrfach in Katalogen publiziertes – Aquarell mit gleichem Motiv. Für die »Seine-Brücke« nach Pechstein und den angeblichen Derain »Matisse beim Malen« existieren jeweils sehr ähnliche Zeichnungen (siehe Bildteil). Vergleichende Fotoanalysen haben eine fast schon pedantische Orientierung der gefälschten Gemälde an den originalen Vorbildern nachgewiesen, die die Verwendung eines Projektors vermuten lassen. Tatsächlich wurden in Mèze wie in Freiburg von der Polizei solche Geräte gefunden. Vor dem Kölner Landgericht verbittet sich Wolfgang Beltracchi die Behauptung, er habe solche Hilfsmittel benötigt. Auch in einem Interview mit dem »Spiegel« bestreitet er verärgert die Verwendung von Hilfsmitteln: »Auch wenn im Verfahren Gutachter anderes behaupteten: Ich habe bei keinem einzigen Bild technische Hilfsmittel benutzt. Keine Projektoren, keine Raster. Ist ja lächerlich. Warum soll ich eine Skizze umständlich projizieren, wenn ich sie aus der Hand malen kann? Ärgerlich macht mich das. Das sind doch nur nachträgliche, ärmliche Erklärungsversuche von Experten, die die Bilder jahrelang hochgelobt haben.« Ein Verwandter Beltracchis allerdings bestätigte in einer Aussage bei der Polizei, dass er diesen durchaus beim Malen mithilfe eines Beamers gesehen habe.

Wolfgang Beltracchi geht in seiner gut einstündigen Einlassung auch auf die Fehler ein, die ihm die Ermittler und die von ihnen beauftragten Naturwissenschaftler nachgewiesen haben: auf die Pigmente, die es zur Zeit der Entstehung verschiedener Bilder noch gar nicht gab. Und auf die Keilrahmen von Werken völlig unterschiedlicher Maler und aus völlig unterschiedlichen Jahren, die laut dendrochronologischer Untersuchung vom selben Baum stammen sollen. Letzteres, sagt Beltracchi in seinem Geständnis, würde ihn wundern: Er habe sie selbst auf verschiedenen Märkten gekauft.

Großen Respekt habe er vor der Expertin, die seine Max-Ernst-Fälschung »La Mer« überführte: »Sie hat meine rund 30

Arbeitsschritte nachvollzogen, als hätte sie neben mir gestanden. Sensationell.« Der angebliche Flechtheim-Holzschnitt allerdings, der alle Beltracchi-Betrügereien schließlich auffliegen ließ, sei zunächst ein Linolschnitt und später dann ein Gummistempel gewesen – gefertigt nach einem Flechtheim-Porträt von Maria Nauen: »Das hat keiner der Experten erkannt.«

Wolfgang Beltracchi beschreibt auch, wie er seine Frau in Südfrankreich vor gerahmten Schwarz-Weiß-Fotografien verschiedener Fälschungen fotografierte (siehe Bildteil), um mit den Aufnahmen gegenüber Experten wie Burkhard Leismann die angebliche Existenz dieser Werke schon in den 1930er-Jahren zu belegen. Die Original-Fälschungen konnte er für die Fotos nicht mehr verwenden: Viele waren längst verkauft. Er habe eine alte Rollenfilmkamera aus den 20er-Jahren gekauft, den Film bewusst schlecht entwickelt und anschließend mit den Fotos experimentiert. Verschickt worden seien nur Scans; die Originale habe er, so Beltracchi vor Gericht, als Beweismittel vernichtet. Zweimal habe seine Frau dafür zwischen Möbeln im Haus in Mèze posiert, gibt der Angeklagte zu – tatsächlich existieren mindestens drei nachgestellte Aufnahmen mit Helene Beltracchi.

Ansonsten aber nimmt Wolfgang Beltracchi seine Frau immer wieder in Schutz. Er allein sei es gewesen, sagt der Fälscher, der die Idee mit der erfundenen Sammlung Werner Jägers gehabt habe, mit der als erste die Campendonk-Fälschung »Mädchen mit Schwan« bei Christie's eingeliefert worden sei. Auch die Entscheidung, wer wo welches Bild welchem Experten vorstellen und es anschließend zum Verkauf anbieten sollte, sei allein seine gewesen.

»Mir ging es immer darum, dass ich mich wohlgefühlt habe«, beschreibt Beltracchi seine Motive. »Mir war meine Freiheit das Wichtigste. Ich weiß heute, dass ich meine Träume mit unrechtmäßig erlangtem Geld verwirklicht habe.« Er glaube, dass die große Zeit der Kunstfälschungen vorbei sei, sagt der Mann, der an den Naturwissenschaften und an der Sorglosigkeit des Kunsthandels gescheitert ist, bevor er akribisch für jedes der 14 Gemälde aus der Anklageschrift Entstehung und Vertriebsweg beschreibt.

Anschließend wendet sich Wolfgang Beltracchi noch einmal direkt an das Gericht: »Hier geht es um Schuld und Sühne. Meine Schuld kennen Sie jetzt. Ich muss zugeben: Es hat mir damals mächtig Spaß gemacht. Was ich getan habe, habe ich erst jetzt erkannt. Bitte verschonen Sie meine Frau, die nie straffällig geworden wäre, wenn sie mich nicht kennengelernt hätte.«

»Es war absurd einfach«

Helene Beltracchi greift diese Verteidigungslinie auf, als sie am 29. September ihr eigenes Geständnis ablegt. »Mein Mann hat die Gemälde nicht nur hergestellt, er hat sie auch vertrieben«, lautet einer ihrer ersten Sätze. Sie selbst habe gar nicht nach außen auftreten wollen, könne auch gar nicht feilschen – sie habe nur nach den Angaben ihres Mannes gehandelt. Erst ein halbes Jahr später wird sie im »Spiegel« allerdings auch gestehen, dass sie schon eine Woche nach dem Kennenlernen erfuhr, womit ihr neuer Bekannter sein Geld verdiente, und dass sie davon fasziniert war: »Oh, dachte ich. Von so etwas hatte ich noch nie gehört. Das klang abgefahren. Und natürlich hat es mich beeindruckt und tut es immer noch, dass er einen besseren Max Ernst malen kann als Max Ernst selbst. Trotzdem fragt man sich: Was ist das für einer? Aber wenn du dich verliebt hast und du weißt, das ist der Richtige, dann musst du das eben hinnehmen. Zahnarzt, das wäre schlimm gewesen.«

Und dann geht im Kölner Prozess auch die Frau mit den langen offenen Haaren, im hellen Kleid mit rotem Batikmuster,

Bild für Bild die 14 Werke durch, derentwegen sie, ihr Mann, ihre Schwester und Otto Schulte-Kellinghaus vor Gericht stehen. Gleich beim ersten erhebt Helene Beltracchi Vorwürfe gegen das Auktionshaus Lempertz, bei dem sie sich in der ersten Aprilwoche 2001 eigentlich nur gemeldet haben will, um nach der Adresse von Max K. Pechstein zu fragen. Dort habe man ein Gutachten für die gefälschte »Seine-Brücke« einholen wollen: »Mein Mann war strikt gegen den Verkauf eines Werks ohne Expertise.« Bei Lempertz habe man dann aber angeboten, diese Expertise selbst einzuholen. In der Auktion am 31. Mai 2001 fand das Gemälde keinen Käufer – und dass es anschließend Lempertz-Eigentümer Henrik Hanstein selbst erwarb, sei nie mitgeteilt worden. Hanstein wollte sich zu diesen Vorwürfen gegenüber den Autoren nicht äußern.

Helene Beltracchi beschreibt, wie leicht sich Händler und Experten täuschen ließen: »Es war absurd einfach.« Sie nimmt ihre ältere Schwester in Schutz, die nur gelegentliche Transporte auf dem Weg zurück von Mèze zum zeitweisen Wohnort der Familie S. in Paris übernommen habe. Sie nennt immer wieder auch gefälschte Gemälde, von deren Existenz sie nichts gewusst haben oder an deren Verkauf sie nicht beteiligt gewesen sein will. Helene Beltracchi bedauert am Ende ihres Geständnisses, »dass mehrere Personen wirtschaftlich geschädigt wurden« – was einer groben Untertreibung entspricht. Warum sie die Betrügereien ihres Mannes aktiv unterstützt hat, kann sie nicht rational begründen: »Ich war von ihm fasziniert, und ich hielt und halte ihn für einen großen Künstler. Die Experten haben es uns sehr einfach gemacht. Die ganze Angelegenheit hatte sehr viel Eigendynamik.«

Als auch sie am Ende ihres Geständnisses über die eigene Familie spricht, kommen wieder die Tränen. »Ich möchte mich bei meinen Kindern und bei meiner Mutter entschuldigen«, sagt sie, »die ich getäuscht habe« – was noch einmal eine grobe Untertreibung ist. Die Tochter hatte ihre alte und kranke Mutter im Sommer 2008 zu einer schriftlichen Lüge veranlasst. Trasteco hatte bereits Klage gegen Lempertz eingereicht, Henrik Hanstein suchte dringend nach Belegen für dessen Echtheit – und Helene Beltracchi senior schickte ihrer Tochter einen handschriftlichen Brief, in dem sie vorgab, das angebliche Campendonk-Gemälde zu kennen, seit es ihr Vater Werner Jägers in seiner Wohnung hängen hatte.

Jeanette S. bestätigt noch einmal die Kurierdienste, die sie bereits nach ihrer Festnahme eingeräumt hatte, und dass sie durchaus in Kauf genommen habe, bei den transportierten Bildern könne es sich um Fälschungen handeln. Darüber, dass deren Autor ihr Schwager gewesen sein könnte, habe sie allerdings ebenso wenig gewusst wie über die Hintergründe jener Transaktionen, an denen sie beteiligt war: »Von Kunst habe ich keine Ahnung. Ich wollte meiner Schwester einen Gefallen tun – und ich bereue das sehr.« Als Mitglied der Bande gilt sie schon seit Längerem nicht mehr.

Auch Otto Schulte-Kellinghaus, dessen Einlassung sein Anwalt verliest, widerspricht der Darstellung von Wolfgang Beltracchi nicht in wesentlichen Punkten. Er nennt sich selbst einen Freigeist, den die Aussicht auf eine mehrjährige Haftstrafe zu erdrücken drohe. Er bereue seine Taten – »zwischendurch hat es aber auch richtig Spaß gemacht. Der Kunstmarkt hat es uns leicht gemacht. Vielleicht schaut er ja gern beiseite. Manche Galeristen verdienten ja an den Bildern deutlich mehr, als sie an uns gezahlt hatten.« Ihm selbst, behauptet Schulte-Kellinghaus, sei Geld nie wichtig gewesen. Er habe die Einkünfte genutzt, um Künstler zu unterstützen, Ateliers einzurichten, Musiker zu fördern – und eigentlich auch für die Altersabsicherung: »Aber das Geld ist mir schnell wieder durch die Finger geronnen.«

»Schlag unter die Gürtellinie«

Die folgenden Verhandlungstage nutzt Richter Wilhelm Kremer, um noch verschiedene Detailfragen – etwa zu Geldbewegungen auf den zahlreichen, in verschiedenen Währungen geführten Beltracchi-Konten oder zur Herstellung der falschen Sammleretiketten – zu stellen. Auch Staatsanwältin Kathrin Franz hakt nach. Als sie sich nach anderen Aufklebern auf weiteren Bildern – beispielsweise von der XXII. Ausstellung der Berliner Secession – erkundigt, gerät sie zum ersten Mal mit Reinhard Birkenstock aneinander. Man werde nur Fragen zum Verfahrensgegenstand beantworten, teilt ihr der Jurist unfreundlich mit. Als die Anklagevertreterin daraufhin wissen möchte, ob Beltracchi der Name S. – einer der Beteiligten an dem frühen Molzahn-Verkäufen – etwas sagt, grätscht erneut Birkenstock rüde dazwischen: »Personenmemory machen wir nicht mit.«

Als Kathrin Franz am folgenden Verhandlungstag, dem 19. Oktober 2011, noch einmal versucht, den Blick der Kammer auf die tatsächlichen Ausmaße des Falles Beltracchi zu lenken, hat sie diesmal nicht nur die Anwälte der Angeklagten gegen sich. Die Staatsanwältin weist darauf hin, dass eine Fälschung unter dem Briefkopf des Ehepaars S. und mit der Legende angeboten wurde, sie stamme aus einer »Sammlung Jeanette und Thomas S.«. Möglicherweise sei Jeanette S. doch stärker an den Aktivitäten der Bande beteiligt gewesen als angenommen.

»Das ist ein Schlag unter die Gürtellinie«, poltert Reinhard Birkenstock. »Wir hatten Geschäftsabläufe vereinbart, und jetzt hat die Staatsanwaltschaft Wünsche.« – »Ich hatte mich auf die Absprache verlassen«, sekundiert ihm sein Kollege Gillmeister. »Wenn sich jetzt jeder noch etwas aus dem Kuchen herauspickt, steht die Absprache infrage. Das wäre ein Skandal, ich halte das für unerträglich. Dann machen wir keine Absprache.« Und als die Staatsanwältin – völlig zu Recht – auch noch darauf hinweist, dass Wolfgang Beltracchi selbst in seiner Befragung mit »Tremblement de Terre« ein weiteres Bild genannt habe, das gar nicht in der Anklageschrift steht, beharrt Birkenstock noch einmal darauf, dass es im Verfahren nur um 14 von über 50 Bildern gehe. »Entweder wir haben eine Absprache, oder wir haben sie nicht«, stellt sich schließlich auch der vorsitzende Richter gegen die Staatsanwältin. »Jetzt kommen sie durch die kalte Küche. Dann müssen wir sagen: Die Verständigung galt nicht, und fangen von vorne an – dann mache ich Beltracchi bis zu meiner Pensionierung. Wir hätten, wenn alles durchermittelt worden wäre, ein Strafmaß von neun bis zehn Jahren veranschlagt. 20 Prozent bis ein Drittel Strafminderung sind angemessen bei Geständnissen und Verständigungen. So haben wir das gemacht, und das war Konsens.«

Der letzte Versuch, den Fall Beltracchi doch noch in seiner ganzen Bandbreite und Bedeutung darzustellen und zu verhandeln, ist damit gescheitert. Zu früh hatte sich die Staatsanwaltschaft auf den Deal Geständnisse gegen Strafminderung eingelassen. Dahinter steckte offenbar die Furcht, ohne die umfänglichen Einlassungen der Angeklagten nicht belegen zu können, dass tatsächlich die für eine Verurteilung als Bande nötigen drei Personen eine Beteiligung an ausreichend vielen Fällen hätte nachgewiesen werden können. Wer allerdings die mehr als 8000 Seiten Akten kennt, die das Landeskriminalamt recherchiert und ausgewertet hat, kann diese Angst nur schwerlich nachvollziehen. Die Angeklagten auch ohne Deal und Geständnisse verurteilen zu können, wäre zumindest einen Versuch wert gewesen.

Entsprechend fallen am 21. Oktober die Abschlussplädoyers aus. Kathrin Franz und die Anwälte der Angeklagten argumentieren entsprechend der getroffenen Vereinbarung und fordern die Strafen, auf die man sich hinter den Kulissen geeinigt hatte. Die Staatsanwältin betont aber auch noch einmal, dass Wolfgang Beltracchi seit 1975 mit Fälschungen gehandelt habe, und sagt einen weiteren bemerkenswerten Satz: »Es mag vieles dafür sprechen, dass Wolfgang Beltracchi das künstlerische Talent hatte, alle Bilder zu fälschen. Aber es ist auch möglich, dass andere beteiligt waren.« Wolfgang Beltracchi scheint in seiner Eitelkeit getroffen und protestiert. Tatsächlich stießen aber mehrere Rechercheure unabhängig voneinander auf den Maler André C., der in Sète, nicht weit von Mèze entfernt, lebt und arbeitet, mit Wolfgang Beltracchi befreundet ist und von ihm einen Katalog finanziert bekam. Seine Bilder enthalten Details, die beispielsweise an von Beltracchi gefälschte Max-Ernst-Gemälde erinnern. C. selbst reagierte in einer E-Mail auf Anfragen zum Verhältnis der beiden: »Ich habe zu Herrn Beltracchi nichts zu sagen. Ich habe mit ihm vor einigen Jahren zusammengearbeitet, aber ich wusste nichts von seinen ›Aktivitäten‹. Seine Affäre erscheint mir sehr speziell und so unglaublich. Weil ich nichts darüber weiß, möchte ich auch keine weiteren Kommentare abgeben.«

Reinhard Birkenstock spricht in seinem Plädoyer von seinem Mandanten als einer »außerordentlichen Persönlichkeit« und verteidigt den Deal. Er habe dazu beigetragen, eine »langweilige, ordinäre, monatelange Beweiserhebung« zu vermeiden – was immer das aus der Sicht eines erfahrenen Juristen auch bedeuten mag. Dem Kunsthandel aber, so Birkenstock weiter, fehle in weiten Bereichen die Kontrolle – auch das habe das Kölner Verfahren belegt. Sein Kollege Rode liest die Geschichte von »Eulenspiegel beim Landgrafen von Hessen« vor und versucht, wenig überzeugend, sie auf seinen Mandanten zu übertragen, den schon der »Spiegel« fast zärtlich zum »Filou« verniedlicht hatte: »Jemand hat uns, nicht nur aus Gewinnsucht, den Spiegel vorgehalten.«

Auch Ferdinand Gillmeister sieht sich, wie später bei der Urteilsverkündung Richter Wilhelm Kremer, genötigt, noch einmal die Verständigung gegen die inzwischen massive öffentliche Kritik zu verteidigen: »Ein Strafprozess hat sich nur um zwei

Punkte zu kümmern: Schuld und Rechtsfolgen – nicht aber um die Aufklärung der Usancen des Kunstmarktes. Das muss an anderer Stelle geschehen. Da kümmern sich die Medien drum, und da ist schon viel Kluges geschrieben worden. Es scheint wie bei Derivaten nur noch darum zu gehen, diese Dinge wie heiße Kartoffeln weiterzureichen. Aber niemand schnürt das Paket mal auf und schaut nach, was drin ist. Es gilt nicht mehr: Was wertvoll ist, wird handelbar, sondern: Was handelbar ist, wird wertvoll.«

Am 27. Oktober 2011 um 11.41 Uhr verkündet Richter Wilhelm Kremer nach nur neun Verhandlungstagen das Urteil. Wie ausgehandelt und erwartet, werden Wolfgang Beltracchi zu sechs Jahren, Helene Beltracchi zu vier Jahren und Otto Schulte-Kellinghaus zu fünf Jahren Haft verurteilt. Jeanette S. erhält ein Jahr und neun Monate, die zur Bewährung ausgesetzt werden. Für den internationalen Kunsthandel ist der Fall Beltracchi damit noch lange nicht abgeschlossen. Auch das gelbe Paket und die Aktenordner, die unberührt in den Regalfächern des Kölner Gerichtssaals lagen, werden bald noch einige Sprengkraft entwickeln.

10

Wo sind die falschen Bilder geblieben?

Lediglich 14 der bereits ermittelten Bilder waren Gegenstand des Kölner Prozesses, der als größtes Kunstfälschungsverfahren in der Geschichte der Bundesrepublik galt und trotzdem schon nach neun Verhandlungstagen enden durfte. Auch um den Preis, dass mit dem weitreichenden Deal zugleich die Ermittlungen zu jenen 39 Bildern eingestellt werden mussten, von denen die Ermittler schon damals sicher waren, dass sie ebenfalls Wolfgang Beltracchi zuzuordnen sind. Weil aber entweder noch nicht alle Einzelheiten ausermittelt waren oder die strafrechtlich relevanten Betrugstaten so weit zurücklagen, dass sie inzwischen verjährt waren, standen sie nicht auch in der Anklageschrift für den Kölner Prozess. Außerdem weiß die Polizei bei einem Teil der identifizierten potenziellen Fälschungen trotz intensiver Recherche bis heute nicht, wo sich diese Gemälde befinden. Naturwissenschaftliche Untersuchungen, die den Fälschungsverdacht belegen könnten, waren deshalb hier noch nicht möglich.

Bei gut der Hälfte der Bilder – von denen einige sicher und andere möglicherweise Wolfgang Beltracchi zugeordnet werden können und die deshalb im Anhang dieses Buches dokumentiert sind – ist auch nach Ende des Kölner Prozesses der

Verbleib weiterhin unklar. Irgendwann tauchten viele dieser Werke kurzzeitig bei den maßgeblichen Experten für die gefälschten Maler, bei Galeristen oder in Auktionshäusern auf. Danach aber verliert sich wieder jede Spur.

Gestohlen in Mexiko, verschwunden in Japan

Für jedes Bild hat die Polizei eine eigene Fallakte angelegt. Manche dieser Fallakten umfassen Hunderte von Seiten, andere weitaus weniger. Ausdrücklich gestanden hat Wolfgang Beltracchi für diese Werke nicht, dass er sie gefälscht hat. Die Umstände, unter denen sie angeboten oder verkauft wurden, deuten allerdings darauf hin. Da ist zum Beispiel das angebliche Bild von Jean Metzinger, »Cycliste«, 54,7 mal 45,6 Zentimeter groß, das schon 1989 mit der Provenienz Sammlung Knops von Otto Schulte-Kellinghaus verkauft wurde. Im selben Jahr wurde das Gemälde dann über das Auktionshaus Champin-Lombrail-Gautier in Enghien-les-Bains, einer Kleinstadt nördlich von Paris, versteigert – für umgerechnet knapp eine halbe Million Euro. Käuferin war die Pariser Galerie Odermatt-Cazeau, die das Bild einige Jahre behielt, bevor es über eine andere Galeristin in eine japanische Sammlung gelangt sein soll. Der Expertin, die das Bild 1989 zunächst für authentisch befunden hatte, kamen Mitte der 90er-Jahre wegen der sonderbaren Signatur auf dem Gemälde Zweifel. Sie versuchte Schulte-Kellinghaus zu kontaktieren, doch der antwortete ihr nicht mehr. Inzwischen geht die Expertin von einer Fälschung aus. Der angebliche Metzinger-Radfahrer soll zuletzt in einem Museum im japanischen Osaka gehangen haben. Das japanische Museum sagt aber, dass es das Bild nicht kenne. Wo ist der Fahrradfahrer geblieben?

Überhaupt: Radfahrer. Für sie schien der Fälscher Wolfgang Fischer-Beltracchi ein Faible gehabt zu haben, auch wenn er das nicht bestätigt. Es sind noch mindestes zwei weitere vorgeblich alte Radrennszenen auf Leinwand bekannt, die seine Handschrift tragen und von seinen Helfern in Umlauf gebracht wurden. Über das eine, ebenfalls ein gefälschter Metzinger, weiß man nicht viel, außer dass die Leinwand oval ist und auf der Rückseite die bekannten Aufkleber »Flechtheim« und »Galerie Der Sturm« trägt. Die maßgebliche Metzinger-Expertin begutachtete das Bild schon im Jahr 2000 als Fälschung. Das andere Radler-Bild, André Lhotes »Course Cycliste à Bordeaux«, wurde von Helene Beltracchi 1995 bei Christie's in London eingeliefert und dort für 16 000 Pfund versteigert. Dabei fiel dem Auktionshaus nicht auf, dass es erst drei Jahre zuvor an demselben Ort ein anderes Werk mit gleichem Titel und Motiv verkauft hatte – mit der gleichen Expertise, ausgestellt am selben Tag, die auch bei der Fälschung 1995 im Katalog als Beleg für die angebliche Echtheit zitiert wurde, aber mit abweichenden Details und Maßen. Sind, was nicht abwegig wäre, beide Varianten Beltracchi-Fälschungen? Im Mai 1998 tauchte jedenfalls das zuletzt bei Christie's versteigerte Bild dann bei Sotheby's wieder auf und fand für 95 000 Dollar einen Käufer. Dem soll es danach allerdings auf der Reise von New York nach Mexiko gestohlen worden sein. Aber stimmt das? Oder will nur jemand verbergen, dass er auf eine Fälschung hereingefallen ist. Und falls nicht: Wer hat die Fälschung gestohlen?

Ein angeblich vom polnischen Kubisten Henri Hayden signiertes »Stilleben mit Gitarre«, das im Oktober 1992 bei Sotheby's in London für 45 000 Pfund versteigert wurde, verschwand in Spanien. Was machte der Geschädigte – ein ehemaliger Banker – dort mit seiner mutmaßlichen Fälschung? Hat er das Bild an die Wand gehängt und sagt sich nun, es gefällt mir, basta, mir ist das Gerede um die Authentizität egal? Viele Sammler, so vermuten Ermittler, zeigen Kunstbetrüge deshalb nicht an, weil sie sonst Schwarzgeldtransaktionen offenbaren müssten.

Unklar ist auch, an wen und für wie viel Geld der Genfer Galerist Marc Blondeau das Gemälde »Port d'Anvers« von Émile Othon Friesz noch im März 2010 auf der glamourösen Kunstmesse TEFAF in Maastricht verkaufte. Er hatte es kurz zuvor, am 12. Januar 2010, von seinem Pariser Kollegen Jean-François Aittouarès für 650 000 Euro übernommen. Aittouarès wiederum hatte das Bild erst am selben Tag von Wolfgang Beltracchi für 450 000 Euro gekauft, wie eine von diesem unterschriebene Quittung belegt – also mit diesem Bild an einem einzigen Tag 200 000 Euro Gewinn gemacht. Die Expertise für das Gemälde hatte praktischerweise Aittouarès' Tochter Odile erstellt. Interessant an diesem nur ein gutes halbes Jahr vor der Festnahme Beltracchis in den Kunstmarkt geschleusten Gemälde ist auch der Aufkleber auf der Rückseite: Er soll diesmal nicht die Provenienz aus der »Sammlung Flechtheim« bezeugen, nicht die »Galerie Der Sturm« oder »Schames«, sondern die Teilnahme an der »XXII. Ausstellung der Berliner Secession«. Es war eine legendäre Ausstellung: Im Vorwort zu ihrem 1911 veröffentlichten Katalog findet sich, so hat es der Germanist Thomas Anz recherchiert, der früheste schriftliche Beleg für das Wort »Expressionisten«. Dieser wichtige, einen Epochenbegriff prägende Katalog wurde von der Polizei auch in dem Haus der Beltracchis in Freiburg gefunden.

Die Spur eines gefälschten Gemäldes von Raoul Dufy, auf dem ein von Bäumen umgebenes Gebäude zu sehen und von dem bisher nur eine Schwarz-Weiß-Abbildung bekannt ist, verliert sich in Singapur. Schon 1990 und 1995 hatte Wolfgang Beltracchi, der damals noch Fischer hieß, von der Pariser Dufy-Expertin Fanny Guillon-Laffaille Gutachten für zwei andere angebliche Dufy-Gemälde erhalten. Mit Schreiben vom Juli 2007 wandte er sich erneut an die Expertin und bat diesmal um Bestätigung der Echtheit des Gemäldes mit dem Haus im Wald und um dessen Aufnahme in das Werkverzeichnis. Er habe, schrieb Beltracchi, das Werk »vor Kurzem im ehemaligen Ost-Berlin für seine Sammlung erworben«. Davor habe sich das Bild über 60 Jahre in Familienbesitz befunden. Der Fälscher schickte der Expertin auch die Kopie einer Schwarz-Weiß-Fotografie »aus den 40er-Jahren«, auf der eine schwarz gekleidete Frau – Helene Beltracchi – vor dem angeblichen Dufy und einer Fälschung von Carlo Mense steht: das dritte gefälschte Foto, auf dem die Frau des Fälschers posiert. Otto Schulte-Kellinghaus verkaufte den angeblichen Dufy aus Ostberlin dann im Juni 2009 für 700 000 Euro an die Firma Wang Tak Trading in Singapur. 20 Prozent des Geldes behielt er, den Rest überwies er brav an Beltracchi. Wer sich hinter Wang Tak Trading verbirgt und wo sich das Bild heute befindet, ist ungewiss.

Von den beiden anderen Dufy-Gemälden lässt sich bislang nur eines identifizieren: die Hafenansicht »La plage du Havre (Le Casino Marie-Christine de Sainte-Adresse)«. Diese mutmaßliche Fälschung beschreibt Beltracchi in seiner Bitte um Expertise nämlich selbst sehr deutlich: »Es handelt sich um ein Gemälde Öl auf Leinwand mit den Maßen 61 × 100 cm, signiert. Es stammt aus der Galerie Flechtheim Berlin/Düsseldorf. Auf der Rückseite befindet sich ein altes Etikett ›Sammlung Fleichtheim‹ (sic) mit der Aufschrift ›Raoul Dufy, Paris, Landschaft mit Booten‹.« Nachdem sie das Gutachten erhalten hatte, lieferte Helene Beltracchi es 1996 beim Auktionshaus Sotheby's in London ein. Der dortige Experte lehnte es aber als nicht authentisch ab. Zwei Jahre später brachte Beltracchi das Gemälde zu Lempertz nach Köln, wo es am 4. Juni 1998 für 140 000 Mark an einen Schweizer versteigert wurde.

Das dritte Dufy-Bild aber taucht nur auf einer Liste auf, die die Polizei bei der Durchsuchung der Beltracchi-Wohnung in Andorra fand. Danach handelte es sich um eine »Landschaft, um 1910«, die angeblich bereits 1991 für 160 000 Mark wieder verkauft worden sei. Von diesem Bild fehlt bis heute jede Spur. Zur Frage, ob er der Maler all dieser und der anderen verdächtigen Bilder ist, äußert sich Wolfgang Beltracchi nicht.

Die Betrüger haben auch mindestens zwei Blumen-Stillleben von Moise Kisling in den Verkehr gebracht. Das eine ließ Helene Beltracchi im Auktionshaus Sotheby's in London versteigern, wo es im November 1995 für 58 000 Pfund zugeschlagen wurde. Über das andere Bild wissen die Berliner Ermittler bislang so gut wie nichts; sie kennen es nur aus einer anderen Bilderliste der angeblichen Sammlung Werner Jägers, die Helene Beltracchi im September 2008 an die Expertin Andrea Firmenich schickte, als es um die Echtheit des »Roten Bilds mit Pferden« von Heinrich Campendonk ging. Auf dieser Liste tauchen auch weitere bis heute wenig bekannte Gemälde auf, etwa ein »Paris-Winterbild« von Gustave Loiseau.

Abschied aus der Asservatenkammer

Dass der Verbleib all dieser Bilder unklar ist, liegt nicht an dem fehlenden Einsatz der Berliner Ermittler – obwohl diese eigentlich großes Interesse nur an jenen Bildern gehabt haben müssten, deren In-den-Kunstmarkt-Bringen noch nicht verjährt war, die also erst in den letzten zehn Jahren vor Beginn der Ermittlungen von den Betrügern verkauft worden waren. Die Unklarheit über den Aufenthaltsort der meisten Beltracchi-Fälschungen liegt in erster Linie an der mangelnden Kooperation mancher Händler und Sammler. Viele von ihnen rücken mit Informationen erst heraus, wenn die Ermittler die Spuren bereits selbst gefunden haben und mit Beschlüssen zur Beschlagnahme kommen. Es ist auch durchaus möglich, dass einige der Sammler und Vermittler nach Bekanntwerden des Skandals einfach die falschen Aufkleber von den Rückseiten ihrer Beltracchi-Bilder pulten oder die Gemälde doublieren, das heißt auf neue Leinwände und Rahmen aufziehen ließen.

Nach deutschem Recht ist es nicht illegal, eine Fälschung zu besitzen. Es ist nur strafbar, sie als echtes Werk in den Kunsthandel einzuschleusen. Und so gibt es kaum eine Handhabe, die Beltracchi-Fälschungen dauerhaft aus dem Verkehr zu ziehen. Selbst von dem knappen Dutzend Beltracchi-Fälschungen, die sich im Laufe der Ermittlungen im Gewahrsam des Landeskriminalamtes Berlin befanden, müssen die meisten wieder an ihre rechtmäßigen Eigentümer zurückgegeben werden – so diese das wünschen. Viele Sammler und Händler haben die Bilder auch bereits zurückverlangt, sie benötigen sie teilweise für die zivilrechtlichen Verfahren, mit denen sie nun versuchen, ihr Geld von den Zwischenhändlern oder den Betrügern selbst zurückzubekommen. Und so sind schon bei der Drucklegung dieses Buches mehrere Gemälde aus der mit zwei dicken Türen und verstärkten Betonwänden gesicherten Asservatenkammer des LKA-Dezernates 454 wieder verschwunden und an die letzten Besitzer zurückgegangen. Es ist gesetzlich nicht einmal vorgesehen, dass gefälschte Bilder vor einer solchen Rückgabe – wie in anderen Ländern üblich – dauerhaft als Fälschungen gekennzeichnet werden.

Um einen Handel mit den Fälschungen zu verhindern, haben die Beamten die Bilder jedoch in das vom Kunsthandel mitfinanzierte »Art Loss Register« eingestellt. Bislang enthielt diese private Datenbank vor allem gestohlene Kunstwerke; nun sind dort auch die Beltracchi-Fälschungen zu finden. Auch das Kunstdezernat Interpol in Lyon hat die Werke registriert. Jedem Auktionator oder Kunsthändler, der ein dort gelistetes Kunstwerk handelt, droht deshalb nun eine Anklage wegen Betrugs; er kann sich nicht mehr auf seinen guten Glauben berufen.

Ganz scheint man solchen Listen allerdings nicht zu trauen, denn auch zahlreiche Kunsthändler drängen nun auf eine Gesetzesnovelle, die den Einzug, die Zerstörung oder zumindest die Kennzeichnung von Fälschungen möglich macht. Auf diese Weise würde auch verhindert, dass Beltracchi-Fälschungen in zwei, drei Jahrzehnten wieder auf dem internationalen Markt auftauchen. Der Kunsthandel hat ein schlechtes Gedächtnis, und spätestens seit dem Fall Jägers trauen ihm Marktbeobachter einiges zu.

Wie viele Bilder hat Beltracchi noch gefälscht?

Doch es sind nicht nur die bereits bekannten Fälschungen, die dem Markt und dem Betrieb noch Kummer bereiten könnten. Ralph Jentsch, der mit seinen Recherchen zum gefälschten Flechtheim-Aufkleber einen guten Spürsinn bewies und in der Folge zahlreiche Fälschungen identifizierte, ist davon überzeugt, dass noch Dutzende weiterer Beltracchi-Bilder kursieren. Auch René Allonge geht davon aus, dass der Fälscher und seine Helfer sehr viel mehr gemalt haben, als das LKA bisher feststellen konnte. In einem Interview mit der Illustrierten »Stern« gestand Werner Spies gut drei Monate nach Ende des Kölner Prozesses auch ein, dass er mehr als nur die sieben bislang bekannten gefälschten Max-Ernst-Gemälde vorgelegt bekommen habe. Wieder sei der Kontakt über Otto Schulte-Kellinghaus gelaufen: »Noch einmal bin ich ihm begegnet, das war 2007. Er brachte eine Mappe mit Papierarbeiten mit, nach seiner Darstellung mit Werken von Max Ernst aus dem Besitz der Beltracchis. Er bat mich, »einen Blick darauf zu werfen. (...) Soweit ich mich erinnere, waren es ausschließlich Papierarbeiten. Aber die waren nicht signiert. (...) Ich habe mir die Arbeiten nicht gründlich angesehen, aber nach dem ersten Blick hatte ich schon Zweifel an der Authentizität einiger Arbeiten. Das hab ich auch gesagt, aber ohne mich festzulegen. Ich habe Schulte-Kellinghaus erklärt, dass ich mir das gründlich anschauen müsste. (...) Er hat die Mappe wieder an sich genommen und erklärt, die Familie Beltracchi wolle sich nicht von diesen Arbeiten trennen, sodass es auf meine Begutachtung nicht ankomme. Dies war mein letzter Kontakt mit Schulte-Kellinghaus und den Beltracchis.«

Spies beschädigte in diesem Interview nicht nur noch einmal selbst massiv seinen einstigen Ruf als Max-Ernst-Experte, indem er eingestand, dass er von Beltracchis Helfer Schulte-Kellinghaus mehr Werke als bislang bekannt begutachtet und dies bei seiner Zeugenvernehmung verschwiegen hatte. Der Kunsthistoriker gab damit auch zu, dass er aus dem spätestens mit der Mappenvorlage 2007 aufgekommenen Verdacht keinerlei Konsequenzen zog, indem er beispielsweise die Polizei über seinen Fälschungsverdacht informierte. Noch in den folgenden Jahren fragte er sogar für von ihm organsierte große Museumsausstellungen weiterhin Max-Ernst-Gemälde als Leihgaben an, von denen er genau wusste, dass sie aus derselben Quelle stammten wie die zweifelhafte Mappe, die ihm Otto Schulte-Kellinghaus vorgelegt hatte: 2009 die Fälschung »La Horde« in Schwäbisch Hall und in Salzburg, 2009/2010 die Fälschungen »Oiseaux« (siehe Bildteil) und »La Mer« in Stockholm und Humlebæck, 2010 »La Mer« in Rom.

Spies bestätigt mit seinem »Stern«-Interview außerdem indirekt einen Verdacht, der bei privaten wie offiziellen Ermittlern schon seit Längerem besteht: Warum sollten Wolfgang Beltracchi und seine Helfer nicht neben Gemälden auch gefälschte Papierarbeiten in Umlauf gebracht haben? Sie sind wesentlich einfacher herzustellen und – weil man weder Leinwände noch Pigmente prüfen kann – auch wesentlich schwerer nachzuweisen. Und dass Beltracchi wusste, wie er an altes Papier für seine gefälschten Etiketten kam, hat er im Prozess selbst zugegeben. Unter anderem dienten leere Vorsatzblätter aus alten Büchern dafür. Bewiesen ist dieser Verdacht noch nicht. Inzwischen gibt es aber Indizien, die ihn zumindest stark unterstützen.

Im Frühjahr 2012 untersuchte das Rathgen-Forschungslabor der Staatlichen Museen zu Berlin ein angeblich von Heinrich Campendonk stammendes Aquarell mit dem Titel »Liebespaar (Heinrich und Ada)«. Im Mai 2008 war es im Kölner Auktionshaus Lempertz an einen britischen Kunsthändler verkauft worden. Als auch bei diesem Blatt ein Fälschungsverdacht aufkam, habe er, so Lempertz-Inhaber Henrik Hanstein gegenüber dem »Kölner Stadt-Anzeiger«, dem Erwerber zweimal anbieten lassen, den Kauf zu stornieren. Dieser habe davon aber keinen Gebrauch gemacht. Ende Februar 2012 gelang es mit modernsten Methoden, auch in diesem Werk die Verwendung von Phthalocyanin nachzuweisen – jener Farbpigmentkomponente, die schon bei mindestens einem Beltracchi-Bild als Fälschungsnachweis gedient hatte, weil sie zum Zeitpunkt der angeblichen Entstehung noch gar nicht erhältlich war. In Umlauf gebracht worden war das Aquarell – wie mindestens ein weiteres mutmaßlich gefälschtes Wasserfarbblatt (»Zwei Pferde in Berglandschaft«) – mithilfe des einschlägig vorbestraften Gustav N., dem im Sommer 2010 die Teilnahme an einem Berliner Prozess wegen gefälschter Nussbaum- und Kippenberger-Werke nur deshalb erspart blieb, weil der damals 70-Jährige verhandlungsunfähig in einem Krankenhaus lag. Zu den »Pferden in Berglandschaft«, die der Münchner Galerist Raimund Thomas 2008 für einen sechsstelligen Betrag im Zürcher Auktionshaus Koller ersteigert hatte, lautete die Provenienzangabe »Privatbesitz Starnberg« und »Privatbesitz Herrsching am Ammersee«. Zur Herkunft des »Liebespaars« gab N. in einer Vernehmung aber an, er habe es aus derselben Quelle in Südfrankreich erhalten, aus der auch das 2006 bei Lempertz zu einem Weltrekordpreis versteigerte »Rote Bild mit Pferden« stamme. Dass es sich bei dieser Quelle um Helene und Wolfgang Beltracchi handelt, liegt zwar nahe, ist damit allerdings nicht bewiesen. Beltracchi selbst äußerte sich gegenüber den Autoren nicht dazu.

Höchstwahrscheinlich wird Wolfgang Beltracchi in Zukunft die eine oder andere Information zu weiteren seiner Fälschungen herausgeben. Doch es nicht davon auszugehen, dass er damit volle Transparenz schaffen wird. Bisher zumindest hat er nie die Wahrheit um der Wahrheit willen enthüllt, sondern immer nur die Teile davon, die ihm jeweils nützten – entweder um das Interesse an seiner Person wachzuhalten oder um sich als Eulenspiegel und Filou zu inszenieren und damit sein Handeln über die Banalität der Geldgier hinauszuheben. Voraussichtlich wird er auch nur solche Fälschungen öffentlich eingestehen, für die er zivilrechtlich nicht mehr in Haftung genommen werden kann. Auf die Suche nach der Wahrheit werden sich andere machen müssen.

Wahrscheinlich wissen auch noch immer nicht alle der betroffenen Sammler, dass sie Opfer eines Betrügers wurden. Wahrscheinlich wird noch immer mit Beltracchi-Bildern auf dem internationalen Kunstmarkt gehandelt. Einem Markt, dem Diskretion immer noch ein höheres Gut als Aufklärung ist.

11
Lernen aus der Vergangenheit?

Dem Kunstmarkt hat der Skandal um die Fälschungen von Wolfgang Beltracchi, die erfundenen Sammlungen Jägers und Knops und die blamierten Experten nicht geschadet. Drei Monate nach dem Urteil gegen die Mitglieder der Beltracchi-Bande legte das Londoner Auktionshaus Christie's seine Geschäftsbilanz für jenes Jahr 2011 vor, in dem die Kunstwelt alle paar Wochen fassungslos neue Einzelheiten aus der wohl größten Fälschungsaffäre der Nachkriegszeit hatte zur Kenntnis nehmen müssen. Dass diese Meldungen die Kauflust der Sammler nicht einmal annähernd geschwächt hatte, belegten eindrucksvoll die Zahlen aus London: 5,7 Milliarden Dollar Umsatz machte Christie's im Jahr 2011 – rund 800 Millionen davon in diskreten Privatverkäufen, den Rest über die öffentlichen Auktionen. Im Vergleich zum Vorjahr war das eine Steigerung von 14 Prozent. 719 Mal lag der Zuschlag über einer Million Dollar, 79 Prozent aller angebotenen Stücke fanden einen Käufer – drei Viertel von ihnen saßen entweder in den USA oder in Europa, dort, wo auch die meisten der Beltracchi-Geschädigten leben.

Der Kunstmarkt reagiert nicht auf kurzfristige Erschütterungen – weder in der eigenen noch in anderen Branchen. Während 2009 in Downtown Manhattan die Banken zusammenbrachen und Börsenmakler nach der Kündigung in Pappkartons ihre wenigen privaten Gegenstände aus den Büros trugen, verzeichneten die Galerien und Auktionshäuser an der Upper East Side unverändert einen Rekordpreis nach dem nächsten – nicht zuletzt deshalb, weil viele Börsen- und Bankenopfer gezwungen waren, sich von ihren Van Goghs und Renoirs zu trennen. Natürlich waren darunter auch einige der ganz großen Sammler, die anschließend ihre Sammlungen an die Banken verpfänden mussten; dem Image von teurer Kunst als krisensicherer Anlage und Absicherung für schlechte Zeiten tat das aber keinen Abbruch. Die Notverkäufe, mit denen immer noch gute Preise erzielt wurden, festigten eher den Ruf von Bildern und Skulpturen als sichere Investition.

Zu glauben, dass die Kunstwelt dort, wo es um die sieben- und achtstelligen Summen geht, seismographisch auf politische oder gesellschaftliche Entwicklungen reagieren und sich die Preise dementsprechend verändern würden, ist naiv und wirklichkeitsfremd. Wer sich einen Rothko für 60 oder einen Pollock für 80 Millionen Dollar leisten kann, macht sich in der Regel weder Gedanken um die Revolutionen in Nordafrika noch um die griechische Staatspleite oder die Atomkatastrophe in Fukushima. Die wirtschaftlichen Folgen, die solche Ereignisse haben – etwa fallende Kurse bei Atomenergieunternehmen oder steigende Preise bei bestimmten Rohstoffen –, werden für sie in aller Regel durch ihre Vermögensverwalter oder ihre Investmentbanker abgefedert.

Der Kunsthandel ist ein eigener abgeschotteter Planet mit eigenen Bewohnern und eigenen Gepflogenheiten. Jeder angesehene Galerist in New York, London oder Paris hat in seinem Notizbuch die Namen von mindestens zehn Personen stehen, denen er problemlos sofort ein Kunstwerk für 50 Millionen Dollar anbieten könnte. Der Käufermarkt hängt nicht von der Weltwirtschaftslage ab. Denn die meisten dieser Top-Kunden verfügen über so unvorstellbar große und so krisensicher angelegte Vermögen, dass für sie nur zwei Fragen maßgeblich sind: Will ich dieses Bild haben, weil es meinem Geschmack entspricht und zu meiner Sammlung passt? Und ist es seinen Preis auch tatsächlich wert, ist es echt? Für einzelne beteiligte Galerien, Auktionshäuser und Experten kann deshalb ein großer Fälschungsskandal wie der um die Bilder von Wolfgang Beltracchi kurzfristig negative Konsequenzen haben: Man kauft lieber dort, wo in der Vergangenheit ein Handel mit zweifelhafter Ware zumindest nicht öffentlich bekannt geworden ist – sicher ist sicher. Schon wenn das nächste bedeutende Bild von Max Ernst oder Heinrich Campendonk auf den Markt kommt, sind die Vorbehalte und Verfehlungen aber innerhalb kürzester Zeit vergessen und vergeben. Die Sucht nach dem guten Bild ist stärker.

Kulturelles Prestige kaufen

Ein kurzer Blick in die Vergangenheit zeigt, dass die Geschichte der Kunstfälschungen so lang ist wie die Geschichte des Kunsthandels – und stets folgenlos blieb. Immer wieder gelang es mehr oder weniger geschickten Betrügern, ihre Falsifikate in Privatsammlungen und Museen zu platzieren. Immer wieder gab es danach große Aufregung und die zerknirschte Versicherung, man werde fortan sorgfältiger prüfen und vorsichtiger agieren. Und immer wieder waren diese Versprechungen schnell wieder vergessen, und im Vordergrund stand statt der Umsicht wieder der Umsatz.

Seit Mitte des 19. Jahrhunderts die jährlichen Salons der Pariser Akademie und bald darauf die sezessionistischen Bewegungen in ganz Europa regelmäßig Nachschub für die bürgerlichen Wohnzimmer lieferten, erlebte auch der private Kunsthandel in den Metropolen seinen Aufschwung. Bis zur Jahrhundertwende war eine florierende Branche entstanden, die dem Bürgertum neben Bildern auch kulturelles Prestige und gesellschaftliche Anerkennung verkaufte. Und wie immer, wenn eine neue Branche wirtschaftliche Erfolge feiert, rief auch diese schnell die Nachahmer, Profiteure und Betrüger auf den Plan. Schon bald wurde gefälscht, wurden Schüler- und Atelierarbeiten als Originale angeboten und teuer verkauft, ließen sich Sammler täuschen, weil es ihnen nicht um die Qualität des einzelnen Werks ging, sondern hauptsächlich um das Renommee, das schon damals mit dem Namen bestimmter Künstler verbunden war. Im Deutschen Kaiserreich zählte der lange in Vergessenheit geratene und erst durch die Schriften und Ankäufe des Berliner Museumsdirektors Wilhelm Bode wiederentdeckte Rembrandt van Rijn zu den beliebtesten Künstlern. Ab 1900 wurde der Müllersohn aus Leiden von Bode sogar völkisch vereinnahmt: »Durch Rembrandt ist die holländische Kunst erst zum reinen Ausdruck ihres Charakters gelangt. Er bildet den Höhepunkt ihrer malerischen Entwicklung. In Deutschland liebt man es jetzt, Rembrandt als einen Deutschen in Anspruch zu nehmen; richtig ist nur, dass er der Spross eines rein germanischen Stammes und seine Kunst eine echt germanische ist. Sie ist der mächtigste Ausdruck germanischer Kultur überhaupt, die unter ihren Künstlern keinen vollkommeneren Vertreter kennt.«

Entsprechend schnell wuchs das Angebot an Rembrandts Bildern. Wer es sich leisten konnte, wollte eines davon besitzen – und das schon bald nicht nur in Deutschland. Schnell hatte die Nachricht vom großen Niederländer auch die Neue Welt erreicht. Zwischen 1909 und 1951, so recherchierte der »Spiegel«, registrierte auch der New Yorker Zoll die stolze Zahl von 9428 ins Land gebrachten Rembrandt-Werken: Gemälde und Zeichnungen, Druckgrafiken und wohl auch Stiche nach Rembrandts Motiven. Als Bode und der niederländische Kunsthistoriker Cornelis Hofstede de Groot zwischen 1897 und 1906 ihren Rembrandt-Werkkatalog herausgaben, versammelten sie in acht Bänden 595 Gemälde. 1923 fand Wilhelm Valentiner dann sogar über 700 Bilder, die Abraham Bredius dann zwölf Jahre später allerdings auf etwas über 600 reduzierte. Das kritische Bewusstsein der 68er-Generation blieb auch in der Kunsthistorik nicht ohne Einfluss, infolge des allgemeinen Umdenkens an den Universitäten wurden auch viele vermeintliche Rembrandt-Besitzer ihrer Schätze beraubt: 1969 erschien ein neuer Catalogue raisonné von Horst Gerson, der nur noch 420 Gemälde als eigenhändig akzeptierte. Und wenn in ein paar Jahren das von Willem van de Wetering geleitete »Rembrandt Research Project« seine Arbeit beendet haben wird, könnte davon noch einmal rund ein Drittel zu Atelier- oder Schülerarbeiten degradiert worden sein – das jedenfalls zeichnet sich nach Erscheinen der ersten fünf Bände dieses nun wohl endlich definitiven Werkverzeichnisses ab. Zahlreiche Käufer waren ab 1900 also entweder Fehlzuschreibungen oder bewussten Fälschungen aufgesessen, die es um die Jahrhundertwende durchaus bereits gab. Zahlreiche später gefertigte Gemälde und Zeichnungen waren bewusst mit »Rembrandt« signiert worden, um Sammler in die Irre zu führen.

Geistes- gegen Naturwissenschaften

Das »Rembrandt Research Project« kann sich heute modernster naturwissenschaftlicher Untersuchungsmethoden bedienen. Als Ende des 19. Jahrhunderts der Sammlerboom einsetzte, zählte dagegen nur das stilkritische Urteil der Experten. Untersuchungen der Leinwand? Überflüssig. Röntgen der Gemälde? Gerade erst entdeckt, der Medizin vorbehalten und viel zu teuer. Entsprechend hoch war die Zahl der Fehlurteile – bei Rembrandt sicher auch ohne böse Absicht. Werke, die seine Schüler – zum Teil in dessen Auftrag – in seiner Art, in seinem Atelier und mit seinen Materialien gemalt hatten, sollten ja gerade wie echte Rembrandts aussehen. Dass sie es nicht waren, ließ sich erst Jahrzehnte später feststellen, als es die dafür notwendigen Technologien gab.

Bei anderen gefälschten Künstlern hingegen kann man nichts anderes als betrügerische Absicht unterstellen. Schon acht Jahre nach dem Tod Vincent van Goghs tauchten erste Bilder auf, die in seinem Stil gemalt worden waren. Sie trugen die charakteristische Signatur »Vincent« – Schüler aber hatte van Gogh nie gehabt. Hier ging es also ausschließlich darum, viel Geld mit dem Namen eines Malers zu verdienen, dessen Popularität und Sammelwürdigkeit gerade im Steigen begriffen waren.

Der Aufschwung des privaten Kunsthandels Ende des 19. Jahrhunderts hatte also schon bald auch kriminelle Folgen. Kunstfälschung und das Umdeklarieren von unbedeutenden Gemälden und Plastiken zu Werken großer Meister wurden zum lukrativen Geschäft. Und schon damals führte der Weg zum großen Geld über die großen Experten. Sie galt es von der Authentizität der angebotenen Ware zu überzeugen. Die Provenienz eines Gemäldes oder einer Plastik spielte damals noch keine allzu große Rolle. Einen global vernetzten Kunstmarkt wie heute gab es zu Beginn des 20. Jahrhunderts noch nicht. Zwar hatten Galerien in New York gelegentlich Filialen oder Partnerunternehmen auch in Berlin und London. Im Grunde handelte es sich in diesen Metropolen aber um lokale Märkte, auf denen sich die Herkunft eines Gemäldes kaum überprüfen ließ. Wer eine Geschichte von Erbschaften, Dachspeicherfunden oder Gelegenheitskäufen beim Trödler um die Ecke erzählte, dem wurde sie in aller Regel auch geglaubt.

Was zählte, war schon damals das Urteil der Experten. 1799 war in Göttingen die erste Professur für Kunstgeschichte eingerichtet worden. Erst Mitte des 19. Jahrhunderts aber, so schreibt der Kunsthistoriker Udo Kultermann in seinem Standardwerk »Die Geschichte der Kunstgeschichte«, begann sich das Fach

»von einer literarisch-sentimentalen, aus fremden Quellen gespeisten, also kunstfremden Betrachtungsweise« zu einer wissenschaftlichen Disziplin mit eigenen Methoden und objektivierbaren Ergebnissen zu emanzipieren. Mehr und mehr Forscher konzentrierten sich in der Folgezeit auf bestimmte Epochen oder auf einzelne Künstler, die ihnen herausragend schienen. Schnell kam es dadurch auch zu wissenschaftlicher Konkurrenz, die zum ersten Mal 1871 im sogenannten »Dresdner Holbein-Streit« um die Frage kulminierte, ob die Originalfassung eines Madonnenbildes von Hans Holbein dem Jüngeren in Darmstadt oder in Dresden hängt. Während sich der große Basler Kunsthistoriker Jacob Burckhardt für die Dresdner Variante einsetzte, bezeichnete Wilhelm Bode, Generaldirektor der Berliner Museen, sie zu Recht als spätere Kopie. Naturwissenschaftliche Untersuchungen von Gemälden gab es damals noch nicht – die entsprechenden Methoden waren schlicht noch nicht entwickelt worden. Der Streit um echt und falsch wurde deshalb allein stilkritisch ausgetragen. Das Urteil fällten Geistes-, nicht Naturwissenschaftler. Die Grundlage für die bis heute andauernde Monopolisierung von Kennerschaft war geschaffen.

Die Kunsthistoriker allerdings lagen auch damals schon entsprechend häufig daneben. Und auch sie waren nicht frei von Interessen. Knapp vier Jahrzehnte nach dem Holbein-Streit blamierte sich auch Wilhelm Bode. Der Londoner Kunsthändler Murray Marks hatte im Sommer 1909 den Berliner Museen eine Wachsbüste der Frühlingsgöttin Flora als verschollenes Meisterwerk von Leonardo da Vinci verkauft. Obwohl es schon früh Hinweise darauf gab, dass es sich um eine Fälschung des britischen Bildhauers und Fotografen Richard Cockle Lucas handele, war Bode so stolz auf seine vermeintliche Entdeckung und den Ruhm, den das seltene Stück ihm und den Berliner Museen eintragen würde, dass er 185 000 Goldmark dafür zahlte. Selbst als, auf einen entsprechenden Hinweis von

Cockles Sohn Albert hin, im Innern der Büste Zeitungen und ein Brief aus dem Jahr 1840 gefunden waren, beharrte Bode bis zu seinem Tod im Jahr 1929 auf seiner Zuschreibung. Erst eine chemische Untersuchung im Jahr 1986 lieferte schließlich den Beweis für die Fälschung: Das verwendete Wachs enthielt Stearin, einen synthetischen Stoff, der erst ab 1818 produziert wurde – knapp 300 Jahre nach dem Tod von Leonardo da Vinci.

1928 stand in Berlin der Malersohn und Tänzer Otto Wacker vor Gericht. Ihm war es gelungen, rund 30 Kopien nach Gemälden von Vincent van Gogh als angeblich verschollene Originale an prominente private und öffentliche Besitzer – darunter die Museumsgründerin Helene Kröller und den US-Großsammler Chester Dale – zu verkaufen. Wacker hatte in der feinen Berliner Bellevuestraße eine Galerie eröffnet und seinen Kunden erzählt, die Werke stammten von einem nach Deutschland emigrierten Russen, der aber wegen seiner in der Sowjetunion zurückgelassenen Familie anonym bleiben müsse.

Die Rolle der Experten

Auch hier gibt es deutliche strukturelle Parallelen zum Fall Beltracchi: Für die Zypressenbilder, Selbstporträts und Blumen-Stillleben hatte auch Wacker zuvor Expertisen der namhaftesten Van-Gogh-Experten seiner Zeit eingeholt. Julius Meier-Graefe, Henricus P. Bremmer und auch Jacob-Baart de la Faille, der Autor des gerade erst erschienenen vierbändigen Werkverzeichnisses, hatten entsprechende Gutachten geschrieben und dafür von Wacker Honorare kassiert. Einige von ihnen waren – wie im Fall Beltracchi der Max-Ernst-Experte Werner Spies – auch am Handel mit den Wacker-Bildern, die sie zuvor selbst zu Originalen erklärt hatten, beteiligt und kassierten entsprechende Provisionen. Den Nachweis, dass sie alle auf Fälschungen hereingefallen waren, brachte schließlich die Naturwissenschaft. Der Gemälderestaurator Kurt Wehlte setzte zum ersten Mal Röntgenbilder ein und wies damit nach, dass auf den neu aufgetauchten Bildern das für van Gogh so typische Relief erst aus weißer Malpaste aufgebaut worden war, das der Fälscher – möglicherweise Wackers Bruder Leonhard – anschließend farbig bemalte.

Die Vermeer-Fälschungen des Han van Meegeren, die gotischen Fresken von Lothar Malskat, Elmyr de Horys Matisse- und Modigliani-Kopien, die Spitzwegs und Zügels von Wolfgang Lämmle, die expressionistischen Druckgrafiken und Gemälde von Edgar Mrugalla – sie alle haben Experten blamiert, den Kunstmarkt eine Zeit lang in Aufregung versetzt, die Männer, die sie malten oder in Holz schnitten, ins Gefängnis gebracht. Irgendwann erschienen Biografien oder Autobiografien, in denen die Betrüger ihre Sicht der Dinge darstellen und sich selbst wahlweise als Genies oder als selbstlose Helden stilisieren konnten, denen es nur darum gegangen sei, den geldgierigen Kunstmarkt bloßzustellen. Elmyr de Hory wurde gar zur Hauptfigur eines halb dokumentarischen Films von Oscar-Preisträger Orson Welles. Dass diese Fälscher selbst vor allem von Geldgier getrieben wurden und welch luxuriöse Leben in Traumvillen und Luxushotels auf der ganzen Welt sie sich von ihrem ergaunerten Geld gönnten, war in diesen Büchern nie ein Thema.

Auch der Kunstmarkt selbst vergaß jeweils schnell. Zwar versicherte schon nach dem Wacker-Skandal Ende der 1930er-Jahre der Kunsthandelsverband, man werde künftig dafür sorgen, dass sich ein Betrug solchen Ausmaßes nicht wiederholen könne. Tatsächlich aber setzte der Handel schon damals auf das schlechte Gedächtnis seiner Kunden – und auf die Strahlkraft der angebotenen Bilder und der großen Namen der Kunstgeschichte. Schon bald ging alles weiter wie gehabt, bis zum nächsten größeren Fälschungsskandal: Man setzte auf die Meinung der jeweils maßgeblichen Experten. Erklärten sie ein Werk zum Original, würde sich ein Käufer schon finden.

Tatsächlich hatten Galeristen und Auktionatoren bis nach dem Zweiten Weltkrieg allerdings auch kaum eine andere Möglichkeit, die Echtheit eines Kunstwerks zu überprüfen. Zu den meisten Künstlern der klassischen Moderne gab es noch keine Werkverzeichnisse – weil ihr Werk entweder noch nicht abgeschlossen oder noch nicht allgemein anerkannt war. Und jene technischen Methoden, mit denen beispielsweise Unterzeichnungen, Übermalungen oder Motivveränderungen hätten aufgespürt werden können, wurden erst nach dem Krieg systematisch auch zur Erkennung von gefälschten Kunstwerken eingesetzt.

Kein Umdenken

Als aber Wolfgang Beltracchi – wohl spätestens in den 80er-Jahren – begann, seine Fälschungen in Umlauf zu bringen, standen all diese Technologien bereits zur Verfügung. Es gab Speziallabors, die entsprechende Untersuchungen anboten – gegen entsprechende Bezahlung natürlich. Trotzdem scheint kein einziges der Beltracchi-Bilder vor dem Verkauf im Auftrag eines Händlers oder Sammlers auch nur ansatzweise naturwissenschaftlich untersucht worden zu sein – selbst dann nicht, als Ende der 90er-Jahre einige Kunsthistoriker wie Andrea Firmenich dazu übergingen, naturwissenschaftliche Untersuchungen als Voraussetzung für stilkritische Gutachten zu fordern. Man glaubte Beltracchi und seinen Helfern die Geschichte von den Kunst sammelnden Großvätern Werner Jägers und Wilhelm Knops und ihrer Bekanntschaft mit Alfred Flechtheim – obwohl sie leicht zu widerlegen gewesen wäre. Der Umstand, dass ein Grabstein auf dem Kölner Friedhof Melaten existiert, ist eben noch kein Beweis dafür, dass der dort Begrabene tatsächlich Gemälde von Max Pechstein, Heinrich Campendonk und Carlo Mense besessen hat. Man vertraute auf die Sammler- und Galerieetiketten auf den Rückseiten der Gemälde, die ein seriöser Experte, der über diese Sammler und Galerien geforscht hatte – hätte man ihn denn gefragt –, niemals als authentisch anerkannt hätte. Man überprüfte gelegentlich, dass es in lange zurückliegenden Ausstellungskatalogen tatsächlich Werke mit den Titeln der angeblich wiederentdeckten Meisterwerke gab, bemerkte aber nicht, dass dazu keine Abbildungen existierten, die belegen konnten, dass die damaligen Bilder genau so aussahen, wie die nun zum Verkauf angebotenen. Um ernsthafte Provenienzforschung war der Kunsthandel nicht bemüht. Immer wieder wurden falsche Angaben veröffentlicht. In einem Fall – dem mit Rekordpreis verkauften angeblichen »Roten Bild mit Pferden« – behauptete das Kunsthaus Lempertz in seinem Auktionskatalog vom 29. November 2006 sogar, eine solche Abbildung sei im historischen Katalog der Campendonk-Ausstellung 1920 in der Galerie Flechtheim in Düsseldorf vorhanden. Tatsächlich gibt es eine solche Abbildung nicht, nur der Titel ist im historischen Katalog genannt. Wolfgang Beltracchi hatte das Bildmotiv nach diesem Titel einfach nur erfunden.

Vor allem aber vertraute man dem Urteil jener Experten, bei denen die Mitglieder der Beltracchi-Bande vor fast jedem Verkauf mehr oder weniger ausführliche Gutachten einzuholen versucht hatten. Auf sie wälzte der Handel damit alle Verantwortung ab. Dass einige dieser Experten – wie Odile Aittouarès oder Werner Spies – durch Verkaufsbeteiligungen von ihren positiven Gutachten finanziell profitierten, war entweder nicht bekannt oder gleichgültig. Und dass sich an der Einstellung vieler dieser Fachleute im Vergleich zum ausgehenden 19. Jahrhundert nichts verändert hatte, warf ebenfalls keine Fragen auf. »Der Rückseite des Werkes und eventuell angebrachten Aufklebern, an die ich mich nicht erinnern kann, messe ich keine

Bedeutung bei«, erklärt Spies später der Polizei, »ich verlasse mich ausschließlich auf meine stilkritische Einschätzung.« Inzwischen steht fest, dass sein Selbstbewusstsein auf grandioser Selbstüberschätzung beruhte.

Was also müsste sich ändern, damit der nur rudimentär aufgeklärte Fall Beltracchi, dessen Folgen nach wie vor nicht abzusehen sind, wenigstens in absehbarer Zeit keine Nachahmer findet? Der Kunstmarkt müsse über seine Gepflogenheiten nachdenken, war nach den Kölner Urteilen von verschiedenen Seiten wieder einmal zu hören. Dieses Nachdenken bringt vor allem zwei Vorteile mit sich: Es kostet nichts, und wer tatsächlich nachdenkt und dabei zu welchen Ergebnissen kommt, lässt sich nur schwer überprüfen.

Kodex für den Kunsthandel

Sollte es die Branche ernst meinen mit dem Nachdenken über einen nachhaltigen Selbstreinigungsprozess, so müsste ihr Bundesverband endlich eine Debatte über einen Kodex anstoßen, dem sich alle Mitglieder verpflichten und der auch tatsächlich überprüft wird.

Zu überlegen wäre:

1. ob es weiterhin möglich sein kann, dass einzelne Experten über die Echtheit von Werken entscheiden können und dürfen.

Für viele Künstler – etwa für Rembrandt, Wassily Kandinsky, André Derain, Franz Marc oder Vincent van Gogh – ist das Monopol der alleinigen Kennerschaft schon seit Langem gebrochen. Mehrköpfige kompetent besetzte Projektgruppen oder Komitees haben die Aufgabe der Expertisierung übernommen.

Wird beispielsweise dem Van Gogh Museum in Amsterdam ein Werk des Niederländers zur Begutachtung vorgelegt, so urteilen darüber Kunsthistoriker und Restauratoren. Leinwandfäden werden gezählt, Pigmente analysiert, der Pinselduktus analysiert. Gegebenenfalls ziehen die Fachleute des Museums aber auch externen Sachverstand in Person einer Botanikerin hinzu, um beispielsweise die Frage zu beantworten, ob im Herbst 1888 der Weizen in Arles tatsächlich eine bestimmte Höhe erreichen konnte. Oder Lokalhistoriker, um andere Fragestellungen zu klären: Fast hätte man in Amsterdam einmal eine angeblich neu entdeckte Pariser Stadtansicht von van Gogh als authentisch anerkannt, wäre nicht einer der Beteiligten in letzter Sekunde aufgefallen, dass am äußersten Bildrand ein Stück der Kirche Sacre-Cœur zu sehen war. Die aber war gerade erst im Bau, als der Maler die Stadt wieder verließ. Für seine Expertisen verlangt das Van Gogh Museum kein Honorar, sondern nur eine geringe Bearbeitungsgebühr. Das Ergebnis der Untersuchung wird nur dem Eigentümer mitgeteilt.

Wie aber verfährt man mit Künstlern, bei denen schon seit Jahrzehnten einzelne Experten vollkommen seriös zwischen echt und falsch unterscheiden? Ihr profundes Wissen, ihre Kenntnis selbst einzelner Linienführungen wird sich so bald niemand aneignen können – denn niemand hat so viele echte wie falsche Werke im Original gesehen wie diese Experten.

2. ob die Nachfahren von Künstlern tatsächlich auch immer die besten Experten für das Werk dieser Künstler sind.

Der Skandal um die gefälschten Jawlensky-Zeichnungen 1998 im Museum Folkwang in Essen hat gezeigt, dass Familienmitglieder keinesfalls automatisch das Œuvre ihres Vorfahren am besten kennen. Die Jawlensky-Schwiegertochter und deren beide Töchter nämlich hatten rund 1100 Falsifikate bereits willfährig in Band 4 ihres Werkverzeichnisses aufgenommen. »Das

Auge ist der Richter« hieß die Essener Ausstellung – tatsächlich waren es letztlich Sachverstand und Naturwissenschaften. Auch im Fall Beltracchi gibt es zu einem gefälschten Campendonk-Gemälde mindestens eine handschriftliche Expertise eines Verwandten. Nach deutschem Recht werden Rechteinhaber – häufig also die Verwandten eines Künstlers – über die sogenannte »Folgerechtsabgabe« finanziell am Verkauf von Werken beteiligt. Auch sie könnten also ein wirtschaftliches Interesse an einem Verkauf haben.

3. ob Experten, die Gutachten über Kunstwerke schreiben oder daran beteiligt sind, später wirtschaftlich vom Verkauf dieser Werke profitieren dürfen.

Dass vor allem Galerien das Erstellen von Werkverzeichnissen jener Künstler unterstützen, deren Werke sie verkaufen, hat eine lange Tradition. Manche Werkkataloge wären sonst wahrscheinlich nie erschienen. Kornfeld in Bern etwa hat sich unter anderem um Beckmann, Klee, Kollwitz und Picasso, Brame & Lorenceau in Paris beispielsweise um Degas, Jongkind, Seurat und Toulouse-Lautrec verdient gemacht. Die New Yorker Galerie Wildenstein unterhält in Paris sogar ein eigenes, offiziell vollkommen selbstständig arbeitendes Forschungsinstitut, in dem die Catalogues raisonnés beispielsweise zu Claude Monet, Edouard Manet, Odilon Redon, Paul Gauguin oder Jean Siméon Chardin entstehen. Die wissenschaftliche Arbeit an solchen Projekten dauert lange und kostet viel Geld – unter anderem, weil ein seriöser Wissenschaftler das Originalwerk sehen und nicht nach einer Abbildung urteilen will. Sollten diese Aufgabe aber nicht anstelle von kommerziellen Unternehmen öffentlich getragene Universitäten oder Museen übernehmen? Dafür allerdings müsste die öffentliche Hand die wissenschaftliche Aufbereitung und Pflege seines kulturellen Erbes auch in dieser Hinsicht als ihre Aufgabe begreifen, Geld zur Verfügung stellen – und dafür Stellen an den entsprechenden Instituten schaffen.

Ein weiterer Vorteil: An zahlreichen – wenngleich immer noch zu wenigen – Museen gibt es inzwischen ausgebildete Provenienzforscher, die darin geübt sind, zur Herkunft von Kunstwerken zu recherchieren. Sie kümmern sich zurzeit vor allem darum, Restitutionsforderungen abzuwehren. Das ist nicht genug. Diese Fachleute würden sich sicher nicht mit lapidaren Banalitäten zufriedengeben, wie sie im Lempertz-Katalog zur Campendonk-Fälschung »Mann mit Blume« zu finden sind: »Geheimnisvoll ist auch die Herkunft dieses Bildes, das vor einigen Jahren aus dem Nichts auftauchte und bisher völlig unbekannt war: Es muss von irgendjemandem sehr geschätzt worden sein, der die Freude daran mit niemandem teilen, es niemals ausstellen wollte.«

4. ob Käufer nicht – gerade bei vorher unbekannten Kunstwerken der klassischen Moderne – ein Recht auf eine naturwissenschaftliche Untersuchung der Werke haben sollten oder diese für den Handel ab einem bestimmten Preis sogar verpflichtend werden müsste.

Auch das allerdings kostet – wie die Untersuchungen im Fall Beltracchi gezeigt haben – viel Geld. Materialtechnische Untersuchungen von Kunstwerken sind aufwendig und erfordern den Einsatz teurer Geräte. Vielfach wird deshalb auf entsprechende Untersuchungen verzichtet – man verlässt sich lieber auf das in der Regel immer noch preiswertere stilkritische Urteil des maßgeblichen Experten. Dabei hätten beispielsweise die 1000 bis 5000 Euro, die eine materialtechnische Untersuchung kostet, nur einen Bruchteil der gut 800 000 Euro Provision ausgemacht, die das Auktionshaus Lempertz an der Versteigerung des »Roten Bilds mit Pferden« an Kommissionszahlungen von Käufern und Verkäufern verdiente.

Auch hier wäre darüber nachzudenken, die bestehenden öffentlichen Einrichtungen, die schon jetzt solche Aufgaben wahrnehmen, zu stärken. Das Doerner-Institut der Bayerischen

Staatsgemäldesammlungen oder das Rathgen-Institut der Berliner Museen leisten wie die Restaurierungs- und Forschungsabteilungen der großen Museen hervorragende Arbeit – und sind dabei wissenschaftlicher Objektivität und nicht kommerziellen Interessen verpflichtet. Allerdings sollte auch hier der Handel einen Teil der Kosten übernehmen. Auch ein seriöser Autoverkauf findet nicht statt, ohne dass der Verkäufer vorher einen Blick unter die Motorhaube des Wagens geworfen hat.

5. ob es im Zeitalter der digitalen Medien und des Internets noch sinnvoll ist, Werkverzeichnisse als abgeschlossene gedruckte Bücher zu veröffentlichen.

Was mit den Beltracchi-Fälschungen – den gestandenen wie den mutmaßlich noch zu entdeckenden – nun geschieht, ist unklar. Viele von ihnen waren, auch wegen Verjährung, nicht Gegenstand des Kölner Prozesses, sind einer breiten Öffentlichkeit unbekannt, werden aber in den entsprechenden Werkverzeichnissen nach wie vor als Originalwerke aufgeführt. Wer einen Beltracchi besitzt, der offiziell noch als Campendonk oder Macke oder Metzinger gilt, kann dieses Bild damit nach wie vor problemlos weiterverkaufen. Ob man in Russland oder in China oder in Südamerika den Kölner Prozess verfolgt hat, steht in den Sternen. Und wenn: Wer sollte automatisch auf den Verdacht kommen, dass sein seit 1986 in Umlauf befindliches Gemälde auch diesem Fälscher zuzuschreiben wäre? Schließlich kann man doch immer auf den gedruckten Catalogue raisonné verweisen. Werkverzeichnisse sind nicht jene gedruckten und ewig gültigen Echtheitsbescheinigungen, als die sie der Kunsthandel noch immer ansieht. Sie dürfen weder als absolut noch als vollständig angesehen werden, weil diese Werkverzeichnisse immer nur Auskunft über den Stand der Forschung zu einem bestimmten Zeitpunkt geben können – der bei Erscheinen schon wieder überholt sein kann.

Würde man Werkverzeichnisse künftig nicht mehr in gedruckter Form, sondern beispielsweise auf einer Website im Internet veröffentlichen, würden sie auch formal zu dem, was sie tatsächlich sind: ein durch jeweils neue Erkenntnisse ständig sich veränderndes *work in progress*. Für den Maler Felix Nussbaum, dessen Werk auch das Opfer von Fälschern wurde, gibt es einen solchen Online-Katalog bereits. Er ermöglicht es seinen Autoren auch, ständig neue Informationen über Ausstellungen und Besitzerwechsel einzuarbeiten.

Das 1989 gedruckte Campendonk-Werkverzeichnis hingegen, von dem inzwischen feststeht, dass es zahlreiche Fälschungen enthält, kann auch künftig dazu dienen, diese Falsifikate als angebliche Originale weiterzuverkaufen und weiterhin viel Geld mit ihnen zu verdienen.

6. ob Kunsthändler und Auktionatoren weiterhin nur passiv auf Fälschungen reagieren dürfen.

Auch das Beispiel Beltracchi zeigt, dass selbst in jenen Fällen, in denen die Experten oder Kunsthändler Fälschungen frühzeitig erkannten, diese Bilder einfach an die Einlieferer zurückgegeben wurden; in unserem Fall meist an Helene Beltracchi oder Otto Schulte-Kellinghaus. Das ist nicht ungewöhnlich, sondern – so hört man aus dem Betrieb – das übliche Verfahren. Die Einlieferung einer Fälschung oder eines sehr fragwürdigen Werks bleibt fast immer ohne jegliche Konsequenzen. Deshalb landen diese Fälschungen anschließend meist bei anderen Auktionshäusern, die Betrüger können weiter agieren und dem Werk der von ihnen gefälschten Künstler weiter schaden. Denn: Wer betrachtet heute noch ohne mulmiges Gefühl ein Gemälde von Max Ernst oder eine Grafik von Salvador Dalí, um einen anderen bei Fälschern beliebten Künstler zu nennen?

Offenbar wollen die Auktionatoren und Händler ihre Einlieferer nicht verprellen und sich nicht in potenziell langwierige zivilrechtliche Auseinandersetzungen begeben, deswegen vermeiden sie Ärger. In Zukunft sollten Auktionshäuser, Kunsthändler und Experten zu ihrer eigenen und ihrer Kunden Sicherheit und auch im Sinne der Künstler aktiv werden. Zumindest sollte es zu bekannten Malern – parallel zum Werkkatalog – eine Liste mit kursierenden Bildern geben, die von Experten als unecht erklärt wurden. Vorschlagsweise unterteilt in: ›nach stilkritischen Bedenken abgelehnt‹ (mit Nennung der ablehnenden Gutachter) bzw.: ›nach Materialanalyse abgelehnt‹ (mit Hinweis auf Methode und die aufgefundenen falschen Materialien).

Häufen sich fragwürdige Einlieferungen aus einer Quelle, können dann die Ermittlungsbehörden benachrichtigt werden.

Zu diskutieren bleibt, wo solche Werk- und Fälschungslisten geführt werden. In gedruckten Werkverzeichnissen, die schon nach der Drucklegung nicht mehr aktuell sind? Oder im stets aktualisierbaren, aber leider auch für Manipulationen anfälligen Internet?

7. ob man Fälschungen nicht besser dauerhaft kenntlich machen kann.

Anders als beispielsweise in Frankreich werden zweifellos erkannte Kunstfälschungen in Deutschland nicht zerstört oder wenigstens kenntlich gemacht – etwa durch einen Stempel auf der Rückseite der Leinwand oder eine durchgestrichene Signatur. Und sie werden auch nicht automatisch beschlagnahmt und so dem Handelskreislauf entzogen. Stattdessen soll hier jene Datenbank helfen, für die der Kölner Auktionator Markus Eisenbeis seit einiger Zeit wirbt. Der Inhaber des in Köln ansässigen Hauses Van Ham setzt auf die Urteile der Kunsthistoriker und Restauratoren und auf den Informationsaustausch der Händler untereinander. In der Online-Datenbank des Bundesverbandes deutscher Kunstversteigerer, dessen Vizepräsident Eisenbeis ist, können sich die Auktionshäuser über mögliche Fälschungen und deren Einlieferer austauschen. Noch befindet sich die Datenbank im Aufbau, und bisher sind wohl nicht alle Häuser mit Feuereifer dabei. Man spricht von Datenschutz- und Urheberrechtsbedenken – und hat Angst, sein Wissen über Einlieferer und Käufer an die Konkurrenz weiterzugeben. Schließlich war das höchste Gut der Auktionatoren im Kampf um die besten Geschäfte bisher ihre Verschwiegenheit. Sie ermöglichte es auch scheuen Kunstsammlern, out of sight zu bleiben. Die Verschwiegenheit macht es aber auch den Betrügern leicht, Auktionatoren, Händler und Experten gegeneinander auszuspielen: Als Helene Beltracchi 1996 bei Sotheby's in London ein Gemälde von Raoul Dufy einlieferte (»La plage du Havre«), lehnte es das Auktionshaus trotz einer bereits vorliegenden positiven Expertise als nicht authentisch ab und gab es an Helene Beltracchi zurück. Die lieferte es zwei Jahre später einfach bei Lempertz in Köln ein, wo es 1998 auch für 140 000 DM an einen Schweizer Käufer versteigert wurde. Eine Kennzeichnung oder der Eintrag in eine Datenbank hätte schon 1996 dazu führen können, dass kein seriöses Unternehmen mehr mit dem Werk gehandelt hätte. Stattdessen wurde es angeblich von einem Käufer aus dem schweizerischen Cham im Kanton Zug erworben und später in die USA weiterverkauft.

Solange aber nicht alle betroffenen Unternehmen ihnen bekannt gewordene Fälschungen melden, bleibt die Datenbank nur ein Fragment, und der Handel muss weiter nach effektiven Möglichkeiten suchen, Fälschungen dauerhaft aus dem Verkehr zu ziehen.

8. ob man die trüben Geldflüsse auf dem Kunstmarkt eindämmen kann.

In Großbritannien gilt seit Sommer 2011 der UK Bribery Act, das weltweit wohl härteste Gesetz gegen Korruption, so heißt es. Dieses Gesetz, so berichtete das Fachblatt »The Art Newspaper«, könnte auch im britischen Kunsthandel für ein wenig Ordnung sorgen – mit Haftstrafen bis zu zehn Jahren. Nach diesem neuen Gesetz können auch solche Individuen verurteilt werden, die bei Vermittlungsgeschäften nicht offenlegen, dass sie von beiden Seiten – Anbieter und Käufer – Geld erhalten haben. Vielleicht hätten einige Sammler und Kunsthändler mehr Vorsicht walten lassen, als sie von Werner Spies auf Bilder aus der Beltracchi/Schulte-Kellinghaus-Quelle hingewiesen wurden, wenn sie von den sechsstelligen Summen gewusst hätten, die der Gutachter Spies von den Beltracchis und einigen Kunsthändlern für die Geschäfte mit den Max-Ernst-Fälschungen kassierte. Vielleicht könnte ein ähnliches Korruptionsgesetz auch in Deutschland und Frankreich für einen transparenteren und gerechteren Kunstmarkt sorgen.

Aber auch sonst sollten die Beteiligten am Kunstmarkt für mehr Transparenz sorgen. Wenn der Kunsthandel und die Auktionshäuser generell all jene Geschäfte ablehnen würden, deren Finanzierung auf Geldwäsche oder Steuerhinterziehung hindeutet, könnte das auf dem Kunstmarkt eventuell für ein wenig mehr Steuerdisziplin sorgen – man darf ja noch hoffen. Dadurch könnten sich Steuermehreinnahmen ergeben, mit denen letztlich – wir wollen die Hoffnung nicht aufgeben! – auch die Museen und die kunsthistorischen Institutionen gestärkt werden könnten.

Inzwischen haben sich auch Juristen mit dem Thema auseinandergesetzt. Für das angesehene »Basel Institute on Governance« erarbeiteten Claudia von Selle und Thomas Christ die »Basel Art Trade Guidelines«. Ihre wichtigsten Punkte fasste die Neue Zürcher Zeitung zusammen:

»Die Identität von Käufer und Verkäufer muss in der Regel ebenso offengelegt werden wie die Provenienz des Verkaufsobjekts, und sei es unter dem Siegel der Verschwiegenheit und nur unter den unmittelbar am Kaufakt Beteiligten.

(...) Als Maßnahme gegen Geldwäscherei sind Barzahlungen von mehr als 15 000 Euro aus dem Kunstmarkt zu verbannen und bei begründeten Verdachtsmomenten die staatlichen Behörden zu benachrichtigen.«

Über die Reaktionen in der Branche berichtet Claudia von Selle in ihrem Blog: »Die Reaktion des Kunstmarktes war hochemotional. Am Entwurf selber hat es weniger gelegen, denn der wurde von vielen Kritikern gar nicht richtig gelesen, geht er doch in den Grundsätzen nicht über das hinaus, was heute ohnehin geltendes Recht ist. Für das Institut ist eine solche erste Reaktion der Kunstmarktvertreter (...) nicht überraschend. (...) Auch wenn die abwehrenden Kräfte des Marktes noch effizient und erheblich sind, gibt es doch mittlerweile fast niemanden mehr im Kunstmarkt, der nicht – wenn auch oft hinter vorgehaltener Hand – eine Entwicklung von einheitlichen Sorgfaltsstandards begrüßt.«

Im Fall der Kölner Kunstfälscherbande hat die Staatsanwaltschaft nach der Urteilsverkündung auch Verfahren gegen mehrere Freunde der vier Verurteilten eingeleitet. Der Vorwurf lautet auf Geldwäsche und bezieht sich auf die zahlreichen Konten, die Helene und Wolfgang Beltracchi und Otto Schulte-Kellinghaus unterhielten und deren Geldflüsse am Ende des Prozesses nicht einmal ansatzweise geklärt waren. Einem der Bekannten wird vorgeworfen, er habe – unter einem Vorwand und mit Einverständnis der Strafverfolgungsbehörden – einen der Angeklagten im Gefängnis besucht und sich dessen Personalausweis geben lassen. Damit und mit einer Vollmacht habe er dann Geld von dessen Konto abgehoben.

Juristische Konsequenzen

Sollte der Kunsthandel zu einer entsprechenden Selbstverpflichtung nicht selbstständig finden, muss ihm irgendwann die Justiz diese Aufgabe abnehmen. Eines nämlich hat der Fall

Beltracchi mit seinen polizeilichen Vernehmungen und Durchsuchungen auch in Galerien und Auktionshäusern gezeigt: Für den Kunsthandel gelten keine Ausnahmeregelungen. Es gibt kein Recht auf Diskretion und Geheimhaltung, wenn dadurch – wissentlich, fahrlässig oder unwissentlich – gegen geltende Gesetze verstoßen wird.

Im zivilrechtlichen Verfahren zwischen der durch Kauf eines gefälschten Campendonk-Gemäldes geschädigten Firma Trasteco und dem Kunsthaus Lempertz hat die vorsitzende Richterin der 2. Zivilkammer im Januar 2012 einen aufsehenerregenden Beweiserhebungsbeschluss erlassen. Vier Gutachter sollen klären, welche konkreten Prüfungsschritte vor dem Verkauf des »Roten Bildes mit Pferden« üblich gewesen wären und welche tatsächlich vorgenommen wurden.

Damit würde zum ersten Mal in der Geschichte des deutschen Kunsthandels verbindlich festgelegt, welche Angaben eine Galerie, ein Auktionshaus oder ein Kunstvermittler zu einem angebotenen Kunstwerk machen muss und wie ausführlich und sorgfältig für diese Angaben zu recherchieren ist. Das Kölner Gericht will damit aber auch klären, wer dafür haftbar zu machen ist, wenn sich die gegenüber dem Käufer gemachten Angaben als falsch erweisen. Und es wird sicher auch darüber nachdenken, ob entsprechende Verjährungsfristen neu festgelegt werden müssen. Auf das Ergebnis dieses Verfahrens, das bei Abschluss dieses Buches noch nicht bekannt ist, wird der Kunsthandel mit Sicherheit noch gespannter warten, als er auf die Urteile gegen die Mitglieder der Beltracchi-Bande gewartet hat. Damals war schließlich nicht jeder betroffen – diesmal wird man es sein. Schon deshalb sollte der Kunsthandel selbst das größte Interesse daran haben, dass sich ein Fall wie der zu großen Teilen selbst verschuldete Beltracchi-Skandal nicht wiederholt. Kunsthistoriker, Historiker und Naturwissenschaftler müssen künftig zusammenarbeiten – auch wenn das deutlich mehr Zeit und mehr Geld kostet als bisher.

12

Nachahmer? Oder Vor-Bilder?

Wie sich die Geschichten gleichen: Fünf Wochen nach der Verurteilung von Wolfgang Beltracchi und seinen Helfern war schon wieder von bislang unbekannten Werken großer Meister der internationalen Kunstgeschichte die Rede. Von Bildern, die aus dem Nichts aufgetaucht sind, sich aber angeblich schon seit vielen Jahren in Familienbesitz befinden. Von angesehenen Kunsthändlern und Galerien, die diese Arbeiten für hohe Millionensummen weiterverkauften. Und von ersten Zweifeln an der Echtheit einiger der Gemälde, die aber trotzdem nicht zu einer grundsätzlichen Untersuchung führten – bis schließlich alles aufflog und sich die Kunstwelt schon wieder fragen musste, wie ein solcher Betrug über Jahre hin unentdeckt bleiben konnte.

Diesmal allerdings standen im Mittelpunkt nicht die erfundenen Sammlungen Werner Jägers und Wilhelm Knops aus Krefeld. Diesmal ging es auch nicht um Bilder des Expressionismus, Fauvismus und Surrealismus, der neue Skandal spielte auch nicht im Rheinland, in Freiburg und in Südfrankreich, sondern an der amerikanischen Ostküste. Und die Künstler, deren Namen genannt wurden, waren diesmal die ganz großen der US-Nachkriegsgeschichte: Jackson Pollock und Mark Rothko,

Richard Diebenkorn und Robert Motherwell, Franz Kline, Clyfford Still und Willem de Kooning.

Parallelen

Die Parallelen zum Fall Beltracchi sind offensichtlich, und selbst die Rückseite eines der gefälschten Motherwell-Gemälde, die die New Yorker Staatsanwaltschaft veröffentlichte, erinnert an die Machart der Fälschungen in Europa: Auch hier wurde der Titel des Bildes in großen Buchstaben auf die Leinwand geschrieben. Entsprechend schnell erschienen in verschiedenen deutschen Medien Artikel, deren Autoren danach fragten, ob nicht auch die gefälschten abstrakten Expressionisten in den USA von Wolfgang Beltracchi gemalt worden sein könnten. Schließlich sei in den Handel mit diesen Werken, der sich bis in die 90er-Jahre zurückverfolgen lässt, erneut ein Pariser Galerist verwickelt, der auch mit Beltracchi-Bildern gehandelt hatte, nämlich Marc Blondeau.

Tatsächlich gibt es keine ernst zu nehmenden Belege für die Beltracchi-Theorie. Zu groß sind vor allem die Unterschiede beim Vertrieb der beiden Fälschergruppen. Während die Beltracchi-Bande ihre Falsifikate in Europa bewusst auf verschiedene Galerien und Auktionshäuser verteilte, kamen die zweifelhaften Gemälde in den USA nach bisherigen Erkenntnissen ausschließlich über die New Yorker Knoedler Galleries in Umlauf. Als das Traditionsunternehmen Ende November 2011 ohne jede Vorwarnung bekannt gab, dass es seine Räume an der vornehmen 70. Straße an der Upper East Side in Manhattan kurzfristig schließen werde, kam das für die internationale Kunstwelt vollkommen überraschend. Knoedler gehörte zu den legendären Pionieren der Branche. Als das Unternehmen 165 Jahre zuvor als Filiale der Pariser Graphik-Verleger Goupil & Co. gegründet worden war, gab es in New York noch keines der großen Museen. Knoedler etablierte amerikanische Künstler wie Homer und Sargent, brachte die europäische klassische Moderne nach Amerika und setzte nach dem Krieg den abstrakten Expressionismus mit durch.

Umso schockierter war man, als vor einigen Jahren der Name der 2009 zurückgetretenen Knoedler-Präsidentin Ann Freedman im Zusammenhang mit einem mutmaßlich gefälschten Gemälde nach Robert Motherwell genannt wurde. Die noch zu Lebzeiten eingesetzte gemeinnützige »Dedalus Foundation«, die heute auch Motherwells Nachlass verwaltet und über das Werkverzeichnis wacht, bezeichnete das Gemälde »Spanish Elegy« und sechs weitere Bilder des 1991 gestorbenen Malers als Fälschungen. Untersuchungen hatten Widersprüche in der Provenienzgeschichte ergeben, zudem fanden sich Materialien, die Motherwell nicht verwendet haben konnte.

Arabische Prinzessin oder Zuckerfabrikant

Alle Bilder waren von der Kunsthändlerin Glafira Rosales aus Long Island vermittelt worden und stammten ihren Angaben zufolge von einem befreundeten Sammler, der anonym bleiben wolle und in Mexiko und in der Schweiz lebe. Sein Vater habe die Werke unter Vermittlung des 1995 gestorbenen Kunsthändlers David Herbert schon in den 1950er-Jahren direkt bei den Künstlern erworben. Ann Freedman und der ehemalige Knoedler-Mitarbeiter Julian Weissman, der Motherwell zu Lebzeiten vertreten hatte, sollten die Sammlung nun verkaufen. Freedman, seit 31 Jahren im Unternehmen, war damals noch Chefin von Knoedler.

Im Dezember 2011 geriet ein zweites Bild aus der Quelle Rosales konkret unter Fälschungsverdacht. Der in London lebende Belgier Pierre Lagrange, Gründer des Hedgefonds-Unternehmens GLG Partners, hatte die Knoedler Gallery und Ann Freedman auf die Rückzahlung von 15,3 Millionen Dollar verklagt. Diesen Betrag plus eine Kommission von 1,7 Millionen Dollar – zehn Prozent des vereinbarten Gesamtpreises – hatte der 49-Jährige 2007 gemeinsam mit einem Trust für das angebliche Jackson-Pollock-Gemälde »Untitled, 1950« bezahlt. Als er das Bild 2010 dann bei Sotheby's und Christie's zur Auktion einliefern wollte, lehnten es beide Unternehmen ab: Es gebe massive Zweifel an der Authentizität. Inzwischen sollen materialtechnische Untersuchungen außerdem mindestens zwei Pigmente nachgewiesen haben, die zum Zeitpunkt von Pollocks Unfalltod im Jahr 1956 noch gar nicht zur Verfügung standen. Knoedler hingegen habe, so Lagranges Anwalt Matthew Dontzin in seiner Klageschrift, vor dem Kauf durch seinen Mandanten behauptet, es gebe »zwölf positive Meinungen von Pollock-Experten« zu dem Werk, das auch ins Werkverzeichnis aufgenommen werden solle. Das allerdings sei nicht geschehen. Und ohne diesen Eintrag in die Bibel der Pollock-Forschung lässt sich ein Bild auch mit noch so vielen Expertisen nicht verkaufen.

Recherchen der New York Times ergaben, dass in der Zwischenzeit mindestens 15 weitere von Glafira Rosales in den vergangenen 20 Jahren auf den Markt gebrachte Gemälde beim FBI unter Fälschungsverdacht stehen. Inoffiziell ist allerdings bereits von Dutzenden Werken die Rede. Rosales und Freedman weisen jeden Verdacht von sich, sie könnten wissentlich gefälschte Kunstwerke in Umlauf gebracht haben. Dass sie im guten Glauben handelte, sagte Ann Freedman, könne man schon daran erkennen, dass sie selbst für ihre Privatsammlung drei Werke von Pollock, Rothko und Motherwell erworben habe.

Julian Weissman hingegen musste in einem Gerichtsverfahren um das angebliche Motherwell-Gemälde »Spanish Elegy« inzwischen eingestehen, dass er die Herkunft des Bildes zunächst falsch mit »Shaikha Paula al-Sabah, eine Prinzessin der

Königsfamilie von Kuwait«, angegeben hatte. Im November 2010 korrigierte er dann, ursprünglicher Besitzer sei John Gerzso gewesen, ein Sohn des mexikanischen Malers Gunther Gerzso, der wiederum ein Neffe des tief ins NS-Regime verstrickten Kunsthändlers Hans Wendland war. Vorher war von einem mexikanischen Zuckerproduzenten als angeblichem Vorbesitzer die Rede gewesen.

Einen Tag nachdem Pierre Lagrange und der beteiligte Trust erste Details aus dem naturwissenschaftlichen Untersuchungsbericht über ihr angebliches 17-Millionen-Pollock-Gemälde veröffentlicht hatten, schloss die Knoedler Gallery in New York – angeblich aus wirtschaftlichen Gründen. Dem Unternehmen ging es schon seit der Banken- und Wirtschaftskrise von 2008 nicht gut. Erst im Februar verkaufte die Knoedler Gallery, an der seit 1971 die Nachlassstiftung des 1990 gestorbenen Ölmilliardärs und Kunstsammlers Armand Hammer einen Mehrheitsanteil hält, ihr Townhouse an der 70. Straße für 31 Millionen Dollar – angeblich an ein Ehepaar, das aus den Galerieräumen eine Wohnung machen will.

Die geforderte Rückzahlung von 15,3 Millionen Dollar an Lagrange hätte möglicherweise den Bankrott der vielleicht traditionsreichsten Galerie der Vereinigten Staaten bedeutet. Unternehmenssprecherin Kathleen Blomquist sagte dem Wall Street Journal allerdings, man halte den Vorwurf des Handels mit Fälschungen für gegenstandslos. Und die Schließung der Galerie habe auch nichts mit der Klage von Pierre Lagrange zu tun.

Neben der sonderbaren Provenienz der amerikanischen Fälschungen sprechen einige andere Punkte gegen eine Urheberschaft Wolfgang Beltracchis: Mit wenigen Ausnahmen wagte sich der deutsche Fälscher nur an Werke der klassischen Moderne, die vor dem Zweiten Weltkrieg entstanden sein sollten und deren Herkunft in Vorkriegskatalogen prominenter Galerien nachweisbar war. Vor allem aber unterscheiden sich die in Amerika aufgetauchten falschen Werke von jenen in Europa dadurch, dass es zu ihnen beim Verkauf noch keine Gutachten gab. Das aber würde fundamental der »Methode Beltracchi« widersprechen, mit der es jahrzehntelang in Europa gelungen war, Händler, Sammler und Experten zu täuschen: Bis auf wenige Ausnahmen hatte Wolfgang Beltracchi immer Wert darauf gelegt, dass seinen Werken von kompetenter Seite die Echtheit bestätigt wurde, bevor sie in den Handel kamen. Warum hätte er dieses erfolgreiche Prinzip in den USA aufgeben sollen?

»Dieser amerikanische Fall, der Ende des vorigen Jahres gemeldet wurde, gefälschte Pollocks, de Koonings, Rothkos«, kommentierte folgerichtig die im Vertrieb von Fälschungen erfahrene Helene Beltracchi im März 2012 gegenüber dem Magazin »Der Spiegel«, »das kann nicht funktionieren.« Und ihr Mann Wolfgang ergänzte selbstbewusst: »Das hätte ich auch malen können. Nichts leichter als ein Pollock.«

In New York standen die Ermittlungen bei Drucklegung dieses Buches noch am Anfang. Ob sie einen Skandal wie jenen um die angebliche Sammlung Jägers zutage bringen werden, in den ebenfalls zahlreiche prominente Galerien und Auktionshäuser verwickelt waren, wird sich erst noch zeigen. Dass Beltracchi Kollegen und Nachahmer haben wird, während er selbst nach Antritt seiner Haft im offenen Vollzug in einem Fotostudio in Bergisch Gladbach sein eigenes Porträt mit Motiven à la Max Ernst übermalte, ist hingegen schon jetzt sicher. Dass mit seiner Verhaftung die Zeit der Fälscher zu Ende sei, wie Wolfgang Beltracchi in seinem Prozess prophezeien wollte, wird ein eitler Wunsch bleiben.

Werke von Wolfgang Beltracchi, aus seinem Besitz oder aus seinem Umfeld

Gestanden hat Wolfgang Beltracchi nur die Fälschung von 14 mit * markierten Gemälden. Schon als der Prozess gegen ihn und seine Helfer im Herbst 2011 in Köln begann, wussten die Ermittler aber, dass sie der »Beltracchi-Bande« und ihrer Helferin Jeanette S. weit mehr gefälschte Werke zuordnen konnten. Sie spielten im Kölner Verfahren aber keine Rolle – weil diese Fälle zu lange zurückliegen oder weil wegen schleppender Amtshilfe im Ausland noch nicht alle Beweise vorlagen.

Weil Beltracchi aber im Prozess auch die Fälschung der einschlägigen Galerie- und Sammlungsetiketten und den Umstand gestand, dass er damit seinen Fälschungen zusätzliche Authentizität verleihen wollte, ist es mehr als wahrscheinlich, dass ihm auch die Werke mit diesen Labels zuzurechnen sind. Das Gleiche gilt für jene Werke, die seine Frau, deren Schwester und Otto Schulte-Kellinghaus in Umlauf gebracht haben bzw. als Bilder aus der »Sammlung Jägers« auf Listen oder Fotos auftauchen.

Ungeklärt ist der Status jener Werke, die Marc W. und Heinrich S. – unter anderem über die Londoner Galerie CDR Fine Art – in Verkehr brachten. Weil Wolfgang Beltracchi sich nicht dazu äußert, welche Arbeiten möglicherweise von ihm stammen, fanden diese Bilder – unter anderem von Max Beckmann, Heinrich Campendonk, Tamara de Lempicka und Johannes Molzahn – keinen Eingang in diese Liste.

In einem Interview mit dem Magazin »Der Spiegel« im März 2012 hat Wolfgang Beltracchi eingeräumt, er habe Werke von 50 Künstlern gefälscht – die er aber nicht nennen wollte.

Eingang in diese Liste fanden auch Werke der sogenannten **»Andorra-Liste«**, eines dreiseitigen handschriftlich ergänzten Computerausdrucks mit insgesamt 47 Werken – die Nr. 37 fehlt –, die bei der Durchsuchung der Beltracchi-Wohnung in Andorra von der Polizei gefunden wurde. Sie trägt in der Handschrift von Wolfgang Beltracchi die Bezeichnung »Beltracchi« und das Datum »20.03.95 – SST 011 / 600 /«. Recherchen zufolge sollte die Aufstellung zur Absicherung eines Darlehens bei der Westfalenbank in Düsseldorf dienen. Eine anhängende vierte Seite enthält die Gegenüberstellung der summierten angeblichen Ankaufspreise (DM 157 117.–) mit den angeblichen Verkaufswerten im Jahr 1994 (DM 1 589 000.–).

Einige der Bilder auf dieser Liste wurden nachweislich von Wolfgang Beltracchi und seinen Helfern als aus den Sammlungen Jägers oder Knops stammend angeboten und verkauft. Bei ihnen stimmt die in der Liste angegebene Herkunft also zweifelsfrei nicht: Es handelt sich mutmaßlich um von Wolfgang Beltracchi gemalte Fälschungen.

Für jene anderen Bilder, bei denen ein Ankaufsort und Datum in Frankreich angegeben sind, hat die französische Polizei bei den entsprechenden Galerien und Auktionshäusern recherchiert, aber keine Bestätigung für die Ankäufe erhalten.

Im Hinblick auf die Ankaufspreise erhält die Liste in der Handschrift von Wolfgang Fischer-Beltracchi den Hinweis »ohne Dokumente / Cirka-Daten und Werte aus Fremdwährungen« sowie »Aufbewahrungsort: Wohnung, Leihgaben bei Bekannten, Westfalenbank Düsseldorf«.

Bei einigen in der Liste aufgeführten Werken besteht durchaus die Möglichkeit, dass es sich um angekaufte Originale handelt.

Wolfgang Beltracchi wollte sich gegenüber den Autoren zu allen in der folgenden Liste genannten Werken nicht äußern.

Wladimir Bechtejew (1878–1971)
Landschaft – Öl auf Leinwand, 46,5 × 32 cm

Von Otto Schulte-Kellinghaus am 14.11.1986 für $ 12.000.– an die Hutton Galleries, New York, verkauft.
Letzter bekannter Besitzer: unbekannt

Fälschung nicht nachgewiesen

Georges Braque (1882–1963)
Guitare et compotier (Le journal) – Öl auf Leinwand, 65 × 81 cm (oval)

Label: Sammlung Flechtheim. Kunstsalon Emil Richter, Dresden. Galerie Rosenberg, Paris

Von Otto Schulte-Kellinghaus im Frühjahr 2006 für $ 1.500.000.– dem Galeristen Marc Blondeau, Paris/Genf, angeboten. Als dieser vom Experten Quentin Laurens eine Negativexpertise erhält, gibt er das Bild an Otto Schulte-Kellinghaus zurück.

Georges Braque (1882–1963) /
Émile-Othon Friesz (1879–1949)
Souvenir d'Anvers, 1906 – Öl auf Leinwand, 73 × 100 cm

Expertise Odile Aittouarès: Friesz-Bilder authentisch
Label: Sammlung Flechtheim. Galerie Schames, Frankfurt. Kunsthandlung Posen & Schames, Frankfurt

Ausstellung: Musée de Lodève, Braque – Friesz, 26.6.–30.10.2005, Kat. Nr. 3 (ill.) (Der Vertrieb des Katalogs wird später auf Initiative des Braque-Experten Quentin Laurens unterbunden.)

Von Otto Schulte-Kellinghaus am 6.12.2001 der Galerie Aittouarès, Paris, unter Zusage eines 50%-Anteils des Verkaufserlöses bei einem Mindestpreis von FF 5.000.000–6.000.000.– in Kommission gegeben.

Letzter bekannter Besitzer: Galerie Aittouarès, Paris

Theodore Earl Butler (1861–1936)
River Epte, Giverny – Material und Maße unbekannt
Label: Sammlung Flechtheim. Stempel »Sammlung Werner Jaegers Köln«

1998 noch bei Wolfgang und Helene Beltracchi nachweisbar. Ein Foto des Gemäldes wurde von der Polizei in der Wohnung in Andorra gefunden.

Fälschung nicht nachgewiesen

»Buller« [Theodore Earl Butler?]
14 Juillet, 1922 – Öl auf Leinwand, 81 × 54 cm
Von Otto Schulte-Kellinghaus am 11.2.2000 in Paris der Expertin Sylvie Brans präsentiert.

Fälschung nicht nachgewiesen

Heinrich Campendonk (1889–1957)
Katze in Berglandschaft, 1914 – Öl auf Leinwand, 54,4 × 67,5 cm
Werkverzeichnis: Firmenich 439 Ö (Farbtafel 33)

Ausstellungen: Galerie Thomas, München: 7.–16.3.2008: Stand auf der European Fine Art Fair, Maastricht / 3.4.–17.5.2008: Galerie Thomas, München / Juni 2008: New York Herbst 2008: Moskau, Kat. S. 18–25 (ill.)

Von Otto Schulte-Kellinghaus am 14.11.1986 für $ 25.000.– an die Hutton Galleries, New York, verkauft.
Letzter bekannter Besitzer: Sprengel Museum, Hannover (Leihgabe der Fritz-Behrens-Stiftung, Hannover, seit Januar 2011, erworben im Juni 2010 für € 1.000.000.– in der Galerie Thomas, München)

Fälschung erwiesen durch Kriminaltechnik, LKA Berlin, 2011

Heinrich Campendonk (1889–1957)
*Landschaft mit Figuren und Vogel, 1914 (Else Lasker-Schüler gewidmet) – Öl auf Leinwand, 65 × 50 cm
Label: Sammlung Flechtheim. Galerie Schames, Frankfurt. Stempel »Sammlung Werner Jaegers Köln«

Ausstellungen: Kunsthalle Würth, Künzelsau, Farbzauber. Impressionismus und Expressionismus in der Sammlung Würth 3.5.–1.10.2006 / Museum

Würth, Künzelsau / Liebe auf den ersten Blick – 100 Neuerwerbungen der Sammlung Würth, 19.3.2007–1.6.2008, Kat. S. 42 (ill.)

Von Otto Schulte-Kellinghaus im Februar/März 2005 für € 590.000.– an Marc Blondeau/Blondeau Fine Arts Services, Genf, verkauft.
Letzter bekannter Besitzer: Sammlung Würth, Schwäbisch Hall (am 3.1.2006 für € 830.000.– gekauft)

Fälschung erwiesen durch Kriminaltechnik, LKA Berlin, 2010, und Rathgen-Forschungslabor, 2011
Gutachten des Deutschen Archäologischen Instituts: Holzrahmen vom gleichen Baum wie Holzrahmen von Derain-Fälschung »Collioure«, 2010

Heinrich Campendonk (1889–1957)

*Landschaft mit Pferden, 1915 – Öl auf Leinwand, 45 × 45 cm

Expertise Andrea Firmenich, 22.2.2004
Label: Galerie Der Sturm, Berlin. Galerie Schames, Frankfurt

Von Otto Schulte-Kellinghaus 2002 der Pariser Galerie Aittouarès angeboten. Am 21.7.2004 von der Pariser Galerie Cazeau-Béraudière für umgerechnet € 700.000.– an den Schauspieler Steve Martin verkauft. Von diesem am 6.2.2006 bei Christie's in London für umgerechnet € 502.446.– versteigert.
Letzter bekannter Besitzer: Privatsammlung

Heinrich Campendonk (1889–1957)

Liegender Akt mit Frosch, 1918 – Öl auf Leinwand, 51,5 × 85 cm

Werkverzeichnis: Firmenich 723 Ö (mit Abb.)

Letzter bekannter Besitzer: Privatsammler

Die Zuschreibung an Wolfgang Fischer-Beltracchi ist nicht gesichert und basiert nur auf einer Notiz bei Andrea Firmenich: »wohl (?) Otto Schulte-Kellinghaus«.

Heinrich Campendonk (1889–1957)

Mädchen mit Schwan, 1919 – Öl auf Leinwand, 69 × 99 cm

Werkverzeichnis: Firmenich 768 Ö
(»Maße, Signatur und Verbleib unbekannt«)
Label: Sammlung Flechtheim

Von Helene Beltracchi 1995 dem Auktionshaus Christie's übergeben (Auktion London, 11.10.1995, £ 67.500,-).
Letzter bekannter Besitzer: J. Henry Schroder Banque, Genf (in der Auktion 1995 ersteigert)

Heinrich Campendonk (1889–1957)

*Rotes Bild mit Pferden, 1914 – Öl auf Leinwand, 52 × 100,3 cm

Werkverzeichnis: Firmenich 462 Ö
(»Maße, Signatur und Verbleib unbekannt«)
Expertise Reiner Bornefeld, 4.4.2007
Expertise Sabine Röder, Kunstmuseum Krefeld, n. d. (Dezember 2009)
Expertise Andrea Firmenich, 26.8.2008
Label: Sammlung Flechtheim. Galerie Der Sturm, Berlin. Kunstsalon Emil Richter, Dresden

Von Jeanette S. am 29.6.2006 dem Auktionshaus Lempertz übergeben (Auktion Köln, 29.11.2006, € 2.400.000.–).
Letzter bekannter Besitzer: Trasteco Ltd., Malta (in der Auktion 2006 ersteigert)

Fälschung erwiesen durch Nicholas Eastaugh, London, 19.9.2008

Heinrich Campendonk (1881–1957)

Zwei Figuren in Landschaft, 1915 – Öl auf Leinwand, 55 × 81 cm

Expertise Andrea Firmenich, 11.10.1999
Werkverzeichnis: Firmenich 511 Ö
(»Maße, Signatur und Verbleib unbekannt«)
Label: Der Sturm (Ausstellung 1917, Nr. 7)

Von Otto Schulte-Kellinghaus spätestens im September 1999 Burkhard Leismann, Kunstmuseum Ahlen, zur Begutachtung und Vermittlung übergeben und dem Kunstmuseum Ahlen vergeblich für umgerechnet € 475.000.– angeboten. Am 10.5.2011 im Zollfreilager Genf beschlagnahmt.

Fälschung erwiesen durch Nicholas Eastaugh, London, 2010

Serge Charchoune (1888–1975)
Kubistische Komposition (»Dubbleface«), 1943 – Öl auf Karton, Maße unbekannt

Legende lt. Andorra-Liste (Nr. 3): 1974 in der Galerie Nova, Brüssel, für DM 1.500.– gekauft

Fälschung nicht nachgewiesen

Henri Edmond Cross (1856–1910)
Meerlandschaft, um 1900 – Öl auf Leinwand, Maße unbekannt

Legende lt. Andorra-Liste (Nr. 23): 1984 im Hôtel Drouot, Paris, für DM 7.500.– gekauft.

Fälschung nicht nachgewiesen.

André Derain (1880–1954)
Bateaux à Collioure (Fischer in Collioure), 1905 – Öl auf Leinwand, 46,3 × 61 cm
Fotoexpertise Michel Kellermann, Paris, 6.4.2000
Label: Sammlung Flechtheim. Galerie Der Sturm, Berlin

Ausstellungen: Zürich, Galerie Art Focus, »Der Sturm – Herwarth Waldens ›Sturm‹ in Berlin«, Mai–Oktober 2002, Nr. 20 (ill. S. 55) / Lausanne, Fondation de l'Hermitage, Derain 1880–1954, 14.3.–9.6.2003, ill. S. 40 (»Collection privée / Courtesy of Galerie Art Focus, Zürich«)

Von Otto Schulte-Kellinghaus seit November 1999 Burkhard Leismann, Kunstmuseum Ahlen, angeboten. Nachdem das Museum einen Ankauf ablehnt, sucht auch die Galerie Aittouarès, Paris, nach einem Käufer. 2000 kauft die Galerie Dickinson and Roundell, London, das Gemälde für € 370.000.– über den Zwischenfinanzierer Arfinart, Cheyenne/Connecticut, und verkauft es um den 6.7.2000 für 4,25 Millionen Dollar weiter an die Galerie C & M Fine Arts, New York.
Letzter bekannter Besitzer: Galerie Artvera's, Genf (ersteigert am 18.6.2007 bei Christie's für £ 1.800.000.–)

Fälschung erwiesen durch Nicholas Eastaugh, London, 2011

André Derain (1880–1954)
*Der Hafen von Collioure – Öl auf Leinwand, 55 × 38 cm
Label: Galerie Schames, Frankfurt. Kunstsalon Emil Richter, Dresden

Von Otto Schulte-Kellinghaus an Burkhard Leismann, Kunstmuseum Ahlen, übergeben. Verschiedenen Interessenten angeboten.
Am 25.8.2010 im Kunstmuseum Ahlen beschlagnahmt.

Gutachten des Deutschen Archäologischen Instituts: Holzrahmen vom gleichen Baum wie Holzrahmen von Campendonk-Fälschung »Landschaft mit Figuren und Vogel«, 2010

André Derain (1880–1954)
*Matisse peignant à Collioure – Öl auf Leinwand, 46,5 × 55,7 cm
rückseitiger Rechtschreibfehler: Mattisse
Fotoexpertise Michel Kellermann, Paris, 29.7.2005
Label: Sammlung Flechtheim. Galerie Schames, Frankfurt

Von Otto Schulte-Kellinghaus vermutlich im Oktober 2005 für $ 3.000.000.– an James Roundell/Galerie Dickinson, London, verkauft.
Letzter bekannter Besitzer: Hilti Art Foundation (am 3.4.2006 von Dickinson für $ 6.500.000.– gekauft)

Kees van Dongen (1877–1968)
*Akt mit Hut, um 1906 – Öl auf Leinwand, 61 × 50 cm
Label: Sammlung Flechtheim. Galerie Posen & Schames, Frankfurt. Galerie Schames, Frankfurt. Kunstsalon Emil Richter, Dresden. Rheinischer Kunstsalon

Ausstellung: Galerie Malingue, Paris, Max Ernst, 21.5.–18.7.2003

Von Otto Schulte-Kellinghaus vor Juli 2007 über den Zwischenfinanzierer Arfinart, Cheyenne/Wyoming, für € 1.500.000.– an die Galerie Aittouarès, Paris, verkauft.
Letzter bekannter Besitzer: Triton Foundation, Niederlande (erworben im Juli 2007 für € 2.850.000.–)

Fälschung erwiesen durch Kriminaltechnik, LKA Berlin, 2011

Raoul Dufy (1877–1953)
Gebäude im Wald / Jardin, 1910 – Öl auf Leinwand, 54 × 65 cm

Expertise Fanny Guillon-Laffaille, Paris, 25.9.2007: Aufnahme ins Werkverzeichnis
Label: Der Sturm, Berlin

Wolfgang Fischer, Freiburg, bittet mit Brief vom 6.7.2007, dem ein auf alt getrimmtes Foto mit Helene Beltracchi beiliegt, die Expertin Fanny Guillon-Laffaille, Paris, um eine Expertise.
Letzter bekannter Besitzer: Wang Tak Trading Development Ltd., Singapur (von Otto Schulte-Kellinghaus für € 700.000.– gekauft)

Fälschung nicht nachgewiesen

Raoul Dufy (1877–1953)
La Plage du Havre / Casino Marie-Christine de Sainte-Adresse, um 1910 – Öl auf Leinwand, 61,5 × 100,3 cm

Fotoexpertise Fanny Guillon-Laffaille 13.9.1995: Aufnahme in den zweiten Nachtrag des Werkverzeichnisses
Label: Sammlung Flechtheim

Von Marie Christine Brandy, »Sekretärin von Wolfgang Beltracchi«, per Brief vom 16.6.1995 mit Bitte um Expertise Fanny Guillon-Laffaille vorgestellt. Von Helene Beltracchi am 24.4.1996 dem Auktionshaus Sotheby's angeboten, das wegen Zweifeln an der Echtheit ablehnt und das Bild am 4.8.1997 an Helene Beltracchi zurückgibt. Diese übergibt es dann am 24.3.1998 dem Auktionshaus Lempertz (Auktion Köln, 4./5.6.1998, DM 140.000.–).
Letzter bekannter Besitzer: Kunsthandel, New York

Fälschung nicht nachgewiesen

Raoul Dufy (1877–1953)
Landschaft, um 1910 – Öl auf Leinwand, Maße unbekannt

Legende lt. Andorra-Liste (Nr. 12): 1979 im Hôtel des Ventes, Bordeaux, für DM 14.000.– gekauft und 1991 für DM 160.000.– verkauft.

Max Ernst (1891–1976)
*La Horde, 1927 – Öl auf Leinwand, 65,4 × 81,2 cm

Fotoexpertise Werner Spies: Aufnahme ins Werkverzeichnis

Label: Sammlung Flechtheim

Ausstellungen: Kunsthalle Würth, Schwäbisch Hall, Albtraum und Befreiung – Max Ernst in der Sammlung Würth, 16.10.2009–2.5.2010, Kat. S. 94 (ill.) / Museum der Moderne, Salzburg, Albtraum und Befreiung – Max Ernst in der Sammlung Würth, 12.6.–3.10.2010, Kat. S. 94 (ill.).

Von Otto Schulte-Kellinghaus im Dezember 2001 Werner Spies in den Räumen von Blondeau Fine Art Services, Genf, präsentiert. Von Marc Blondeau zusammen mit dem angeblichen Max-Ernst-Gemälde »La Mer« für € 1.067.143.– gekauft (Zwischenfinanzierer: Gemstone Holdings Limited, Hongkong).
Letzter bekannter Besitzer: Sammlung Würth, Künzelsau (am 16.4.2008, für $ 4.700.000.– gekauft)

Fälschung erwiesen durch Kriminaltechnik, LKA Berlin, 2010, und Rathgen-Forschungslabor, 2011

Max Ernst (1891–1976)

*La Mer, 1925 – Öl auf Leinwand, 74 × 61 cm

Fotoexpertise Werner Spies, Dezember 2001: Aufnahme ins Werkverzeichnis

Label: Sammlung Flechtheim. Galerie Der Sturm, Berlin

Ausstellungen: Galerie Daniel Malingue, Paris, Max Ernst, 21.5.–18.7.2003, Kat. S. 46f. (ill.) / Gemeentemuseum Den Haag, The Switch – Illusion and Reality in the art of the 50s and 60s from the Triton Foundation, 1.11.2005–26.3.2006 / Moderna Museet Stockholm, Max Ernst – Dream and Revolution, 20.11.2008–11.1.2009, Kat. S. 110 (ill.) / Louisiana Museum Humlebæck, Max Ernst – Dream and Revolution, 6.2.–1.6.2009, Kat. S. 110 (ill.) / Palazzo Vittoriano, Rom, DADA e Surralismo riscoperti, 9.10. 2009–7.2.2010

Von Otto Schulte-Kellinghaus im Dezember 2001 Werner Spies in den Räumen von Blondeau Fine Art Services, Genf, präsentiert. Von Marc Blondeau zusammen mit dem angeblichen Max Ernst-Gemälde »La Horde« für € 1.067.143.– gekauft (Zwischenfinanzierer: Gemstone Holdings Limited, Hongkong).
Letzter bekannter Besitzer: Triton Foundation, Niederlande (2002 erworben für $ 800.000.–)

Fälschung erwiesen durch Kathrin Pilz, Amersfoord, 2011

Max Ernst (1891–1976)
Tremblement de Terre, 1925 – Öl auf Leinwand, 60 × 73,5 cm

Fotoexpertise Werner Spies: Aufnahme ins Werkverzeichnis
Label: Galerie Der Sturm, Berlin

Von Wolfgang Beltracchi im Februar 2003 zusammen mit dem angeblichen Max-Ernst-Gemälde »Vögel« für zusammen € 900.000.– an Arfinart LLC, Cheyenne/Wyoming, verkauft (handschriftliche Bestätigung von Beltracchi vom 15.2.2003).
Letzter bekannter Besitzer: am 4.11.2009 bei Sotheby's in New York für $ 1.142.500.– versteigert

Fälschung erwiesen durch Orion Analytical, Williamstown/Mass.

Max Ernst (1891–1976)
*Vögel, 1927 – Öl auf Leinwand, 81,8 × 101 cm

Fotoexpertise Werner Spies, 24.7.2002: Aufnahme ins Werkverzeichnis (mit Entstehungsdatum 1929)
Fotoexpertise Werner Spies, 12.10.2004, auf Verlangen der Käuferin (falsches Entstehungsdatum »1929« handschriftlich in »1927« korrigiert)
Label: Sammlung Flechtheim

Ausstellungen: Moderna Museet Stockholm, Max Ernst – Dream and Revolution, 20.11.2008–11.1. 2009, Kat. S. 125 (ill.) / Louisiana Museum Humlebæck, Max Ernst – Dream and Revolution, 6.2.–1.6.2009, Kat. S. 125 (ill.)

Von Otto Schulte-Kellinghaus im Sommer 2002 Werner Spies präsentiert.
Von Wolfgang Beltracchi im Februar 2003 zusammen mit dem angeblichen Max-Ernst-Gemälde »Tremblement de Terre« für zusammen € 900.000.– an Arfinart LLC, Cheyenne/Wyoming, verkauft (handschriftliche Bestätigung von Beltracchi vom 15.2.2003).
Letzter bekannter Besitzer: Privatsammlung, Paris (gekauft am 14.10.2004 von der Galerie Aittouarès, Paris, für € 1.200.000.–)

Max Ernst (1891–1976)
*Vogel in Winterlandschaft – Öl auf Leinwand, 73 × 60 cm

Fotoexpertise Werner Spies, 3.7.2003: Aufnahme ins Werkverzeichnis
Label: Sammlung Flechtheim

Ausstellung: Münster, LWL-Landesmuseum für Kunst und Kulturgeschichte, Max Ernst lässt grüßen – Peter Schamoni begegnet Max Ernst, 27.9.2009–10.1.2010, Kat. S. 39 (ill.).

Von Otto Schulte-Kellinghaus im Juni 2003 Werner Spies und Marc Blondeau in den Räumen einer Spedition in Brüssel präsentiert. Von Marc Blondeau, Paris/Genf, am 1.7.2003 für € 500.000,- über den Zwischenfinanzierer Saskia Art Consulting Inc., Tortola/British Virgin Islands gekauft.
Letzter bekannter Besitzer: Privatsammlung, Paris (gekauft von Blondeau für € 500.000.–)

Max Ernst (1891–1976)
Waldbild (»La Forêt I«), 1926 – Öl auf Leinwand, 100 × 59,5 cm

Fotoexpertise Werner Spies: Aufnahme ins Werkverzeichnis
Label: Sammlung Flechtheim

Ausstellung: Metropolitan Museum of Art, New York, Max Ernst – A Retrospective, 7.4.–10.7. 2005, Kat. Nr. 62 (ill. S. 168)

Von Otto Schulte-Kellinghaus nach Brief vom 22.2.1999 in der Galerie Brusberg, Berlin, Werner Spies vorgestellt. Am 9.9.2003 für $ 2.150.000.– von der Galerie Malingue, Paris, gekauft und am selben Tag für $ 2.325.000.– an die Galerie Richard Feigen, New York, weiterverkauft.
Letzter bekannter Besitzer: Privatsammlerin New York

Fälschung erwiesen durch Orion Analytical, Williamstown/Mass.

Max Ernst (1891–1976)
*Waldbild (»La Forêt II«), 1927 – Öl auf Leinwand, 97,5 × 131,5 cm

Fotoexpertise Werner Spies: Aufnahme ins Werkverzeichnis
Label: Sammlung Flechtheim

Ausstellungen: Galerie Cazeau-Béraudière, Paris, Morceaux choisis, 2006 / Max Ernst Museum, Brühl, Eröffnungsausstellung, Januar–August 2006 (Hauptsaal)

Von Helene Beltracchi und Otto Schulte-Kellinghaus im März 2004 Werner Spies in der »Domaine des Rivettes«, Mèze, präsentiert. Im Herbst von Marc Blondeau, Paris/Genf, für € 1.700.00.– gekauft (Quittung von Wolfgang Beltracchi, 19.11.2004).
Letzter bekannter Besitzer: Privatsammlung, New York (am 29.9.2006 für $ 7.000.000.– / € 5.525.100.– gekauft)

? Max Ernst (1891–1976)
? La Horde
Material und Maße unbekannt

Zu identifizieren auf einem der drei gefälschten Fotos, die angeblich die Wohnung Werner Jägers zeigen.

Emil Filla (1882–1953)
Homme et oiseaux / Personnage et oiseaux, 1932 – Öl auf Leinwand, 100 × 49,9 cm

Von Otto Schulte-Kellinghaus am 31.3.1988 dem Auktionshaus Sotheby's übergeben (Auktion 19.10.1988, unverkauft).
Letzter bekannter Besitzer: Privatsammlung (am 21.2.2002 bei Sotheby's, New York, für $ 15.000.–/€ 17.252.– ersteigert)

Fälschung nicht nachgewiesen

Émile-Othon Friesz (1879–1949)
Paysage (La Ciotat), 1907 – Öl auf Leinwand, 81,9 × 116,4 cm
Expertise Odile Aittouarès: Aufnahme ins Werkverzeichnis
Label: Sonderbundausstellung Köln 1912

Legende lt. Andorra-Liste (Nr. 17): 1980 erworben in der Galerie Argus, Brüssel, zusammen mit »Landschaft«, angeblich von Henri Lebasque, für zusammen DM 13.500.–. Verkauft 1991 für DM 365.000.–.

Von Otto Schulte-Kellinghaus 2008 für € 400.000.– über den Zwischenfinanzierer Arfinart an die Galerie Aittouarès verkauft.
Letzter bekannter Besitzer: Wang Tak Trading Development Ltd., Wanchai/ Hongkong (von Aittouarès für € 500.000.– gekauft. Auktion bei Christie's, New York, 3.11.2009, Schätzpreis $ 1–1.500.000.–, blieb ohne Käufer)

Fälschung nicht nachgewiesen

Émile-Othon Friesz (1879–1949)
Port d'Anvers, 1906 – Öl auf Leinwand, 46 × 61 cm
Expertise Odile Aittouarès: Aufnahme ins Werkverzeichnis
Label: XXII. Ausstellung der Berliner Secession

Von Wolfgang Beltracchi am 12.7.2009 per Brief aus Mèze für € 850.000.– der Bank Crèdit Andorrà, Frau Pia Sindermann, angeboten.
Von Otto Schulte-Kellinghaus am 12.1.2010 für € 450.000.– an die Galerie Aittouarès, Paris, verkauft.
Letzter bekannter Besitzer: Privatsammler (im März 2010 auf der European Fine Art Fair in Maastricht für € 650.000.– gekauft)

Fälschung nicht nachgewiesen

Albert Gleizes (1881–1953)

Paysage, 1914 – Öl auf Leinwand (?), 55 × 70 cm

Werkverzeichnis: Varichon Nr. 500

Die Zuschreibung an Wolfgang Fischer ist nicht gesichert. Laut Heinrich S. von Wolfgang Fischer an ihn mit Verkaufsauftrag übergeben, von S. aber angeblich wegen zu hoher Preisvorstellung an Fischer zurückgegeben.

Albert Gleizes (1881–1953)

Paysage, 1914 – Öl auf Leinwand (?), 55 × 70 cm

Werkverzeichnis: Varichon Nr. 501

Die Zuschreibung an Wolfgang Fischer ist nicht gesichert. Laut Heinrich S. von Wolfgang Fischer an ihn mit Verkaufsauftrag übergeben, von S. aber angeblich wegen zu hoher Preisvorstellung an Fischer zurückgegeben.

Henri Hayden (d.i. Henryk Hayden) (1883–1970)

Stilleben, 1921 – Material und Maße unbekannt

Label: Sammlung Flechtheim

Von Otto Schulte-Kellinghaus 1997/98 für FF 100.000.– an den Galeristen Jean-François Aittouarès, Paris, für dessen Privatsammlung verkauft.
Letzter bekannter Besitzer: Jean-François Aittouarès, Paris

Fälschung nicht nachgewiesen

Henri Hayden (d.i. Henryk Hayden) (1883–1970)
Nature morte à la guitare, 1918 – Öl und Collagea auf Leinwand, 94 × 72 cm

Expertise Patrice Bachelard und Josette Hayden: Aufnahme ins Werkverzeichnis

Von Helene Beltracchi, Viersen, 1992, dem Auktionshaus Sotheby's übergeben (Auktion London, 14.10.1992, £ 45.000.– / EUR 58.998.–)
Letzter bekannter Besitzer: Privatsammlung, Barcelona
(Käufer in der Auktion 1992)

Auguste Herbin (1882–1960)
Femme Assise (Kubistisches Frauenbild), 1918 – Öl auf Leinwand, 81 × 54 cm

Fotoexpertise Geneviève Claisse, Paris, 6.4.1995

Von Helene Beltracchi 1995 dem Auktionshaus Christie's übergeben (Auktion London, 29.11.1995, unverkauft, im Nachverkauf für £ 20.700.– verkauft).
Letzter bekannter Besitzer: Luxor Art of Investment, Schweiz
(1998 bei Sotheby's für $ 80.000.– ersteigert)

Fälschung nicht nachgewiesen

Auguste Herbin (1882–1960)
Femme et enfants, 1917 – Öl auf Leinwand, 122 × 71 cm

Expertise Geneviève Claisse, vor 1993

Von Helene Beltracchi 1993 dem Auktionshaus Sotheby's übergeben (Auktion London, 23.6.1993, £ 50.000.–).
Letzter bekannter Besitzer: Galerie La Humière, Paris

Fälschung nicht nachgewiesen

Auguste Herbin (1882–1960)
Hafenbild – Material und Maße unbekannt

Label: Sammlung Flechtheim

Auguste Herbin (1882–1960)
Landschaft, um 1914 – Öl auf Leinwand, Maße unbekannt

Legende lt. Andorra-Liste (Nr. 2): 1974 in der Galerie Moderne, Brüssel, für DM 2.000.– gekauft.

Fälschung nicht nachgewiesen

Auguste Herbin (1882–1960)
Rue de Village, 1907 – Öl auf Leinwand, 55 × 46 cm

Von Otto Schulte-Kellinghaus am 16.7.2008 der Expertin Sylvie Brans, Paris, präsentiert.
Nachdem deren Urteil negativ ausfällt, wird das Bild an Otto Schulte-Kellinghaus zurückgegeben.

Moise Kisling (1891–1953)
Blumenbild, 1920 – Öl auf Leinwand, 81 × 65 cm
Expertise Jean Kisling, 1990: Aufnahme ins Werkverzeichnis

Legende lt. Andorra-Liste (Nr. 9): 1977 erworben in der Galerie Nova, Brüssel, für DM 12.000.–

Von Wolfgang Fischer 1990 oder 1991 dem Auktionshaus Picard übergeben (Auktion Paris, 1991, € 91.469,41).
Letzter bekannter Besitzer: Galerie Lahumière, Paris

Fälschung nicht nachgewiesen

Moise Kisling (1891–1953)
Bouquet des Fleurs / Blumenbild, ca. 1926 – Öl auf Leinwand, 100 × 73 cm
Expertise Jean Kisling, vor 1995: Aufnahme ins Werkverzeichnis
Label: Sammlung Flechtheim

Legende lt. Andorra-Liste (Nr. 10): 1977 erworben im Hôtel Drouot, Paris, für DM 5.000.–

Von Helene Beltracchi 1995 dem Auktionshaus Sotheby's übergeben (Auktion London, 28.11.1995, £ 58.000.– (€ 66.925.–)).
Letzter bekannter Besitzer: International Art Center, Genf

Fälschung nicht nachgewiesen

André Lanskoy (1902–1976)
Komposition, um 1970 – Gouache auf genarbtem Velin, – 47,5 × 64 cm

Mit derselben Einlieferernummer wie die Beltracchi-Fälschung »Seine-Brücke mit Frachtkähnen« nach Pechstein dem Auktionshaus Lempertz übergeben (Auktion Köln, 1.6.2001). Fälschung dennoch bislang nicht erwiesen. Laut Lempertz irrtümliche Angabe im Auktionskatalog.

Marie Laurencin (1883–1956)
Portrait Alfred Flechtheim, 1910–1912 – Öl auf Leinwand, 61 × 46,5 cm

Ausstellungen: Iwate Nipposha, Fukushima Minposha, Marie Laurencin, 1991, Nr. 8. Chunichi Shimbun, Japan, Marie Laurencin, Nr. 11. Fondation Gianadda, Martigny, Marie Laurencin, 27.11.1993–6.3.1994, Nr. 13 (ill.).

Von Otto Schulte-Kellinghaus an die Galerie Hopkins-Thomas, Paris, verkauft. Letzter bekannter Besitzer: Musée Marie Laurencin, Nagano

Henri Lebasque (1865–1937)
Landschaft – Öl auf Leinwand, Maße unbekannt

Legende lt. Andorra-Liste (Nr. 18): 1980 zusammen mit angeblichem Friesz-Gemälde »La Ciotat« in der Galerie Argus, Brüssel, für insgesamt DM 13.500.– gekauft und 1991 für DM 185.000.– verkauft

Fälschung nicht nachgewiesen

Fernand Léger (1881–1955)
*Natur Morte, 1913 – Öl auf Leinwand, 55 × 33 cm
Expertise Sylvaine Brans, Paris
Negativexpertise Quentin Laurens, Paris
Negativexpertise Irus Hansma, Paris
Negativexpertise Benoît Dagron
Label: Sammlung Flechtheim. Galerie Der Sturm, Berlin. Galerie Kahnweiler, Paris

Von Otto Schulte-Kellinghaus oder Helene Beltracchi spätestens 2006 zunächst der Galerie Aittouarès, Paris, mit der Bitte übergeben, einen Gutachter zu finden. Nachdem alle Gutachten negativ ausfallen, am 1.7.2009 Übergabe durch Otto Schulte-Kellinghaus an Burkhard Leismann, Kunstmuseum Ahlen, 1.7.2009, dort beschlagnahmt am 25.8.2010.

Fälschung erwiesen durch Kriminaltechnik, LKA Berlin, 2010, und Rathgen-Forschungslabor, 2011
Gutachten des Deutschen Archäologischen Instituts: Holzrahmen vom gleichen Baum wie Holzrahmen von Pechstein-Fälschung »Seine-Brücke«, 2010

Tamara de Lempicka (1898–1980)
Harbour – Öl auf Leinwand, 48 × 38 cm

Die Zuschreibung an Wolfgang Fischer ist nicht gesichert, von Marc W. zwischen 1985 und 1988 an die Galerie Bodo Niemann, Berlin, übergeben.

André Lhote (1885–1962)
Cours Cycliste à Bordeaux, um 1920 – Öl auf Leinwand, 38 × 55 cm
Fotoexpertise Jean Gouin, Paris, 10.10.1990

Legende lt. Andorra-Liste (Nr. 15): 1979 im Antikhandel Bordeaux für DM 3.500.– gekauft

Von Helene Beltracchi 1995 beim Auktionshaus Christie's eingeliefert (Auktion London, 29.11.1995, £ 18.500.–).
Letzter bekannter Besitzer: Privatsammlung, Mexiko (1998 bei Sotheby's ersteigert, Bild ging angeblich auf dem Weg von New York nach Mexiko verloren, wird wegen Diebstahls gesucht)

Fälschung nicht nachgewiesen

André Lhote (1885–1962)
Course cycliste à Bordeaux, um 1920 – Öl und Sand auf Leinwand, 64,8 × 120,4 cm

Aus unbekanntem Besitz am 1.12.1992 bei Christie's in London für £ 46.200.– versteigert.
Zuschreibung an Wolfgang Beltracchi aus stilistischen Gründen möglich, aber nicht erwiesen

Gustave Loiseau (1865–1935)
Kleines Winterbild – Technik und Maße unbekannt

Expertise Didier Imbert

Das Werk taucht nur auf einer Liste von Helene Beltracchi mit Werken aus der Sammlung ihres Großvaters, Werner Jägers, auf.

Fälschung nicht nachgewiesen

August Macke (1887–1914)
Hafenbild – Öl auf Leinwand, 46 × 33 cm

Label: Sammlung Flechtheim. XXII. Ausstellung der Berliner Secession 1911

Von Helene Beltracchi am 6.11.1998 per Brief der Expertin Ursula Heiderich präsentiert. Als diese das Bild als Fälschung bezeichnet, bricht der Kontakt ab.

Helmuth Macke (1891–1936)
Landschaft bei Orbroich – Öl auf Leinwand, 50 × 64,5 cm

Von Otto Schulte-Kellinghaus am 14.11.1986 für $ 12.000.– an die Hutton Galleries, New York, verkauft.
Letzter bekannter Besitzer: unbekannt.

Fälschung bislang nicht erwiesen

Louis Marcoussis (1878–1941)
Nature morte, 1925 – Öl auf Leinwand, 60,5 × 180,5 cm

Expertise Solange Milet, vor 1995: Aufnahme ins Werkverzeichnis
Label: Sammlung Flechtheim

Von Helene Beltracchi 1995 dem Auktionshaus Sotheby's übergeben (Auktion London, 28.11.1995, £ 28.000.– / € 32.319.–).
Letzter bekannter Besitzer: Rosenfeld Fine Arts, New York

Fälschung nicht nachgewiesen

Louis Marcoussis (1878–1941)
Portrait Alfred Flechtheim, 1914 – Öl auf Leinwand, 116 × 81,5 cm

Expertise Solange Millet, 30.3.2000
Label: Galerie Der Sturm, Berlin

Von Otto Schulte-Kellinghaus zunächst der Galerie Cazeau-Béraudière, Paris, übergeben, die es vergeblich zum Kauf anbietet, dann im Frühjahr 2000 dem Kunstmuseum Ahlen für DM 325.000.– angeboten.
Letzter bekannter Besitzer: Fundación Telefónica, Madrid (erworben am 23.2.2004 für € 570.100.–)

Fälschung erwiesen durch Doerner-Institut, München, 2011

Louis Marcoussis (1878–1941)

Stillleben (»Champagne«) / Composition cubiste, 1914 – Öl und Collage auf Leinwand, 55 × 38 cm

Expertise Solange Millet, 21.11.2006: Aufnahme ins Werkverzeichnis
Label: Galerie Der Sturm

Von Thomas und Jeanette S. vor dem 6.2.2000 auf gemeinsamem Briefpapier der Expertin Solange Millet präsentiert. Im Herbst 2006 von der Galerie Aittouarès, Paris, zusammen mit dem angeblich ebenfalls von Marcoussis stammenden Stillleben (»Paris«), für zusammen € 400.000.– gekauft.
Letzter bekannter Besitzer: Privatsammlung, Paris (am 1.11.2007 für € 355.000.– gekauft)

Fälschung nicht nachgewiesen

Louis Marcoussis (1878–1941)

Stillleben (»Paris«) / Composition cubiste, 1914 – Öl und Collage auf Leinwand, 55 × 38 cm

Expertise Solange Millet, 21.11.2006: Aufnahme ins Werkverzeichnis
Label: Galerie Der Sturm

Von Thomas und Jeanette S. vor dem 6.2.2000 auf gemeinsamem Briefpapier der Expertin Solange Millet präsentiert. Im Herbst 2006 von der Galerie Aittouarès, Paris, zusammen mit dem angeblich ebenfalls von Marcoussis stammenden Stillleben (»Champagne«), für zusammen € 400.000.– gekauft.
Letzter bekannter Besitzer: Galerie Orlando, Zürich (gekauft Ende Januar 2007)

Fälschung nicht nachgewiesen

Henri Martin (1860–1943)
Hafenansicht – Öl auf Leinwand

Legende lt. Andorra-Liste (Nr. 21): 1981 zusammen mit angeblichen Martin-Bildern »Liegender Akt« und »Männerportrait« in Casablanca für insgesamt DM 7.500.– gekauft

Fälschung nicht nachgewiesen

Henri Martin (1860–1943)
Liegender Akt – Öl auf Leinwand, Maße unbekannt

Legende lt. Andorra-Liste (Nr. 19): 1981 zusammen mit angeblichen Martin-Bildern »Männerportrait« und »Hafenansicht« in Casablanca für insgesamt DM 7.500.– gekauft

Fälschung nicht nachgewiesen

Henri Martin (1860–1943)
Männerportrait – Öl auf Leinwand, Maße unbekannt

Legende lt. Andorra-Liste (Nr. 20): 1981 zusammen mit angeblichen Martin-Bildern »Liegender Akt« und »Hafenansicht« in Casablanca für insgesamt DM 7.500.– gekauft

Fälschung nicht nachgewiesen

Carlo Mense (1886–1965)
Waidmarkt II, 1910/1911 – Öl auf Leinwand, 48,5 × 64,7 cm

Expertise Klara Drenker-Nagels: Aufnahme in den Nachtrag zum Werkverzeichnis
Label: Stempel »Sammlung Werner Jaegers Köln«

Legende lt. Andorra-Liste (Nr. 5): 1975 erworben bei Andre Cormann, Eupen/Baalen, für DM 2.500.–

Ausstellung: August Macke Haus, Bonn, Carlo Mense – Der Fluss des Lebens, 18.6.–30.7.2000, Kat. Nr. 4, ill. (»Privatbesitz«)

Von Helene Beltracchi am 26.2.1999 dem Auktionshaus Lempertz übergeben (Auktion Köln, 29.5.1999, unverkauft). Rückgabe an Helene Beltracchi am 4.7.2001. Das Bild ist noch 2005 im Haus in Mèze nachweisbar.

Jean Metzinger (1883–1956)
Cycliste / Le Cycliste au vélodrome, 1912 – Öl auf Leinwand, 54,7 × 45,6 cm

Expertise Bozena Nikiel, Paris, 1989

Von Otto Schulte-Kellinghaus am 13.5.1989 per Brief mit Fotos und Dia der Expertin Bozena Nikiel, Paris, präsentiert. Diese erklärt das Bild zunächst für authentisch, widerruft diese Einschätzung aber 1994 wegen Zweifeln an der Signatur. Im November 1989 versteigert.
Kopie nach Metzingers »Au vélodrome«, Peggy Guggenheim Collection, Venedig

Letzter bekannter Besitzer: Privatsammlung Japan

Jean Metzinger (1883–1956)
Cycliste, 1912 – Öl, Sand und Collage (Zeitung), 98,3 × 130,3 cm (oval)

Label: Sammlung Flechtheim. Galerie Der Sturm, Berlin

1999 bittet Schulte-Kellinghaus per Brief mit Ektachrom die Expertin Bozena Nikiel um eine Expertise. Diese zieht den Restaurator Erasmus Weddigen, Bern, hinzu. Beide stufen das Bild nach Besichtigung am 28.4.2000 in Bern als Fälschung ein.

Jean Metzinger (1883–1956)
Kubistisches Frauenbild – Öl auf Leinwand, 100 × 155 cm

Expertise Fritz Metzinger, Frankfurt, 28.4.1996

Von Otto Schulte-Kellinghaus im März 2010 der Galerie Aittouarès, Paris, zur Begutachtung übergeben. Nach Negativexpertise der Expertin Bozena Nikiel an Otto Schulte-Kellinghaus zurückgegeben.

Jean Metzinger (1883–1956)
Kubistisches Portrait – Öl auf Leinwand, 65 × 54 cm

Label: Galerie Der Sturm

Von Otto Schulte-Kellinghaus am 6.3.2010 in der Galerie Aittouarès, Paris, der Expertin Bozena Nikiel präsentiert. Deren Urteil: nicht authentisch.

Oskar Moll (1875–1947)

Stilleben mit Früchteschale, Orangen und Palmenblättern, 1946 – Öl und farbige Kreide auf Leinwand, 70 × 53,5 cm

Expertise Dorothea Salzmann, 14.12.2000: Aufnahme in den Nachtrag zum Werkverzeichnis unter Nr. N 91

Legende lt. Andorra-Liste (Nr. 8): 1976 im Antikhandel Berlin für DM 3.500.– gekauft

Von Otto Schulte-Kellinghaus 1999 dem Auktionshaus Villa Grisebach übergeben (Auktion Berlin, 5.6.1999, unverkauft), danach zurück an Otto Schulte-Kellinghaus. Noch im Oktober 2004 in der »Domaine des Rivettes« in Mèze nachweisbar.

Johannes Molzahn (1892–1965)

Energie entspannt, 1919 – Öl auf Leinwand, 69 × 68 cm

Ausstellungen: Los Angeles County Museum of Art, German Expressionism 1915–1925 – The Second Generation, 9.10.–31.12.1988, Kat. Nr. 148 (Ill. S. 116) / Fort Worth Art Museum, German Expressionism 1915–1925 – The Second Generation, 2.2.–9.4.1989, Kat. Nr. 148 (Ill. S. 116) / Kunstmuseum Düsseldorf, Expressionismus – die zweite Generation 1915–1925. 20.5.–9.7.1989, Kat. Nr. 148 (Ill. S. 116) / Staatliche Galerie Moritzburg, Halle, Expressionismus – die zweite Generation 1915–1925, 9.8.–30.9.1989, Kat. Nr. 148 (Ill. S. 116)

Zuschreibung an Wolfgang Fischer nicht gesichert, von Marc W. 1987 für DM 80.000.– an die Galerie Bodo Niemann, Berlin, verkauft
Letzter bekannter Besitzer: Los Angeles County Museum of Art (Promised gift of James and Ilene Nathan)
Kopie nach einer vergrößerten und kolorierten Druckgrafik Molzahns.

Johannes Molzahn (1882–1965)

Erigone und Mära, 1930 – Material und Maße unbekannt

Ausstellungen: Lehmbruck-Museum, Duisburg, Johannes Molzahn – das malerische Werk, 7.7.–18.9.1988, Kat. Nr. 38 (ill. S. 79) / Ostdeutsche Galerie Regensburg, Leihgabe aus Privatbesitz

Zuschreibung an Wolfgang Fischer nicht gesichert, von Marc W. im November 1985 für DM 27.500.– an Hans Peter Reisse, Kassel, verkauft

Johannes Molzahn (1892–1965)
Komposition (Bahnen), um 1919 – Öl auf Leinwand, 95,5 × 75,5 cm

Ausstellung: Galerie Bodo Niemann, Berlin, Novembergruppe, 4.12.1993–5.2.1994, Kat. Nr. 202 (ill. S. 69, angebl. ehem. Slg. Wilhelm Uhde)

Zuschreibung an Wolfgang Fischer nicht gesichert

Johannes Molzahn (1892–1965)
Komposition (Frauenmond), 1920 – Öl auf Leinwand, 67,5 × 90 cm

Ausstellung: Galerie Bodo Niemann, Berlin, Novembergruppe, 4.12.1993–5.2.1994, Kat. Nr. 203 (ill. S. 68, angebl. ehem. Slg. Wilhelm Uhde)

Zuschreibung an Wolfgang Fischer nicht gesichert

Johannes Molzahn (1882–1965)
Lineare Farbkomposition – Material und Maße unbekannt

Die Zuschreibung an Wolfgang Fischer ist nicht gesichert, von Marc W. Ende der 80er-Jahre für DM 15.000.– verkauft.

Johannes Molzahn (1892–1965)
Portrait Oskar Schlemmer, 1930 – Öl und Goldrelief auf Leinwand, 85 × 60 cm
u.r. sign.: Molzahn 30/I

Ausstellung: Lehmbruck-Museum, Duisburg, Johannes Molzahn – das malerische Werk, 7.7.–18.9.1988, Kat. Nr. 35 (ill. S. 73)

Zuschreibung an Wolfgang Fischer nicht gesichert, von Marc W. 1987 für DM 60.000.– an Loretto Molzahn verkauft

Heinrich Nauen (1880–1941)

Herbst(wald), 1911 – Öl auf Leinwand, 177 × 90,5 cm

Werkverzeichnis: Drenker-Nagels 433
Label: Sammlung Flechtheim

Legende lt. Andorra-Liste (Nr. 16): 1980 in der Galerie Nova, Brüssel, für DM 4.500.– gekauft

Von Helene Beltracchi am 26.2.1999 dem Auktionshaus Lempertz übergeben (Auktion Köln, 29.5.1999, DM 64.000.–).
Letzter bekannter Besitzer: Privatsammlung, Deutschland (ersteigert 1999 bei Lempertz für DM 64.000.–)

Ernst Wilhelm Nay (1902–1968)

Ruderer am Niederrhein – Material und Maße unbekannt

Die Zuschreibung des Bildes an Wolfgang Fischer ist nicht gesichert und beruht nur auf einer Zeugenaussage, nach der es nach nicht gelungenem Verkauf nach 1988 von Marc W. an Wolfgang Fischer zurückgegeben wurde. Dem Nachlassverwalter von Ernst Wilhelm Nay, Aurel Scheibler, ist kein authentisches Werk mit diesem Motiv bekannt.

Max Pechstein (1881–1955)

*Liegender weiblicher Akt mit Katze, 1909 – Öl auf Leinwand, 55,2 × 60,5 cm

Label: Galerie Schames, Frankfurt. Kunsthandlung Posen & Schames, Frankfurt

Ausstellungen: Bucerius Kunstforum, Hamburg, Die Brücke und die Moderne, 17.10.2004–23.1.2005, Kat.Nr. 146, Abb. S. 172. / Museum Georg Schäfer, Schweinfurt, Die Maler der Brücke – Sammlung Hermann Gerlinger, 23.10.2005–15.1.2006.

Von Helene Beltracchi dem Auktionshaus Lempertz am 17.6.2003 angeboten und von Jeanette S. am 20.9.2003 in Paris übergeben (Auktion Köln, 26.11.2003, € 430.000.–).
Letzter bekannter Besitzer: Hermann Gerlinger, Würzburg (von der Galerie Henze & Ketterer am 11.6.2004 für SFr. 1.060.000.– / € 703.244.– erworben)

Ein gefundenes Haar in der Malschicht ließ sich nach DNA-Analyse im Bundeskriminalamt – u.a. wegen fehlender Haarwurzel – nicht zuordnen.

Fälschung erwiesen durch Kriminaltechnik, LKA Berlin, 2010, und Rathgen-Forschungslabor, 2011

*Max Pechstein (1881–1955)

Seine mit Brücke und Frachtkähnen, 1908 – Öl auf Leinwand, 32,9 × 46 cm

Label: Sammlung Flechtheim. Galerie Schames, Frankfurt. Kunsthandlung Posen & Schames, Frankfurt. Stempel »Sammlung Werner Jaegers Köln«

Ausstellungen: Von der Heydt-Museum, Wuppertal, Max Pechstein im Brücke-Museum Berlin, 1.7.–9.9.2001 (außer Katalog) / Städtische Galerie, Bietigheim-Bissingen, Max Pechstein im Brücke-Museum Berlin, 6.7.–15.9.2002 (außer Katalog, Begleitheft Nr. Z1 (ill.))

Von Helene Beltracchi am 7.4.2001 dem Auktionshaus Lempertz angeboten und am 16.4.2001 in Nizza übergeben (Auktion Köln, 31.5.2001, € 163.615.–).
Letzter bekannter Besitzer: Henrik Hanstein, Köln (im Nachverkauf von Beltracchis erworben), Hanstein äußert sich zu den Besitzverhältnissen widersprüchlich

Fälschung erwiesen durch Kriminaltechnik, LKA Berlin, 2010, und Rathgen-Forschungslabor, 2011
Gutachten des Deutschen Archäologischen Instituts: Holzrahmen vom gleichen Baum wie Holzrahmen von Léger-Fälschung »Nature morte«, 2010

Maurice Brazil Prendergast (1858–1924)

Paris (?), 1890 – Öl auf Leinwand

Legende lt. Andorra-Liste (Nr. 11): 1978 im Antikhandel Lissabon für DM 6.000.– gekauft

Fälschung nicht nachgewiesen

Hans Purrmann (1880–1966)

Südliche Landschaft, um 1910 – Öl auf Leinwand, Maße unbekannt

Negativaussage Mechthild Purrmann, 30.3.1995
Label: Sammlung Flechtheim

Legende lt. Andorra-Liste (Nr. 7): 1976 angekauft im Hôtel Drouot, Paris, für DM 6.000.–

Von Helene Beltracchi erst dem Museum Langenargen präsentiert, dann im Februar 1995 dem Auktionshaus Lempertz übergeben, dort wegen Negativexpertise des Purrmann-Nachlasses nicht versteigert, sondern an Helene Beltracchi zurückgegeben. Am 5.7.2007 regt sie bei Lempertz eine erneute Prüfung des Bildes an. Das Purrmann-Archiv lehnt das Bild erneut ab.

Eric Harold Macbeth Robertson (1887–1941)
Zwei Akte, 1909 – Aquarell, Maße unbekannt

Legende lt. Andorra-Liste (Nr. 4): 1975 auf dem Marylebone Antique Market, London, für DM 800.– gekauft

Fälschung nicht nachgewiesen

Theodore Robinson (1852–1896)
Landschaft, 1889 – Öl auf Leinwand, Maße unbekannt

Legende lt. Andorra-Liste (Nr. 1): 1973 auf einem Flohmarkt in Brüssel für DM 500.– gekauft

Fälschung nicht nachgewiesen

Theo van Rysselberghe (1862–1926)
Landschaft, um 1900 – Öl auf Leinwand, Maße unbekannt

Legende lt. Andorra-Liste (Nr. 22): 1982 im Antikhandel Agadir für DM 3.500.– gekauft

Fälschung nicht nachgewiesen

Léopold Survage (1879–1968)
Portrait cubiste d'Apollinaire – Öl auf Leinwand, 60,5 × 38 cm

Von Otto Schulte-Kellinghaus am 11.2.2000 in Paris der Expertin Sylvie Brans präsentiert.

Fälschung nicht nachgewiesen

Georges Valmier (1885–1937)
Kubistische Komposition, 1919 – Öl auf Leinwand, 54 × 34 cm

Expertise Denise Bazetoux, 20.12.1990: Aufnahme ins Werkverzeichnis unter Nr. 632

Von Helene Beltracchi am 14.7.1992 beim Auktionshaus Lempertz eingeliefert (Auktion Köln, 21.11.1992, DM 50.000.–).

Autor unbekannt
Titel unbekannt, Material und Maße unbekannt

Zu sehen auf einem der gefälschten Fotos, die angeblich die Wohnung Werner Jägers' zeigen.

Autoren und Verlag sind sich bewusst, dass die hier abgedruckte Liste nur den Wissensstand bei Redaktionsschluss wiedergibt. Um ständige Aktualität zu gewährleisten, steht ihre aktualisierte, korrigierte und um neueste Erkenntnisse erweiterte Form unter www.galiani.de/buecher/koldehoff-timm.html im Internet.

Auf den Folgeseiten: Faksimile der »Andorra-Liste«

Seltrecht

20.03.95
SST 011/600/

	Beschreibung Objekt	Künstler	EK Erwerb + Preis	VW Schätzpreis 1.1.94 D-3
			ohne Dokum. Circa-Daten u. Werte aus Erinnerungen	
1	1 Gemälde Öl/Lwd. Landschaft 1889	* Th. Robinson 1852-1896	Flohmarkt Brüssel 1973 500,-- DM	60.000 DM
2	1 Gemälde Öl/Lwd. Landschaft ca. 1914	* A. Herbin 1882-1960	Galerie Moderne Brüssel 1974 2000,--	45.000 DM
3	1 Gemälde Öl/Karton Dubbleface Kubist. Komposition 1943	* S. Carchoune 1888-1975	Galerie Nova Brüssel 1974 1500,--	20.000 DM
4	1 Aquarell Zwei Akte 1909	* E.H. Macbeth Robertson 1887-1941	Marylebone Antique-Market London 1975 800,--	12.000 DM
5	1 Gemälde Öl/Lwd. Stadtansicht (~~Alte~~ Wasch Markt Köln) 1911	* Carlo Mense 1886-1965	Andre Cormann Eupen/Baalen 1975 2500,--	35.000 DM
6	1 Multiple "Celtic" 1971	J. Beuys 1921-1986	Edition Schellmann München 1975 900,--	15.000 DM
7	1 Gemälde Öl/Lwd. Landschaft ca. 1910	H. Purrmann 1880-1966	Hotel Drouot Paris 1976 6000,--	120.000 DM
8	1 Gemälde Öl/Lwd. Stilleben 1946	O. Moll 1875-1947	Antikhandel Berlin 1976 3500,--	40.000 DM
9	1 Gemälde Öl/Lwd. Blumen-Stilleben ca. 1937	* M. Kisling 1891-1953	Galerie Nova Brüssel 1977 12.000,--	60.000 DM
10	1 Gemälde Öl/Lwd. Blumenbild 1933	M. Kisling	Hotel Drouot Paris 1977 5000,--	100.000 DM
11	1 Gemälde Öl/Lwd. Paris 1890	M.B. Prendergast 1858-1924	Antikhandel Lissabon 1978 6000,--	60.000 DM

D-4

TDM

~~12~~	1 Gemälde Öl/Lwd. Landschaft ca. 1910	R. Dufy 1877-1953	Hotel des Ventes Bordeaux 1979 14000,--	verkauft 1991	160
13 14	1 Multiple "Holzkistchen" 1 Unikat "Filzstifel"	J. Beuys 1921-1986	Geschenk von Beuys-Schüler J. Beckers 1979	6.000 DM	
15	1 Gemälde Öl/Lwd. Kubist. Radfahrer Bordeaux ca. 1920	A. Lhote 1885-1962	Antikhandel Bordeaux 1979 3500,--	40.000 DM	
16	1 Gemälde Öl /Lwd. Herbstwald 1911	* H. Nauen 1880-1941	Galerie Nova Brüssel 1980 4.500,--	35.000 DM	
~~17~~	1 Gemälde Öl/Lwd. "La Ciotat" 1907	E.O. Friesz 1879-1949	Argus Brüssel 1980	verkauft 1991	365
~~18~~	1 Gemälde Öl/Lwd. Landschaft	H. Lebasque 1865-1937	dito. zusammen: 13500,--	dito.	185
  19 20 21	3 Gemälde Öl/Lwd. 1 liegender Akt × 1 Männerportrait × 1 Hafenansicht ×	H. Martin 1860-1943	Cassablanca 1981 7500,--	zusammen 45.000 DM	
22	1 Gemälde Öl/Lwd. Landschaft ca.1900	Theo van Rysselberghe 1862-1926	Antikhandel Agadir 1982 3500,--	25.000 DM	
23	1 Gemälde Öl/Lwd. Meerlandschaft ca. 1900	* H.E. Cross 1856-1910	Hotel Druot Paris 1984 7.500,--	25.000 DM	
24	1 Tapisserie ca. 1950	J. Lurcat 1892-1966	Flohmarkt Paris 1985 500,--	5.000 DM	
 25 26 27 —	3 Gemälde Öl/ Lwd./ Pappe 2 Akte 1 Landschaft 2 Pastelle	Koschka zeitgen.	Ordonnac/ Frankreich von der Künstl. erw. 1985 zusammen 12000,--	12.000 DM	
28	4 Skulpturen Metall	J. Beckers zeitgen.	Geschenk des Künstlers	8.000 DM	

D-5

			1985	
29	5 Gemälde Acryl/Lwd. ca. 1965	H. Zangs zeitgen.	Paris 1986 priv. 3000,--	zusammen 15.000 DM
30	1 Tapisserie Chinesisch ca. 1800	unbekannt	Marche Jules Valles Paris 1988 1200,-- ✓	15.000 DM
←	1 Paravant 3-teilig Öl/Lwd. Landschaft 1898	R. Vonnoh 1858-1933	Flohmarkt Saint Quen Paris 1993 1500,--	15.000 DM
31	1 Farb-Litho Selbstportrait	* F. Bacon 1909-1992	Galerie Signe Herlen/NL 1990 10000,-- ✓	14.000 DM
32	1 Collage Papier 1972	* Erro zeitgen.	Lempertz Köln 1990 ~~5750,--~~ 6152	12.000 DM
33	1 Farb-Lith Arche Noha	L. Corinth 1858-1925	dito. ~~3680,--~~ 4195	5.000 DM
34	Zeitschrift "Palazzo" überarbeitet Unikat	* J. Beuys	dito ~~14950,--~~ 15.996	25.000 DM
35	1 Grafik	J. Beuys	dito. ~~2500,--~~ 2707	2.500 DM
36	1 Aquarell "Hahn"	J. Lurcat 1892-1966	dito. ~~4370,--~~ 4.675	7.000 DM
37				
38	Holzschnitt	Campendonk, Heinrich	Meerbuscher Antiquariat 1994 492	500

157.117

Aufbewahrungsort: Wohnung, Leihgaben bei Bekannten, Westfalenbank Düsseldorf

D-6

	EK DM	
1	500·00	+
2	2,000·00	+
3	1,500·00	+
4	800·00	+
5	2,500·00	+
6	900·00	+
7	6,000·00	+
8	3,500·00	+
9	12,000·00	+
10	5,000·00	+
11	6,000·00	+
12	14,000·00	+
15	3,500·00	+
16	4,500·00	+
17,18	13,500·00	+
19,20,21	7,500·00	+
22	3,500·00	+
23	7,500·00	+
24	500·00	+
25,26,27	12,000·00	+
29	3,000·00	+
30	1,200·00	+
37	1,500·00	+
31	10,000·00	+
32	6,152·00	+
33	4,195·00	+
34	15,996·00	+
35	2,707·00	+
36	4,675·00	+
38	492·00	+
~~030~~		
	157,117·00	*

13,14	—	
28	—	
	157.117,—	
12	– 14.000,–	
17,18	– 13.500,–	
	129.617,–	

	VW DM	
000	0·00	*
1	60,000·00	+
2	45,000·00	+
3	20,000·00	+
4	12,000·00	+
5	35,000·00	+
6	15,000·00	+
7	120,000·00	+
8	40,000·00	+
9	60,000·00	+
10	100,000·00	+
11	60,000·00	+
13/14	6,000·00	+
15	40,000·00	+
16	35,000·00	+
17	365,000·00	+
18	185,000·00	+
12	160,000·00	+
19,20,21	45,000·00	+
22	25,000·00	+
23	25,000·00	+
24	5,000·00	+
25,26,27	12,000·00	+
28	8,000·00	+
29	15,000·00	+
30	15,000·00	+
37	15,000·00	+
31	14,000·00	+
32	12,000·00	+
33	5,000·00	+
34	25,000·00	+
35	2,500·00	+
36	7,000·00	+
38	500·00	+
033		
	1,589,000·00	*

	~~1,589,000·00~~	~~+~~
12	160,000·00	-
17	365,000·00	-
18	185,000·00	-
~~004~~		
	879,000·00	*

Abbildungsnachweise Bildteil

Seite 10 (oben), Jean Metzinger »Im Vélodrom«, 1912. Öl und Collage auf Leinwand, 130,4 × 97,1 cm. © Peggy Guggenheim Collection, Venice (Solomon R. Guggenheim Foundation, NY)

Seite 11 (oben), André Derain »Hafen in Collioure«, 1905, 47 × 56 cm. © Staatsgalerie Stuttgart

Seite 12 (oben), André Derain »Matisse and His Wife at Collioure«, 1905, Tinte auf Papier, 30,2 × 47,9 cm. © bpk / The Metropolitan Museum of Art

Seite 16, »Der heilige Wolfgang«, Fotomontage aus den Bildern Heinrich Hoffmann: The Lord's Image, © Getty Images und Henning Kaiser: Auftakt Kunstfälscher-Prozess, © dpa. Fotomontage: Monopol

Die Autoren danken

René Allonge, Peter van Beveren, Richard Feigen, Wolfgang Georg Fischer, Florian Glässing, Wolfgang Henze, Markus Höppener, Wolfgang Hörner, Florian Illies, Ralph Jentsch, Jens Jessen, Sofia Komarova, Burkhard Leismann, Moritz Müller-Wirth, Jörg Nabert, Niklas Maak, Ernst Nolte, Ulla Pageler, Alexander Pechstein, Gerhard Pfennig, Peter Raue, Hanno Rauterberg, Hans Peter Reisse, Christian Schertz, Karlheinz Schmid, Kerstin Schmitt, Marcus Schönfelder, Stefan Simon, Aya Soika, Werner Spies, Kathrin Stoll, Matthias Sträßner sowie zahlreichen Gesprächspartnern, die nicht genannt werden wollen.

Stefan Koldehoff dankt:
Nora Koldehoff und ihren und seinen drei meist geduldigen Kindern

Tobias Timm dankt:
Jasmin, Jacob und Philipp Timm, Dagmar und Uwe Timm, Sabine Müller-Stoy

Leichtsinn, Wahnsinn, Paranoia –
eine Bilanz des Atomzeitalters

»Rudolph Herzog beschreibt die absurden Blüten des Atomzeitalters mit so viel Galgenhumor, dass sie fast schon amüsant wirken – wären sie nicht so bitter, verheerend und nachhaltig real.Eine eindringliche und gut formulierte Warnung vor Allmachtsfantasien und blindem Fortschrittsglauben.« *dpa*

Ein Feuerwerk aus Mord und Schönheit

Nacherzählt von Tilman Spreckelsen. Illustriert von Kat Menschik

Die grandiose Geschichte von Grettir, dem Ausgestoßenen, die Nationalsaga von Njal, die des rauflustigen Dichterhelden Egil, die der zwischen zwei Männern hin- und hergerissenen Gudrun und die des gedemütigten Hühnerthorir: Islandsagas für alle – packend nacherzählt und prächtig illustriert.

Auch erhältlich als ***nummerierte Luxusausgabe:***
Leinen, gestanzter Schuber, Lesebändchen.
Handsigniert mit einem Originalsiebdruck.

Galiani Berlin

www.galiani.de